이것이 구속사 설교이다

교리와 절기편

이것이 구속사 설교이다
교리와 절기편

이것이 구속사 설교이다-교리와 절기편

Copyright ⓒ 머릿돌 2017

1쇄 발행 2017년 2월 10일

지은이 유도순
펴낸이 유효성
펴낸곳 머릿돌

등록번호 제17-240호
등록일자 1997년 5월 20일
주소 경기도 성남시 분당구 구미로 100
TEL. (031) 607-7678 / Mobile. 010-9472-8327
http://cafe. daum.net/gusoksa
E-mail yoodosun@hanmail.net

총판 기독교출판유통
경기도 고양시 일산동구 장항동 585-12
(031) 906-9191

디자인 참디자인

ISBN 978-89-87600-77-2 03230

이것이 구속사 설교이다

유도순 지음

교리와 절기

말씀의 사역자들은 "내 증인"이 되리라 하신 대로 그리스도의 증인들이다.
그들의 임무는 "증거"로 주신 구약 성경을 들어서 예수가 그리스도 이심을
선포하고 증명하라고 세움 받은 "증인"들인 것이다.
"우리도 예수 그리스도의 증인 노릇 바로 하자"
이것이 본서가 지향하고 있는 바이다.

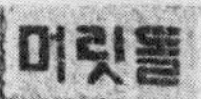

머리말

　바울은 목회자를 건축자(建築者)에 비하여 "어떻게 그 위에 세울까를 조심할지니라"(고전 3:10)고 말씀합니다. 왜냐하면 "공적이 어떠한 것을 시험"할 날이 오기 때문이라 합니다. "금, 은, 보석"으로 세운 자는 그대로 있고 "나무나 풀이나 짚"으로 세웠다면 불에 탈 것입니다. 그러면 한국교회는 무엇으로 세우고 있는가 하고 자문하게 됩니다.

　한국교회의 문제가 무엇입니까? "햄버거에 콜라"와 같은 회중들이 듣기 좋아하는 기호식품만을 먹여 비만해졌으나 체력은 허약하다는 점입니다. 이점이 조그만 시련에도 주저앉고 무너지는데서 드러납니다.

　주님은 "사람이 하나님의 뜻을 행하려 하면 이 교훈이 하나님께로부터 왔는지 내가 스스로 말함인지 알리라"(요 7:17)하십니다. "하나님의 뜻"을 행하고자 하는가?

　그리고 주님은 "나를 보내신 이가 나와 함께 하시도다 나는 항상 그가 기뻐하시는 일을 행하므로 나를 혼자 두지 아니하셨느니라"(요 8:29)고 말씀하십니다. 하나님이 "기뻐하시는 일"을 행하기를 원하는가? 하나님께서 자기 아들을 통해서 이루어주신 "그리스도의 영광의 복음"(고후 4:4)을 증언하시기를 바랍니다.

이 보배를 담은 것이 이 설교집입니다. 그런데 일반적인 설교집이 아니라. "금, 은, 보석"과 같은 복음진리(교리)를 성도들이 이해하고 소화하기 쉽도록 구약의 그림자와 신약의 실체(實體)를 결부시켜서 구속사적인 관점으로 작성한 설교집입니다. 이런 단단한 음식(교리)을 먹여야만 신앙의 뼈대가 견고해져서 믿음의 뿌리가 튼튼해질 수가 있는 것입니다.

2017년, 한국교회에 "열린 문"을 주셔서 심령의 부흥이 일어나기를 간구합니다. 그리고 동역자인 형제에게 "전도의 문"을 열어주셔서 이곳저곳에 보냄을 받아 "입을 열어 복음의 비밀을 담대히 증언하는"(엡 6:19) 한 해가 되시기를 기원합니다.

2017년 신년 새해에
우리교회 원로목사 유도순

목차

분석도표의 유익한 점

    분석도표 작성법은 어빙젠센의 분석챠트 방법에 바탕을 두고 본인이 30년 가까이 목회현장에서 활용하면서 보완한 것이다. 분석도표의 유익한 점을 들면 아래와 같다.

1. 보다 예리한 관찰의 가치

    성경을 관찰하는 자에게는 세 개의 눈이 있다고 말한다. 첫째가 "성령의 눈"이다. 성령님의 조명이 있어야만 "주의 말씀을 열면 빛이 비치어 우둔한 사람들을 깨닫게 하나이다"(시 119:130)가 가능한 것이다. 둘째는 "심령의 눈"이다. "내 눈을 열어서 주의 율법에서 놀라운 것을 보게 하소서"(시 119:18)하고 사모해야만 한다. 셋째는 "연필의 눈"이라고 확신을 가지고 말한다. 이 말은 성경을 눈으로만 보지 말고 본석도표를 작성해 보라는 말이다. 보이지 않던 것이 보이게 되리라. 자신도 놀라고 감탄해 할 것이다. 백문이 불여일견이다. 한 번 시도해 보라.

2. 한 눈에 전체를 볼 수 있는 가치

나무는 보고 숲은 보지 못한다는 말은 성경연구에서도 흔히 범하는 실수이다. 그러나 분석도표를 작성해 보라. 전체를 한 눈에 바라볼 수가 있다. 그러므로 결코 숲 속에서 길을 잃고 헤맬 염려가 없다. 원 줄기는 놓치고 지엽에 빠질 우려가 없다. 본문을 읽어놓고 엉뚱한 이야기를 하지 않게 해준다.

3. 각 부분을 통합하는 가치

분석도표를 작성하다 보면 보통 인쇄된 성경에서는 보이지 않던 공통점, 대조점, 비교, 점진 등이 한 눈에 들어온다.

이를 도표를 통해서 분석하고 배열해 놓으면 시각적인 효과가 있고 감탄할 만큼 통일성과 연결점을 보게 될 것이다.

4. 중심주제를 강조할 수 있는 가치

성경에는 줄기 말씀도 있고 가지 말씀도 있다.

분석도표를 작성할 때에 중심주제나 핵심적인 말씀 등을 둘레 씌우기, 네모로 묶기, 선으로 연결하기, 글씨체를 달리하기, 색칠하기 등

다양한 표시를 하면 성경의 강조점을 선명하게 부각시킬 수가 있다.

본 서에서는 그 장의 전체주제에는 겹선으로 된 네모로 묶어 강조점을 드러내고, 단원의 주제에는 홑 선으로 된 네모로 묶어서 표시하였다.

5. 기억과 연상에 도움을 주는 가치

대부분의 성도들은 지난 주일 설교제목도 기억하지 못한다.

분석도표를 작성하여 설교요약 대신 주보에 싣든가 복사해서 나누어 주고 말씀을 전하면 연상 효과는 놀랍게 나타난다. 도표를 보기만 해도 설교말씀이 떠오르게 되고 기억이 되살아나게 될 것이다. 구역예배나 소그룹모임 때 이를 가지고 나누게 해 보라. 좋은 제자훈련이 될 것이다.

6. 전달 훈련의 가치

자신은 알고 깨달았으나 이를 구역원들이나 다른 사람들에게 조리 있게 전달한다는 것은 쉬운 일이 아니다.

우선 자신이 없고 자칫하면 횡설수설 왔다갔다하기 쉽다. 이때 분석도표가 그에게 있다면 안심하고 차근차근 전달할 수 있게 해주는 길잡이 역할을 해준다.

최우선적으로 실시해 보라고 강력히 추천하는 바이다.

히브리서 11:8-10, 17-19절 분석도표

주제 : 아브라함 신앙여정의 절정

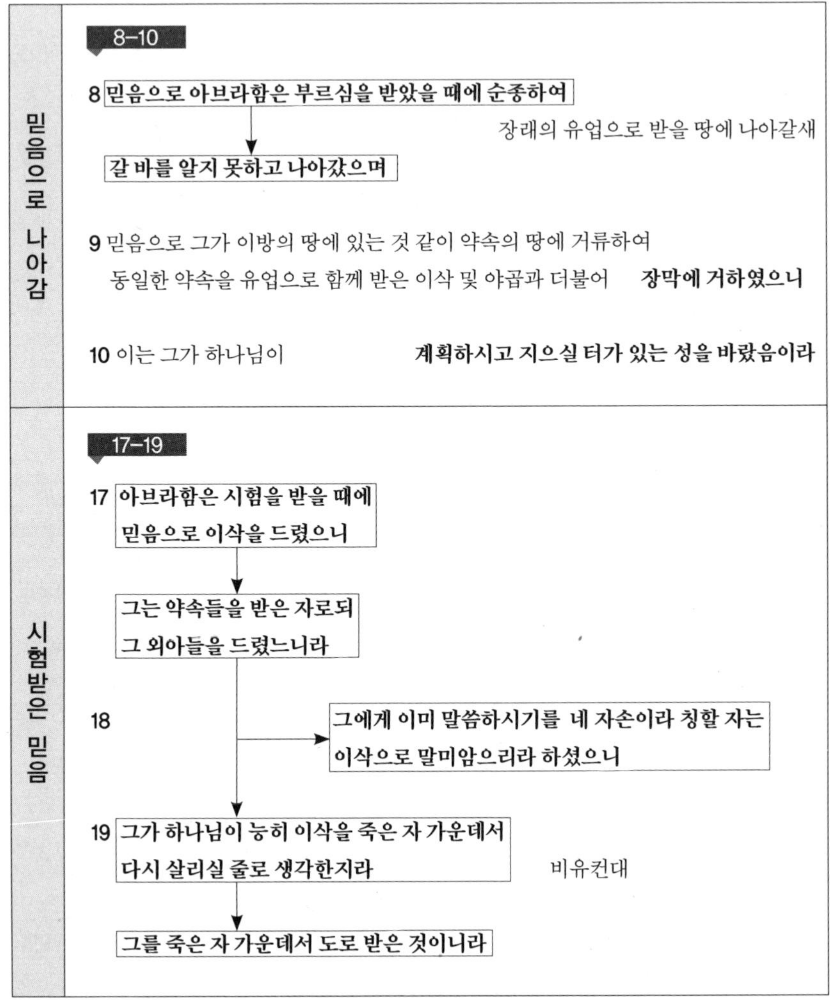

아브라함 신앙여정의 절정

설교 작성노트

하나님은 아브라함에게, "너는 너의 고향과 친척과 아버지의 집을 떠나 내가 네게 보여 줄 땅으로 가라"(창 12:1)고 명하신다. "이에 아브람이 여호와의 말씀을 따라갔다"(4)하는데, 이점을 본문 8절에서는 "순종하여, 갈 바를 알지 못하고 나아갔다"고 말씀한다. 어디로 가라 하시는지, 왜 가라 하시는지를 알지를 못하고 나아갔다는 것이다. 그러면 아브라함을 택하셔서 지시하는 땅으로 가라고 명하시는 하나님의 계획하심이 무엇인가? 이를 증언하려는 것이 내용목적이다.

아브라함은 75세에 부름을 받아 175세(창 12:4, 25:7)에 생을 마쳤다. 아브라함의 사명은 무엇이며, 그의 신앙여정의 정점(頂点)은 어디인가? "네 사랑하는 독자 이삭을 번제로 드리라"하신 여기가 아브라함의 정점이라 할 수가 있다. 아브라함은 자신의 앞날에 이런 시험이 계획되어 있었다는 것을 알지를 못했으나 "시험"을 통과한 셈이다. 그러면 우리의 믿음도 시험을 볼 날이 올 것이 아니겠는가? 나의 절정은 언제 어떤 상황으로 주어질 것인가? 여기에 적용목적이 있다 하겠다.

아브라함을 가리켜 모든 믿는 자의 "조상"(롬 4:16)이라고 말합니다. 그러므로 아브라함의 일생(一生)은 우리 모든 믿는 자의 본보기라 할 수가 있습니다. 그러므로 아브라함의 일생을 관찰하면서 아브라함만을 볼 것이 아니라 거울에 비춰진 나 자신을 볼 수 있어야합니다. 그러면 아브라함이 어떤 면에서 믿는 자의 조상인가를 살펴보고자 합니다.

본문 8절은 "믿음으로 아브라함은 부르심을 받았을 때에"라고 말씀합니다. 신앙생활은 "부르심"으로 시작이 됩니다. 부르심을 받지 않은 채 구원에 참여할 수 있는 자는 아무도 없습니다. 바울은 로마 성도들을, "하나님의 사랑하심을 받고 성도로 부르심을 받은 자"(롬 1:7)라고 부릅니다. 여기 모인 우리는 모두 다 하나님의 사랑하심을 받고 성도로 부르심을 받은 자라는 점에서 아브라함과 동일한 자들입니다.

하나님은 아브라함을 부르서서, "너는 너의 고향과 친척과 아버지의 집을 떠나 내가 네게 보여 줄 땅으로 가라"(창 12:1)고 명하십니다. 뿌리 내리고 살던 "고향, 친척, 아버지 집"을 떠나 지시하시는 땅으로 간다는 것은 쉬운 일이 아니었을 것입니다. 믿는다는 것은 이처럼 결단을 수반합니다.

"이에 아브람이 여호와의 말씀을 따라갔다"(창 12:4)합니다. 이를 본문 8절에서는 "순종하여, 갈 바를 알지 못하고 나아갔다"고 말씀합니다. 어디로 가라 하시는지, 왜 가라 하시는지, 자신의 앞날에 어떤 일이 계획되어 있는지를 알지를 못하나 "내가 네게 보여 줄 땅으로 가라"고 명하시는 하나님의 "말씀을 따라갔다"는 것입니다.

우리도 "갈 바를 알지 못하고" 오직 "말씀"을 따라가고 있다는 점에서 동일합니다. 왜냐하면 우리는 내일 일을 알지를 못하기 때문입니다. 내년에는 어떤 일이 기다리고 있는지, 자신의 앞날에 어떤 일이 계획되어 있는지를 우리는 알지를 못합니다. 이런 의미에서 믿음이란 "갈 바를 알지 못하나, 말씀을 따라가는 것"이라고 정의할 수가 있습니다.

아브라함은 부름을 받을 당시 자식이 없었습니다. 그런데 하나님께서는, "내가 너로 큰 민족을 이루고, 땅의 모든 족속이 너로 말미암아 복을 얻을 것이라"(창 12:2-3)고 약속하십니다. 아브라함은 갈 바만을 모른 것이 아니라 자식 하나 없는 자신이 어떻게 큰 민족을 이루게 되며 더욱이나 땅의 모든 족속이 어떻게 해서 자신으로 말미암아 "복을 얻게"될 것인지도 몰랐습니다.

그리고 성경은 "아브람이 하란을 떠날 때에 75세였더라"(창 12:4)고 나이를 밝히고 있다는 점입니다. 이는 무심한 일이 아니라 아브라함을 75세에 부르셔서 175세에 생을 마치기까지 어떤 훈련을 거쳐서 어떤 정점(頂點)에 이르게 하셨는가를 보여주시려는 의도가 있다 하겠습니다. 형제는 몇 세에 부르심을 받아 몇 년 동안 어떤 훈련을 받으셨습니까?

이처럼 훈련하심이 하나님께서 지시하신 땅 곧 가나안에 이르니 풍년이 기다리고 있는 것이 아니라 "그 땅에, 기근이 심하였다"(창 12:10)는 데서 드러납니다. "기근"은 아브라함을 훈련하는 도구로 등장합니다. 이럴 경우 아브라함(우리)은 어떻게 반응할 것인가? "아브람이 애굽에 거류하려고 그리로 내려갔으니"(창 12:10)합니다. "내가 네게 보여 줄 땅으로 가라"고 명하신 약속의 땅을 떠난 것입니다.

약속의 땅을 떠난 것만이 아니라 "원하건대 그대는 나의 누이라 하라"고 말했다는 것은, 첫째로 "내가 너로 큰 민족을 이루게 하리라"는 말씀을 믿지 못했다는 증거요, 둘째는 남편으로도 믿음직하지 못하다는 "연약함"을 드러냅니다. 그리하여 아내를 빼앗기게 됩니다. 아내 사래가 누군가? 장차 "여러 민족의 어머니"(17:16)가 될 자가 아닌가? 하나님께서 막아주시지 않으셨다면 빼앗기고 말았을 것입니다. 우리들도 언약에 성실하지 못한 연약한 자들이라는 점에서 아브라함과 동일합니다.

"아브람이 애굽에서 올라가니…그가 처음으로 제단을 쌓은 곳이라 그가 거기서 여호와의 이름을 불렀더라"(창 13:1, 4)합니다. 신앙 여정은 "내려갈 때와, 올라갈 때"가 있습니다. 아브라함은 내려갔다가 올라온 것입니다. 그런데 제자리로 환원(還元)한 것만이 아니라는 점입니다. 하나님만을 의지하고 말씀 안에 거해야 한다는 귀중한 훈련(訓練)과 연단을 받고 올라온 것입니다.

이점이 애굽에서 올라온 아브라함이 롯에게, "나를 떠나가라 네가 좌하면 나는 우하고 네가 우하면 나는 좌하리라"(13:9)는 데서 드러납니다. 롯에게 우선권을 주는 아브라함에게 하나님은, "너는 눈을 들어 너 있는 곳에서 북쪽과 남쪽 그리고 동쪽과 서쪽을 바라보라 보이는 땅을 내가 너와 네 자손에게 주리니"(14-15)하십니다. 롯은 당장 보기에 아름다운 "소돔과 고모라"(13:10) 지역을 택했는데 "믿음"은 발등만을 내려다보는 것(近視)이 아니라 멀리 내다보아야 할 것을 나타냅니다.

그런데 이런 훈련을 받고도 15장에서는, "나는 자식이 없사오니 나의 상속자는 이 다메섹 사람 엘리에셀이니이다"(15:2)고 말하는 불신앙을 나타냅니다. 이는 아직도 "내가 너로 큰 민족을 이루게 하겠다"하신 말씀을 믿지 못했다는 것이 됩니다. 그러자 하나님은 아브라함을 밖으로 이끌어, "하늘을 우러러 뭇별을 셀 수 있나 보라, 네 자손이 이와 같으리라"하십니다. 어찌하여 "하늘"을 바라보라 하시는가? "믿음"은 위를 바라보아야 한다는 것입니다. 바울은 "위의 것을 생각하고 땅의 것을 생각하지 말라"(골 3:2)고 권면합니다.

그 후에도 16장에서는 아브라함이 사래의 말을 듣고 하갈을 첩으로 맞이하는 것을 보게 됩니다. 이는 아직도 "말씀"을 온전히 믿지 못하고 있다는 점을 나타내는데 이때가 "아브람이 가나안 땅에 거주한 지 십 년 후였더라"(창 16:3)합니다. 이를 대하면서 나 자신의 10년 후의 모습은 어떠한가를 돌아보게 합니다.

인간은 이처럼 연약하고 거짓됨에도 하나님은, "말씀하신 대로 사라를 돌보셨고, 말씀하신 대로 사라에게 행하셨으므로 사라가 임신하고, 말씀하신 시기가 되어 노년의 아브라함에게 아들을 낳으니"(창 21:1-2)하고 약속을 지켜주신 하나님이심을 증언합니다.

그리하여 사래는 "하나님이 나를 웃게 하시니 듣는 자가 다 나와 함께 웃으리로다"고 말하고, 아브라함은 "이삭이 젖을 떼는 날에 큰 잔치를 베풀었더라"(21:8)합니다. 아브라함의 가정이 웃음과 기쁨이 넘치는 잔치 집이 된 것입니다. 그런데 신앙여정은 여기가 끝이 아니라는 점입니다.

이제 우리는 아브라함의 신앙여정의 절정부분에 도달하고 있습니다. "절정"이 무엇과 결부되어 있는가를 본문 히브리서 11:17절과 창세기 22:1절을 통해서 확인하겠습니다. "아브라함은 시험을 받을 때에"한 "시험"과 결부되어 있습니다. 어찌하여 훈련과 연단이 필요한 것입니까? 어찌하여 선수들이 비지땀을 흘리면서 훈련을 하는 것입니까? "시험" 볼 결정적인 날이 오기 때문입니다.

그러면 "시험"문제가 무엇인가? 하나님은 아브라함에게 "네 아들 네 사랑하는 독자 이삭을, 번제로 드리라"(창 22:1-2)고 명하십니다. 이는 꿈에도 상상하지 못했던 하늘이 무너지는 것과 같은 시험이 아닐 수가 없습니다. 잔치 집과 같았던 아브라함의 집은 졸지에 초상 집과 같이 되고 만 것입니다. 자신의 앞날에 이런 시험이 계획되어 있었고, 자신의 손으로 사랑하는 아들을 번제로 드려야 하는 임무가 주어지리라는 점을 아브라함이 상상이나 했겠습니까? 이점에서 아브라함의 고민과 갈등이 무엇이었는가 하는 점이 중요합니다.

첫째는, 백세에 얻은 외아들을 양을 잡아 드리듯이 어떻게 번제로 드릴 수가 있단 말인가 하는 아들에 대한 아버지의 가슴이 찢어지듯 하는 인간적인 고뇌였을 것입니다. 그런데 성경이 말씀하고자 하는 아브라함의 시험은 신학적(神學的)인 문제라는 점을 인식해야만합니다.

하나님은 22장에 이르기까지 "네 자손으로 말미암아 천하 만민이 복을 받으리라"는 메시아언약을 4번(12:3, 13:16, 15:5, 17:2)이나 세워 주셨습니다. 그리고 "네 자손이라 칭할 자는 이삭으로 말미암으리라" (18)하셨습니다. 아브라함은 이 언약을 믿음으로 의롭다함(창 15:6)을 얻었습니다. 그런데 그 "이삭을 번제로 드리라"하시는 것이 아닌가?

"네 자손이라 칭할 자는 이삭으로 말미암으리라"고 언약하신 분도 하나님이요, "네 아들 네 사랑하는 독자 이삭을, 번제로 드리라"고 명하시는 분도 하나님이시라는 점입니다. 이런 시험문제를 내신 하나님은 무엇을 지켜보고 계셨을까요? "약속과 현실"이 정반대로 나타나는 상황에서도 아브라함이 하나님의 "언약"(言約)을 믿는가? 믿지 않는가를 지켜보고 계셨던 것입니다.

아브라함은 생각하기를 하나님은 언약하신 바를 잊으셨단 말인가? 하나님은 구원계획도 포기하신단 말인가? 하나님의 약속과 반대되는 이런 명령도 순종해야 한단 말인가? 하는 신학적인 문제로 갈등하고 있었을 것입니다.

믿음의 후손들인 오늘의 성도들이 직면하게 되는 갈등도 실은 환난이나 시련 자체가 아닙니다. 자신이 믿었던 것과 현실상황이 정반대로 나타나는 경우가 허다한 것입니다. 그럴 경우 성경의 약속은 참으로 믿을 수 있는 것인가? 지옥과 천국은 진정 있는 것인가? 한마디로 공의의 하나님은 계시는 건가? 아닌가 하는 신학적인 갈등인 것입니다.

그러면 본문 17절을 보겠습니다. "아브라함은 시험을 받을 때에 믿음으로 이삭을 드렸으니 그는 약속들을 받은 자로되 그 외아들을 드렸느니라”고 말씀합니다. “이삭을 드렸다”면 아브라함은 해답을 얻었던 말인가? 그렇습니다. “믿음”으로 해답을 얻었던 것입니다. 아브라함이 얻은 해답이 19절에 나옵니다. “하나님이 능히 이삭을 죽은 자 가운데서 다시 살리실 줄로 생각한지라”, 즉 이삭을 번제로 드린다 해도 언약하신 바를 이루시기 위해서 다시 살리실 것을 믿었다는 것입니다. 이 점을 로마서에서는 “그가 믿은바 하나님은 죽은 자를 살리시며 없는 것을 있는 것으로 부르시는 이시니라”(롬 4:17)고 말씀합니다.

여기가 아브라함의 신앙여정의 정점(頂点)이라 할 수가 있습니다. 하나님은 이때를 위해서 아브라함을 75세에 부르셔서 약 45년 간 훈련을 시켜 오셨던 것입니다. 우리에게도 정점의 날은 계획되어 있을 것입니다. 주님의 정점은 “그러나 내가 이를 위하여 이때에 왔나이다”하신 십자가가 정점이었습니다.

그러면 아브라함이 “시험”에 합격함으로 어떤 결과를 낳게 되었는가 하는 점입니다. 첫째는, “그 아이에게 네 손을 대지 말라 그에게 아무 일도 하지 말라, 네가 네 아들 네 독자까지도 내게 아끼지 아니하였으니 내가 〈이제야〉 네가 하나님을 경외하는 줄을 아노라”(창 22:12)고, 아브라함의 믿음이 진실한 믿음이라는 점이 입증이 되었던 것입니다.

이점을 야고보서에서는, “우리 조상 아브라함이 그 아들 이삭을 제단에 바칠 때에 행함으로 의롭다 하심을 받은 것이 아니냐 네가 보거니와 믿음이 그의 행함과 함께 일하고 행함으로 믿음이 온전하게 되었느니라"(약 2:21-22)고 말씀합니다.

둘째로 더욱 중요한 점은, "네 씨로 말미암아 천하 만민이 복을 받으리라"(창 22:16-18)는 "복음"을 계시하실 수가 있으셨다는 점입니다. 하나님께서 아브라함에게 "네 아들 네 사랑하는 독자 이삭을, 번제로 드리라"하신 것은 아브라함 개인의 "믿음"만을 시험하시려는 것이 아니었습니다. 궁극적으로는 "천하 만민이" 어떤 방법에 의하여 "복을 받게 되는가"를 아브라함이 독자 이삭을 번제로 드리는 예표를 통해서 계시하시려는 것입니다.

이점이 "내가 네게 일러 준 한 산 거기서 그를 번제로 드리라"(창 22:2)하신 말씀에 나타납니다. 하란에 살고 있던 아브라함에게 "내가 네게 지시하는 땅으로 가라"하신 "땅"은 그리스도가 탄생하실 땅이요, 이제 "네 사랑하는 독자 이삭을 내가 네게 일러 준 산에 가서 번제로 드리라"하신 "지시하신 산"은 모리아 산인데 훗날 솔로몬이 성전을 지은 곳이요, 그리스도께서 대속제물로 십자가에 달리실 예루살렘(대하 3:1)이었던 것입니다.

하나님은 5번째이자 마지막으로 "네 씨로 말미암아 천하 만민이 복을 받으리니”하고 메시아언약을 세워주시면서 “이는 네가 나의 말을 준행하였음이니라”(창 22:18)하십니다. 무슨 뜻인가? 만일 아브라함이 “네 아들 네 사랑하는 독자 이삭을 번제로 드리라”는 명령을 거역했다면 “자기 아들을 아끼지 아니하시고 우리 모든 사람을 위하여 내주실”(롬 8:32) 복음을 계시하실 수가 없으셨기 때문입니다.

아브라함이 출발할 때는 “갈 바를 알지 못하고”나아갔습니다. 이삭을 번제로 드리라는 명령도 이해할 수 없었습니다. 그런데 믿고 순종함으로 전에 알지 못했던 문제에 대한 해답을 얻었던 것입니다. 이점이 주님께서 “너희 조상 아브라함은 나의 때 볼 것을 즐거워하다가 보고 기뻐하였느니라”(요 5:56)하신 말씀에 나타납니다. 그렇습니다. 자신에게 독자 이삭을 번제로 드리라 하심은 하나님께서 자신의 독생자를 대속제물로 내어주실 예표였다는 점을 깨닫게 된 아브라함의 기쁨이 어떠했을 것입니까!!

그러므로 마지막으로 주어진 메시아언약은, “내가 나를 가리켜 맹세하노니”(22:16)하신 “맹세”로 확증하여주신 언약이라는 점을 주목해야만 합니다. 여기까지 4번이나 언약하셨으나 “맹세”로 보증하신 것은 이 지점에서 비로소 등장합니다.

이제 말씀을 정리하도록 하겠습니다. 아브라함은 75세에 부름을 받아 꼭 100년 만인 175세에 생을 마쳤습니다. 아브라함의 신앙생활 100년의 절정이 언제였다고 생각이 되십니까? "하나님이 그에게 일러 주신 곳에 이른지라 이에 아브라함이 그 곳에 제단을 쌓고 나무를 벌여 놓고 그의 아들 이삭을 결박하여 제단 나무 위에 놓고 손을 내밀어 칼을 잡고 그 아들을 잡으려 하니"(창 22:9-10)한, 여기가 절정이었던 것입니다. 하나님께서는 이 순간, 이 사명을 감당케 하기 위해서 그 동안 훈련을 시켜 오셨던 것입니다.

이삭을 결박하여 번제단에 올려놓고 칼로 내려치려한 사람은 아버지 아브라함이었듯이, 자기 아들을 갈보리 십자가에, "화목제물로 세우신"(롬 3:25)분은 하나님 아버지셨습니다.

"여호와의 말씀을 따라"(창 12:4) 출발한 아브라함의 믿음은 애굽으로 내려가기도 하고, 아내를 누이라 하고, 하갈을 첩으로 얻기도 하고, 또다시 블레셋 땅으로 내려간, 즉 하나님의 말씀을 온전히 신뢰하지 못한 연약하고 성실하지 못한 아브라함이었습니다. 그런 거짓된 아브라함을 하나님은 훈련을 통해서, "시험을 받을 때에 믿음으로 이삭을 드렸다"는 여기까지 인도하셨던 것입니다.

아브라함의 일생을 통해 우리도 지금 훈련과 연단의 과정에 있다는 점과, 우리의 믿음도 시험 볼 날이 올 것이라는 점을 일깨워줍니다. 내일 일을 모른 채, 갈 바를 알지 못하고 나아가는 우리들, 나의 앞날에는 어떤 임무가 계획되어 있을 것인가? 나의 "믿음"은 언제 어떤 상황으로 시험을 받게 될 것인가? 나의 신앙생활의 정점(頂点)은 언제 어떤 상황으로 주어질 것인가? 이를 위해서 하나님은 지금 우리를 훈련하고 계십니다. 여러분의 믿음도 부디 합격하는 믿음, 하나님의 영광을 드러내는 믿음이 되시기를 바랍니다. 이것이 "아브라함 신앙여정의 절정"입니다.

갈보리 산 위에 십자가 섰으니 주가 고난을 당한 표라

험한 십자가를 내가 사랑함은 주가 보혈을 흘림이라

최후 승리를 얻기까지 주의 십자가 사랑하리

빛난 면류관 받기까지 험한 십자가 붙들겠네 (150장)

고린도전서 15:1–11절 분석도표

주제 : 바울이 받은 복음, 바울이 전한 복음

<table>
<tr>
<td rowspan="3">전한 복음</td>
<td colspan="2">

1–3 상

1 형제들아 내가 너희에게 전한 복음을

너희에게 알게 하노니 이는 너희가 받은 것이요

또 그 가운데 선 것이라

2 너희가 만일 내가 전한 그 말을 굳게 지키고

헛되이 믿지 아니하였으면 그로 말미암아 구원을 받으리라

3상 내가 받은 것을

먼저 너희에게 전하였노니
</td>
</tr>
<tr>
<td colspan="2">

3하–8

3하 이는 성경대로 그리스도께서 우리 죄를 위하여 죽으시고

4 장사 지낸 바 되셨다가 성경대로 사흘 만에 다시 살아나사

5 게바에게 보이시고

후에 열두 제자에게와

6 그 후에 오백여 형제에게 일시에 보이셨나니 그 중에 지금까지 대다수는 살아 있고

어떤 사람은 잠들었으며

7 그 후에 야고보에게 보이셨으며

그 후에 모든 사도에게와

8 맨 나중에 만삭되지 못하여 난 자 같은 내게도 보이셨느니라
</td>
</tr>
<tr>
<td colspan="2">

9–11

9 나는 사도 중에 가장 작은 자라 나는 하나님의 교회를 박해하였으므로

사도라 칭함 받기를 감당하지 못할 자니라

10 그러나 내가 나 된 것은 하나님의 은혜로 된 것이니

내게 주신 그의 은혜가 헛되지 아니하여

내가 모든 사도보다 더 많이 수고하였으나

내가 한 것이 아니요 오직 나와 함께 하신 하나님의 은혜로라

11 그러므로 나나 그들이나 이같이 전파하매

너희도 이같이 믿었느니라
</td>
</tr>
</table>

좌측 세로 구분: 전한 복음 / 받은 복음 / 믿은 복음

바울이 받은 복음, 바울이 전한 복음

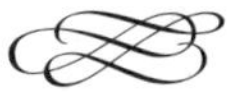

설교 작성노트

본문 안에는 도표에 표시된 대로 "내가 받은 복음, 내가 전한 복음, 너희가 믿은 복음"이 있다. 바울이 "받은 복음"은 무엇이며, "전한 복음"은 무엇이며, 초대교회 성도들이 "믿은 복음"은 무엇이기에 그토록 열정적이었으며, 순교할 수가 있었는가? 이를 증언하고자 하는 것이 내용목적이다.

이를 통해 나 자신이 "받은 복음, 전한 복음, 믿는 복음"이 무엇인가? 자신의 신앙과 사역을 검증하고자 하는데 적용목적이 있다 하겠다. 왜냐하면 자신은 복음을 받고 전하는 줄로 여기고 있으나 실은 복음이 아닌 경우가 허다하기 때문이다. 우리는 쉽게 "복음, 복음"하는데 과연 우리는 복음을 헛되이(2) 믿고 있는 것은 아닌가? 이점을 각성하자는 것이 반응목적이라 하겠다.

강론

기본(基本)으로 돌아가자는 말은 아무리 강조해도 지나침이 없습니다. "기본, 기초, 원리"에 확고한 것이 진리를 보수하는 것이요 바른 것이기 때문입니다. 바울은 본문에서 "내가 받은 복음을 너희에게 전했노라"(3)고 말씀합니다. 그러면 우선적으로 확정해야 할 점은 바울이 받은 복음은 무엇이며, 바울이 전한 복음은 무엇인가 하는 점입니다.

그런 후에 나 자신이 받은 복음은 무엇이며, 전하고 있는 복음은 무엇인가? 바울이 받은 복음, 전한 복음과 같은 것인가 아닌가를 점검하여 기본으로 돌아가자는 것이 오늘 설교의 동기입니다.

바울은 디모데에게, "너는 그리스도 예수 안에 있는 믿음과 사랑으로써 내게 들은 바 바른 말을 본받아 지키고 우리 안에 거하시는 성령으로 말미암아 네게 부탁한 아름다운 것을 지키라"(딤후 1:13-14)고 "지키라, 지키라"고 당부합니다. 이는 복음을 보수(保守)하라는 말입니다. 왜냐하면 복음의 "기본, 기초"가 잘못되었다면 아무리 큰 성과를 이루었다 해도 그것은 "바람에 나는 겨(시 1:4)와, 모레 위에 지은 집"(마 7:26)처럼 되고 말 것이기 때문입니다. 이점을 주님은 "내가 너희를 도무지 알지 못하니 불법(不法)을 행하는 자들아 내게서 떠나가라 하리라"(마 7:23)고 경고하십니다.

바울이 받은 복음이 무엇이기에 결박과 환난이 기다린다는 예루살렘으로 올라가면서, "내가 달려갈 길과 주 예수께 받은 사명 곧 하나님의 은혜의 복음을 증언하는 일을 마치려 함에는 나의 생명조차 조금도 귀한 것으로 여기지 아니하노라"(행 20:24)고 복음증언에 목숨을 걸고 있는 것일까요? 그런데 오늘의 우리는 어찌하여 이처럼 나약한 것입니까? 나 자신이 받은 복음과 바울이 받은 복음이 다르기 때문이 아니겠습니까?

그러면 바울이 받은 복음이 무엇인가부터 확인해야 마땅합니다. 3절을 보겠습니다. "내가 받은 것을 먼저 너희에게 전하였노니"합니다. "이는 성경대로 그리스도께서 우리 죄를 위하여 죽으시고"(3)합니다. 세 마디로 되어 있는데

첫째는, "그리스도께서",

둘째는, "우리 죄를 위하여 죽으셨다"는 것이요,

셋째는, 이런 일이 "성경대로"되었다는 것입니다. 이것이 바울이 받은 복음이었던 것입니다.

㉠ 첫째로 바울이 받은 복음, 전한 복음을 알기 위해서는 우선적으로 예수님을 누구라 하는가를 주목해 보아야만합니다. 바울은 "예수께서"라 하지 않고 "그리스도께서"라고 말씀합니다. 이는 바울의 신앙고백과 같은 진술입니다. 왜냐하면 주님께서 제자들에게 "너희는 나

를 누구라 하느냐"고 물으셨을 때에 베드로가, "주는 그리스도시요 살아 계신 하나님의 아들이시니이다"(마 16:16)한 고백과 결부되기 때문입니다. 바울 서신을 보면 "예수와, 그리스도"를 떼어놓고 있지를 아니합니다. "예수 그리스도, 그리스도 예수, 주 예수 그리스도"라 부르고 있습니다. 이는 다름 아닌 바울의 신앙고백이었던 것입니다.

골로새서에서는 "그 아들 안에서 우리가 속량 곧 죄 사함을 얻었도다"고 증언하면서 "그는 보이지 아니하는 하나님의 형상이시요 모든 피조물보다 먼저 나신이시니 만물이 그에게서 창조되되"(골 1:15-16) 하고 예수님을, "하나님의 아들, 하나님의 형상, 창조주"라고 말씀합니다. 이는 사도 요한이, "태초에 말씀이 계시니라 이 말씀이 하나님과 함께 계셨으니 이 말씀은 곧 하나님이시니라"(요 1:1)고 증언한 것과 부합하는 고백인 것입니다. 그러므로 내가 받은 복음이 진실한 것인가를 점검하기 위해서는 우선적으로 주님께서 나에게, "너는 나를 누가라 하느냐"고 물으신다면 무어라고 대답할 것인가에 정직해야만합니다.

ⓒ 둘째로 바울이 받은 복음, 전한 복음이 무엇인가를 알기 위해서는 그런 분이 우리를 위해서 "무엇을 행해주셨다"고 증언하고 있는가를 주목해야만 합니다. 바울은, "우리 죄를 위하여 죽으셨다"고 대답합니다. 로마서에서는 "의인을 위하여 죽는 자가 쉽지 않고 선인을 위

하여 용감히 죽는 자가 혹 있거니와"하면서, "우리가 아직 연약할 때에 기약대로 그리스도께서 경건하지 않은 자를 위하여 죽으셨도다, 우리가 아직 죄인 되었을 때에 그리스도께서 우리를 위하여 죽으심으로, 곧 우리가 원수 되었을 때에 그의 아들의 죽으심으로"(롬 5:6, 7, 8, 10)하고 "죽으심"을 3번이나 강조하고 있습니다.

주님께서도 친히, "인자가 온 것은, 자기 목숨을 많은 사람의 대속물로 주려 함이니라"(마 20:28)고 오신 목적을 분명히 밝히셨습니다. "하나님의 아들, 하나님의 형상, 창조주"께서 나의 죄를 위하여 죽으셨다는 것이 형제가 받은 복음이며, 믿는 복음이며, 증언한 복음이 맞습니까?

ⓒ 셋째로 바울이 받은 복음, 전한 복음이 무엇인가를 알기 위해서는 4절을 보시겠습니다. "장사 지낸 바 되셨다가 성경대로 사흘 만에 다시 살아나셨다"(4)고 증언하고 있다는 점입니다. 그리스도께서 죽으신 것이 끝이 아닙니다. "죽음을 통하여 죽음의 세력을 잡은 자 곧 마귀를 멸하시고"(히 2:15) 부활하셨습니다. 만일 그리스도께서 죽으시고 다시 사시지 못했다면 사망에게 잡아먹힌 것과 같아서, "너희의 믿음도 헛되고 너희가 여전히 죄 가운데 있을 것이라"(17)고 말씀합니다.

부활하신 주님은, "게바에게 보이시고 후에 열두 제자에게와 그 후에 오백여 형제에게 일시에 보이셨나니 그 중에 지금까지 대다수는 살아 있고 어떤 사람은 잠들었으며 그 후에 야고보에게 보이셨으며 그 후에 모든 사도에게와 맨 나중에 만삭되지 못하여 난 자 같은 내게도 보이셨느니라"(5-8)고 증언합니다.

㉣ 넷째로 바울이 받은 복음, 전한 복음이 무엇인가를 알기 위해서는 십자가 사건이 임기응변으로 된 일이 아니라 "성경대로", 즉 구약성경을 통해서 "언약과, 예언"하신 대로 이루어진 사실이라고 증언하고 있다는 점입니다. 이처럼 "성경대로" 이루어진 사실이라는 점을 강조하는 의도는 복음은 확실하고 믿을만한 진실한 것이라는 점을 강조하기 위해서인 것입니다.

시편은, "악한 무리가 나를 둘러 내 수족을 찔렀나이다"(시 22:16)고 예언하고 있고, 이사야 선지자는 "우리는 다 양 같아서 그릇 행하여 각기 제 길로 갔거늘 여호와께서는 우리 모두의 죄악을 그에게 담당시키셨도다"(사 53:6)고 예언하고 있는데 십자가사건은 성경대로 성취된 사건이었던 것입니다.

하나님은 구약교회에게 조석(朝夕)으로 어린 양을 상번제로 드리라고 명하셨습니다. 반면 "내가 수소의 고기를 먹으며 염소의 피를 마시겠느냐"(시 50:13)하십니다. 그러면 상번제를 드리라 하신 의도가 무엇인가? 제사제도를 명하심은 "보라 세상 죄를 지고 가는 하나님의 어린 양이로다"(요 1:29)에 대한 예표로 주어진 것입니다. 인간의 거짓됨을 아시는 하나님은 "상번제"를 통해서 아브라함에게 세워주신 메시아언약, 즉 복음을 잊지 않게 하려고 명하셨던 것입니다.

바울은 고린도에서 1년 6개월, 에베소에서 3년 동안 성경을 강론했습니다. 그 기간 무슨 말씀을 전했는가? "선지자들과 모세가 반드시 되리라고 말한 것밖에 없다"(행 26:22)고 대답합니다. "성경을 가지고 강론하며 뜻을 풀어 그리스도가 해를 받고 죽은 자 가운데서 다시 살아나야 할 것을 증언하고 이르되 내가 너희에게 전하는 이 예수가 곧 그리스도라"(행 17:2-3)고 증명했던 것입니다.

그러므로 바울이 받은 복음, 바울이 전한 복음을 한마디로 요약을 하면 "성경대로 그리스도께서 우리 죄를 위하여 죽으시고 장사 지낸 바 되셨다가 성경대로 사흘 만에 다시 살아나셨다"는 내용입니다. 이것이 바울이 받은 복음이요, 바울이 전한 복음이요, 초대교회 성도들이 듣고 믿은 복음입니다.

이런 맥락에서 복음서는 두 가지 주제를 위해서 기록이 되었는데 첫째는 "예수가 누구신가?"하는 점이고, 둘째는 그런 분이 "우리를 위해서 무엇을 행해주셨는가?"를 증언하기 위해서 기록이 된 것입니다. 베드로의 고백을 들으신 후에 주님은 예루살렘에 올라가, "죽임을 당하고 제 삼일에 살아나야 할 것을 제자들에게 비로소 말씀"(마 16:21)하셨습니다.

그러면 하나님의 아들 예수 그리스도께서 우리 대신 죽으심으로 우리에게 무엇을 가져다주셨는가 하는 점입니다.

㉠ "죽기를 무서워하므로 한평생 매여 종노릇 하는 모든 자들을 놓아주려 하심이니"(히 2:15), 즉 사탄의 권세로부터 해방을 시켜주셨습니다.

㉡ "허물과 죄로 죽었던 너희를 살리셨도다"(엡 2:1), 즉 "한 알의 밀이 땅에 떨어져 죽음으로 많은 열매를 맺게"(요 12:24)된 것입니다.

㉢ "그리스도 예수 안에 있는 속량으로 말미암아 하나님의 은혜로 값없이 의롭다 하심을 얻은 자 되었느니라"(롬 3:24), 그리하여 하나님과 화목하게 되었습니다.

㉣ "그러므로 이제 그리스도 예수 안에 있는 자에게는 결코 정죄함이 없나니"(롬 8:1), 왜냐하면 그리스도께서 우리 대신 "정죄"를 받으셨기 때문입니다.

㉤ "예수를 죽은 자 가운데서 살리신 이의 영이 너희 안에 거하시면 그리스도 예수를 죽은 자 가운데서 살리신 이가 너희 안에 거하시는 그의 영으로 말미암아 너희 죽을 몸도 살리시리라"(롬 8:11), 우리의 낮은 몸이 주님의 영광의 몸과 같이 영화가 된다고 말씀합니다.

㉥ "그러므로 네가 이 후로는 종이 아니요 아들이니 아들이면 하나님으로 말미암아 유업을 받을 자니라"(갈 4:7)고 말씀합니다. 그래도 부족합니까?

바울은 "생각하건대"(고후 5:14, 롬 8:18, 엡 2:11)하고, 우리에게 생각해보라고 호소합니다. "의인을 위하여 죽는 자가 쉽지 않고 선인을 위하여 용감히 죽는 자가 혹 있거니와"(롬 5:7), 그렇다면 형제를 위해서 대신 죽어줄 자가 있단 말입니까? 죽음은 고사하고 간이나 심장을 떼어줄 친구가 있습니까? 그런데 하나님의 아들 그리스도께서 형제의 죄를 위해서 대신 죽어주셨다면, 그리고 이를 참으로 믿는 자라면 "그리스도의 사랑이 우리를 강권하시는도다"고 말할 수밖에 없는 것입니다.

"우리가 생각하건대 한 사람이 모든 사람을 대신하여 죽었은즉 모든 사람이 죽은 것이라 그가 모든 사람을 대신하여 죽으심은 살아 있는 자들로 하여금 다시는 그들 자신을 위하여 살지 않고 오직 그들을 대신하여 죽었다가 다시 살아나신 이를 위하여 살게 하려 함이라"(고후 5:14)고 고백하게 될 것입니다.

끝으로 본문 2절을 보겠습니다. "너희가 만일 내가 전한 그 말을 굳게 지키고 헛되이 믿지 아니하였으면 그로 말미암아 구원을 받으리라"고 말씀합니다. 이는 첫째로, 자신은 복음을 전하는 줄로 여기고 있으나 실은 복음이 아닐 수가 있다는 경계요, 둘째는 그리하여 "헛되이" 믿는 믿음이 있을 수 있다는 경고가 됩니다. 바울은, "너희는 믿음 안에 있는가 너희 자신을 시험하고 너희 자신을 확증하라 예수 그리스도께서 너희 안에 계신 줄을 너희가 스스로 알지 못하느냐 그렇지 않으면 너희는 버림받은 자니라(고후 13:5)고 말씀합니다.

이것이 "이는 너희가 받은 것이요 또 그 가운데 선 것이라"(1)한, 바울이 받은 복음이요, 전한 복음이요, 초대 성도들이 믿은 복음입니다.

이제 겸허한 마음으로 형제가 받은 복음이 무엇인지, 믿고 있는 복음이 무엇이며, 이제까지 전한 복음이 무엇인지 점검해보아야 할 것입니다. 왜냐하면 그래야만 헛되이 전하지 않고 헛되이 믿지 않게 될 것이기 때문입니다.

형제도 이 복음 위에 굳게 세움을 받게 되었습니까? 이제 바울의 고백이 형제의 고백이요, 바울의 결단이 형제의 결단이 되었습니까?

바울은 영광스러움으로 가득 찬 고린도전서 15장을, "우리 주 예수 그리스도로 말미암아 우리에게 승리를 주시는 하나님께 감사하노니" 하면서, "그러므로 내 사랑하는 형제들아 견실하며 흔들리지 말고 항상 주의 일에 더욱 힘쓰는 자들이 되라 이는 너희 수고가 주 안에서 헛되지 않은 줄 앎이라"(57-58)고 마치고 있습니다. 동일한 복음을 받은 우리도 "주의 일에 더욱 힘쓰면서 승리하는" 삶을 살아야 하겠습니다.

내게 성령 임하고 그 크신 사랑 나의 맘에 가득 채우며

모든 공포 내게서 물리치시니 내 맘 항상 주 안에 있겠네

나의 모든 것 변하고 그 피로 구속 받았네

하나님은 나의 구원되시오니 내게 정죄함 없겠네 (421장)

요한복음 5:39–47절 분석도표

주제 : 내게 대하여 증언하는 것이니라

<table>
<tr><td rowspan="2">성
경
도</td><td>

39-44

39 너희가 성경에서 **영생을** 얻는 줄 생각하고 성경을 연구하거니와

　　　　　이 성경이 곧 내게 대하여 증언하는 것이니라

40 그러나 너희가 영생을 얻기 위하여 내게 오기를 원하지 아니하는도다

41 나는 사람에게서 영광을 취하지 아니하노라

42 다만 하나님을 사랑하는 것이 너희 속에 없음을 알았노라

43 나는 내 아버지의 이름으로 왔으매 너희가 영접하지 아니하나

　　만일 다른 사람이 자기 이름으로 오면 영접하리라

44 너희가 서로 영광을 취하고 유일하신 하나님께로부터 오는 영광은 구하지 아니하니

　　어찌 나를 믿을 수 있느냐

</td></tr>
</table>

<table>
<tr><td rowspan="2">모
세
도</td><td>

45-47

45 내가 너희를 아버지께 고발할까 생각하지 말라

　　　　　　너희를 고발하는 이가 있으니

　　　곧 너희가 바라는 자 모세니라

46　　　　　모세를 믿었더라면 또 나를 믿었으리니

　　이는 그가 내게 대하여 기록하였음이라

47 그러나 그의 글도 믿지 아니하거든 어찌 내 말을 믿겠느냐 하시니라

</td></tr>
</table>

내게 대하여 증언하는 것이니라

설교 작성노트

주님은 "성경이 곧 내게 대하여 증언하는 것이라"(39)고 말씀하신다. 또한 모세도 "내게 대하여 기록하였음이라"하신다. 주님이 말씀하는 "성경"은 구약성경이요, 그 중에서 특히 모세 5경을 가리키신다. 구약성경이 그리스도를 증언하는 것이라는 점을 부인하는 설교자는 없을 것이다. 문제는 구약성경이 그리스도의 무엇에 "대하여" 증언하고 있는가 하는 점이다. 왜냐하면 이에 대해 분명하고 확고해야만 성경을 기록한 목적대로 바르게 설교하는 복음전도자가 될 수가 있기 때문이다. 이를 증언하려는 것이 내용목적이다.

주님은 "너희가 영생을 얻기 위하여 내게 오기를 원하지 아니하는도다"하신다. 그러므로 그리스도의 "무엇에 대한 증언이가"하는 문제는 성도들의 "영생"과 결부가 되는 중대한 문제인 것이다. 여기에 적용목적이 있다 하겠다.

질문을 하므로 말씀을 시작하겠습니다. ㉠우리가 가지고 있는 성경의 저자는 누구인가 하는 것이 첫 번 질문입니다. 신구약성경은 40명에 가까운 사람들에 의하여 기록이 되었으나, "먼저 알 것은 성경의 모든 예언은 사사로이 풀 것이 아니니 예언은 언제든지 사람의 뜻으로 낸 것이 아니요 오직 성령의 감동하심을 받은 사람들이 하나님께 받아 말한 것임이라"(벧후 1:20-21)한, 원 저자는 성령(聖靈)님이신 것입니다.

㉡ 두 번째 질문은 그러면 성령께서 성경을 기록하게 하신 목적(目的)이 무엇인가 하는 점입니다. 이에 대한 답변이 오늘 본문 39절인데 주님은, "이 성경이 곧 내게 대하여 증언하는 것이니라"하십니다.

㉢ 세 번째 질문은 성경이 예수 그리스도를 증언하여 무엇을 얻게 하시려는가 하는 점입니다. 답변은, "너희가 성경에서 영생을 얻는 줄 생각하고, 그러나 너희가 영생을 얻기 위하여 내게 오기를 원하지 아니하는도다"(39-40)하신 "영생"(永生)을 얻게 하려는 것입니다. 이는 성경 자체에 영생이 있는 것이 아니라 성경이 증언하는 예수 그리스도 안에 영생이 있다는 뜻입니다.

㉣ 이제 마지막으로 중요하고도 핵심적인 질문입니다. 여기에 사활(死活)이 걸려 있다 하겠습니다. 그렇다면 성경이 그리스도의 "무엇에 대하여" 증언하고 있기에 이를 "듣고 믿는 자들"에게 영생(永生)을 줄 수가 있는가 하는 점입니다.

이해를 돕기 위해서 복음서를 예로 들겠습니다. 복음서는 예수 그리스도의 탄생으로부터 십자가에 달려 죽으시고 부활하시고 승천하신 것까지를 기록하고 있습니다. 그러면 우리에게 "영생"을 주는 것은 그리스도께서 우리를 위해서 무엇을 행해주셨기 때문에 가능하여졌는가 하는 물음입니다.

주님의 탄생입니까? 산상수훈과 같은 교훈입니까? 오병이어입니까? 죽은 나사로를 살리신 기사이적이 영생을 주는 것입니까? 아닙니다. 주님은 "인자가 온 것은 섬김을 받으려 함이 아니라 도리어 섬기려 하고 자기 목숨을 많은 사람의 대속물로 주려 함이니라"(마 20:28)하신 우리 죄를 "대속"(代贖)하여주셨기 때문에 이를 믿는 자들에게 영생을 주실 수가 있게 된 것입니다.

그러므로 십자가를 앞에 놓으신 주님은, "이 때를 면하게 하여 주옵소서 그러나 내가 이를 위하여 이때에 왔나이다"(요 12:27)고 주님의 사명이 무엇인가 하는 점을 분명히 밝히셨습니다. 그리고 십자가상에서 비로소 "다 이루었다"(요 19:30)고 선언하시자 1500년 동안이나 죄로 말미암아 막혀 있던 성전 휘장이 둘러 갈라졌던 것입니다. 우리의 죄는 대속이 되고 하나님께 나아가는 문이 비로소 열린 것입니다.

이제 형제는 성경이 주님의 무엇에 "대하여 증언하는 것인가"를 말해 줄 수가 있습니까? 그렇습니다. 성경은 사도 바울이 "내가 받은 것을 먼저 너희에게 전하였노니 이는 성경(聖經)대로 그리스도께서 우리 죄를 위하여 죽으시고 장사 지낸 바 되셨다가 성경(聖經)대로 사흘 만에 다시 살아나셨다"(고전 15:3-4)고 증언한 대로 그리스도께서 우리 죄를 위한 대속제물이 되실 것을 증언하고 있는 것입니다.

성경은 문제에 대한 해답입니다. 그리고 근원적인 문제는 "네가 먹는 날에는 반드시 죽으리라"(창 2:17)고 선언하신 죄 값은 사망(死亡)이요, 이에 대한 본질적인 해답은 하나님의 아들이 "우리 대신 죽어주셨다"는데 있는 것입니다.

부활하신 주님은 의심하는 제자들에게, "내가 너희와 함께 있을 때에 너희에게 말한바 곧 모세의 율법과 선지자의 글과 시편에 나를 가리켜 기록된 모든 것이 이루어져야 하리라 한 말이 이것이라"하셨습니다. 그러면 이루어져야 하리라 한 "이것"이 무엇인가? "이같이 그리스도가 고난을 받고 제 삼일에 죽은 자 가운데서 살아날 것"입니다. 이 대속으로 말미암아 "그의 이름으로 죄 사함을 받는" 것이 가능해졌고

이 복음이 "예루살렘에서 시작하여 모든 족속에게 전파될 것이 기록되었으니 너희는 이 모든 일의 증인이라"(눅 24:44-48)하십니다.

이처럼 구약성경은 그리스도께서 대속제물이 되실 것을 증언하기 위해서 기록이 되었으며, 신약성경은 그리스도에 대한 언약, 예언이 기록된 대로 성취되었다는 점을 증언하기 위해서 기록이 되었고, 설교자들은 이를 증언하는 "증인"들로 세움을 입은 자들인 것입니다.

이제 본문 46절을 보겠습니다. "모세를 믿었더라면 또 나를 믿었으리니 이는 그가 내게 대하여 기록하였음이라"고 말씀하십니다. 모세가 기록한 것이 모세 5경입니다. 그러면 모세는 5경을 통해서 주님의 "무엇에 대하여" 기록했는가? 이점을 몇 가지만 살펴봄으로 영생이 어디에 있는가를 확증(確證)하고자 합니다.

① 창세기 1장은, "땅이 혼돈하고 공허하며 흑암이 깊음 위에 있는" 상태에서 하나님이 "빛이 있으라 하시니 빛이 있었다"(창 1:2-3)고 기록하고 있습니다. 이는 1차적으로 창조에 관한 기사입니다. 그런데 새 언약의 일꾼으로 세움을 받은 바울은 이를 통해서, "어두운 데에 빛이 비치라 말씀하셨던 그 하나님께서 예수 그리스도의 얼굴에 있는 하나님의 영광을 아는 빛을 우리 마음에 비추셨느니라"(고후 4:6)고 복음

을 증언하고 있다는 점입니다.

그렇다면 주님을 만나기 이전의 심령상태는 마치 "땅이 혼돈하고 공허하며 흑암이 깊음 위에 있는" 것과 같다 하겠습니다. 그런 자들이 누구의 무엇을 통해서 "그리스도의 영광의 복음의 광채"(고후 4:4)가 마음에 비춰지게 되었습니까?

구약시대는 "너희 죄가 그의 얼굴을 가리어서 너희에게서 듣지 않으시게 함이니라"(사 59:2)한 하나님의 얼굴을 가리신 시대였습니다. 그런데 주님께서 십자가상에서 "다 이루었다"고 선언하시자 죄로 말미암아 1500년 동안이나 막혔던 휘장이 둘로 찢어져 열려졌던 것입니다.

그리하여 마치 구름에 가려있던 태양 빛이 비춰듯이 복음의 빛이 우리 마음에 비춰지게 된 것입니다. 이는 이사야 선지자가, "흑암에 행하던 백성이 큰 빛을 보고 사망의 그늘진 땅에 거주하던 자에게 빛이 비치도다"(사 9:2)한 예언의 성취였던 것입니다. 구약성경은, 그리고 모세는 그리스도께서 대속제물이 되어주실 것에 "대해서" 증언하고 있는 것입니다.

② 창세기 2장에는 하나님께서 "사람이 혼자 사는 것이 좋지 아니하니"하시면서 아담에게 돕는 배필을 지어주시는 기사가 있습니다. 그런데 흙으로 지으실 것이라는 우리의 예상과는 달리 아담을 깊이 잠들

게 하시고 갈빗대 하나를 취하여 배필을 지으십니다. 그런 후에 "아내와 합하여 둘이 한 몸을 이룰지로다"(창 2:24)고 기록하고 있습니다.

그런데 새 언약의 일꾼으로 세움을 받은 바울은 이를 통해서, "그러므로 사람이 부모를 떠나 그의 아내와 합하여 그 둘이 한 육체가 될지니 이 비밀이 크도다 나는 그리스도와 교회에 대하여 말하노라"(엡 5:31-32)고 연합교리를 증언하고 있는 것입니다.

하나님께서 마지막 아담(고전 15:45)이신 예수님의 신부를 어떤 방도로 지어주셨습니까? 교훈입니까? 기사이적으로 지어주셨습니까? 아닙니다. 예수님을 십자가에 깊이 잠들게, 즉 죽으시고 다시 사심을 통해서 지어주신 것입니다. 그래서 교회가 "이는 내 뼈 중의 뼈요 살 중의 살이라"(창 2:23)한 대로 주님의 몸인 것입니다. 죽으시고 다시 사신 대속(代贖)이 아니라면 죄 값에 팔린 자들이 그리스도의 신부(新婦)가 된다는 것은 불가능한 일인 것입니다.

그리하여 주님은 머리요, 교회는 그의 몸으로, "주와 합하는 자는 한 영이니라"(고전 6:17)하십니다. "머리와 몸"은 떼었다 붙였다할 수 있는 것이 아닙니다. 그러므로 주님은 "하나님이 짝지어 주신 것을 사람이 나누지 못할지니라"(마 19:6)하십니다.

이처럼 아담에게 배필을 지어주신 그림자는 성경 마지막 책에서, "우리가 즐거워하고 크게 기뻐하며 그에게 영광을 돌리세 어린 양의 혼인 기약이 이르렀고 그의 아내가 자신을 준비하였다"(계 19:7)는 것으로 온전히 성취가 되는 것입니다. 이처럼 구약성경은, 그리고 모세는 그리스도께서 대속제물이 되어주실 것에 "대해서" 증언하고 있는 것입니다.

③ 창세기 3장에서 "한 사람으로 말미암아 죄가 세상에 들어오고 죄로 말미암아 사망이 들어오게"(롬 5:12)됩니다. 그러자 하나님께서는 "여자의 후손은 네 머리를 상하게 할 것이요"(창 3:15)하고 원 복음을 선언하십니다.

그러면 "여자의 후손"으로 하여금 사탄의 머리를 상하게 하시려는 하나님의 방도가 무엇인지 아십니까? 바울은 "복음의 비밀, 그리스도의 비밀"(엡 3:4, 6:19)을 깨달았다고 말하는데 이를 알아야만 "복음"을 바르게 증언할 수가 있는 것입니다.

복음이 밝히 드러난 신약성경은, "자녀들은 혈과 육에 속하였으매 그도 또한 같은 모양으로 혈과 육을 함께 지니심은"합니다. 그리스도께서 "여자의 후손"으로 육신을 입고 오신다는 것입니다. 그리하여 "죽음을 통하여", 즉 죽으신다는 것입니다. 그리고 죽음이 끝이 아니라 부활하심으로 "죽음의 세력을 잡은 자 곧 마귀를 멸하시며"(히 2:14)합니다. 이처럼 "여자의 후손은 네 머리를 상하게 할 것이요"라고 선언하신 원시복음 안에는 벌써 그리스도께서 대속제물이 되실 "십자가복음"이 감추어져 있었던 것입니다.

창세기 3:15절은 사탄에게 하신 선고입니다. 사탄은 자신이 "여자의 후손"에 의하여 멸망을 당하리라는 것을 창세기 3장에서 선고를 받은 자입니다. 그러므로 성경역사는 여자의 후손을 보내시려는 자와, 이를 대적하는 자의 투쟁의 역사인 것입니다. 그러나 사탄은 자신이 어떤 방도로 멸망을 당하게 될 것은 몰랐습니다. 이점을 성경은 "하나님 속에 감추었던 비밀, 하나님의 지혜"라고 말씀합니다. 사탄은 주님을 십자가 못을 박아 죽이면 자신이 승리하는 줄로 여겼으나 도리어 멸망을 당하게 되었던 것입니다. 이처럼 구약성경은, 그리고 모세는 그리스도께서 대속제물이 되어주실 것에 "대해서" 증언하고 있는 것입니다.

④ 또한 창세기 3장에는 "내가 벗었으므로 두려워하여 숨었나이다" 한 아담과 하와에게 "가죽옷"을 지어 입히셔서 추방하시는 기사가 기록이 되어 있습니다. 그냥 추방하시지 않고 "가죽옷"을 지어 입히시고 추방하신 하나님의 의도가 무엇인가?

구약성경에는 두 번 추방을 당한 기사가 있는데 또 한 번은 그토록 경고하신 우상숭배를 하다가 약속의 땅에서 바벨론으로 추방을 당한 사건입니다. 하나님은 추방을 하시면서, "바벨론에서 칠십 년이 차면 내가 너희를 돌보고 나의 선한 말을 너희에게 성취하여 너희를 이곳으로 돌아오게 하리라 너희를 향한 나의 생각을 내가 아나니 평안이요 재앙이 아니니라 너희에게 미래와 희망을 주는 것이니라"(렘 29:10-11)고 말씀하십니다. 이것이 추방하시는 하나님의 마음입니다.

아담 하와를 "쫓아내신" 추방도 끝이 아닙니다. "때가 차매 하나님이 그 아들을 보내사 여자에게서 나게 하시고"(갈 4:4), "그리스도 예수 안에 있는 속량으로 말미암아 하나님의 은혜로 값없이 의롭다 하심을 얻은 자 되었느니라"(롬 3:24)하십니다. 우리 죄를 위하여 자기 아들을 십자가에 못을 박은 사건이 "속량"인데, 마치 가죽을 벗겨 옷을 지어 입혀주시듯이 하신 것이 "의롭다함" 곧 칭의(稱義)인 것입니다.

아담 하와에게 "가죽옷"을 지어 입히신 후에 추방하셨다는 "가죽옷" 속에는, 우리들에게 의의 옷을 입혀주셔서 하나님께로 돌아갈 수 있게 행해주시겠다는 약속이 묵시적(黙示的)으로 함의되어 있었던 것입니다.

이처럼 모세 5경에는 그리스도께서 우리의 대속제물이 되어주실 것이 "아벨이 드린 양의 첫 새끼로부터, 유월절 어린 양, 조석으로 드린 상번제"등 예표로 모형으로 구구절절이 계시되어 있는 것입니다. 이는 모세 5경만이 아닙니다. 성경 전체가 그리스도께서 우리의 대속제물이 되실 것에 "대하여" 증언하고 있습니다. 이를 증언해주어야만

"듣고 믿는 자들에게 영생"이 있게 되는 것입니다.

이제 결론적으로 본문 45절을 보겠습니다. 주님은, "내가 너희를 아버지께 고발할까 생각하지 말라 너희를 고발하는 이가 있으니 곧 너희가 바라는 자 모세니라"(45)고 경고하십니다. 그러면 모세가 하나님께 "고발"(告發)하는 죄목(罪目)이 무엇이겠습니까? 성경을 기록한 목적대로 증언하지 않았다는 죄목일 것입니다. 그리하여 "선생 된 우리가 더 큰 심판"(약 3:1)을 받게 될 것입니다. 이제 현대교회가 맛을 잃은 소금같이 되어 밟히게 된 문제와 원인이 어디에 있는지 심각하게 깨닫게 되었습니까? 한마디로 복음을 잃어버렸기 때문입니다. 그렇다면 묻습니다. 형제는 이제부터 그리스도의 무엇에 "대하여" 증언하시겠습니까?

구주의 복음을 전할 제목 보혈의 능력 주의 보혈

날마다 나에게 찬송주니 참 놀라운 능력이로다

주의 보혈 능력 있도다 주의 피 믿으오

주의 보혈 그 어린 양의 매우 귀중한 피로다 (268장)

갈라디아서 3:15-24절 분석도표

주제 : 아브라함, 모세, 그리스도

아브라함의 언약

15-16

15 형제들아 내가 사람의 예대로 말하노니 | 사람의 언약이라도 정한 후에는
아무도 폐하거나 더하거나 하지 못하느니라

16 이 약속들은 아브라함과 그 자손에게 말씀하신 것인데
여럿을 가리켜 그 자손들이라 하지 아니하시고
오직 한 사람을 가리켜 네 자손이라 하셨으니
곧 그리스도라

모세의 율법

17-20

17 내가 이것을 말하노니
사백삼십 년 후에 생긴 | 하나님께서 미리 정하신 언약을
율법이 폐기하지 못하고
그 약속을 헛되게 하지 못하리라

18 만일 그 유업이 율법에서 난 것이면 약속에서 난 것이 아니리라
그러나 하나님이 약속으로 말미암아 아브라함에게 주신 것이라
19 그런즉 율법은 무엇이냐 범법하므로 더하여진 것이라
천사들을 통하여 한 중보자의 손으로 베푸신 것인데
약속하신 자손이 오시기까지 있을 것이라
20 그 중보자는 한 편만 위한 자가 아니나 | 하나님은 한 분이시니라

그리스도의 은혜

21-24

21 그러면 율법이 하나님의 약속들과 반대되는 것이냐
결코 그럴 수 없느니라 만일 능히 살게 하는 율법을 주셨더라면
의가 반드시 율법으로 말미암았으리라
22 | 그러나 성경이 모든 것을 죄 아래에 가두었으니
이는 예수 그리스도를 믿음으로 말미암는
약속을 믿는 자들에게 주려 함이라

23 믿음이 오기 전에
우리는 율법 아래에 매인 바 되고
계시될 믿음의 때까지 갇혔느니라

24 이같이 율법이 우리를 | 그리스도께로 인도하는 초등교사가 되어
우리로 하여금 | 믿음으로 말미암아 의롭다 함을 얻게 하려 함이라

아브라함, 모세, 그리스도

설교 작성노트

바울은 본문에서 아브라함→ 모세→ 그리스도까지의 구약시대 2000년 동안 하나님께서 구원계획을 어떻게 이루어 오셨는가를 구속사적으로 증언하고 있다. 하나님은 아브라함에게, "자손을 주리라"고 메시아언약을 세워주셨는데 그 약속의 성취자로 그리스도가 오셨다(16)고 말씀한다. 그런데 하나님은 아브라함에게 언약을 세워주신 후에 모세를 통해서 율법을 "더하셨다"(19)고 말씀한다.

여기서 바울은 두 가지 질문을 제기하고 있는데 첫째는 "그런즉 율법은 무엇이냐?"(19), 즉 율법을 주신 의도가 무엇인가고 묻는다. 둘째는 "그러면 율법이 하나님의 약속들과 반대되는 것이냐?"(21)고 묻는다. 이를 증언하려는 것이 내용목적이다. 바울은 대답하기를 율법은 "우리를 그리스도께로 인도하는 초등교사"(24)로 주어진 것이라고 말씀한다. 그렇다면 오늘의 그리스도인들은 율법의 인도를 받아 그리스도를 만났는가라고 묻게 된다. 여기에 적용목적이 있다 하겠다. 본문은 단단한 음식이다. 그런데 이를 먹여주어야만 신앙의 뼈대가 튼튼해 질수가 있는 것이다.

강론

우리에게 주어진 신구약성경 전체의 구조(構造)는 창세기에서 "죄"가 들어오자 하나님께서 "내가…하리라"고 시작하신 재창조가 성경 마지막 책, 마지막 부분인 계시록에서 "이루었도다"(계 21:6)하고 완성하시는 것이 성경의 구조입니다.

그러면 오늘 본문의 중심점이 무엇인가? 아브라함에게 메시아언약을 세워주신 하나님께서 그 후에 모세를 통해서는 "율법"을 주셨다는 점입니다. 아브라함에게 세워주신 "언약"은 "내가…하리라"는 하나님께서 행해주시겠다는 것이고, 모세에게 세워주신 "율법"은 "너는…할지니"하는 우리가 행해야 하는 것입니다. 그래서 "언약"은 하나님께서 행해주신 것을 믿으라는 "믿음"을 요구하고 "율법"은 "너는 지켜 행하라"는 "행함"을 요구합니다.

그렇다면 하나님께서 상반(相反)된 것 같은 두 길을 제시하신 의도가 무엇인가 하는 점입니다. 하나님의 의도를 모르는 미련한 인간은 "언약", 즉 복음과 "율법"이 반대되는 양 싸움을 붙이려 하는 것입니다. 그래서 21절에서는 "아브라함언약과, 모세율법"은 반대되는 것이냐고 묻고 있는 것입니다. 여러분의 대답은 무엇입니까? 이는 하나님의 구원계획을 이해하는데 중요한 요점이 됩니다.

먼저 하나님께서 아브라함에게 세워주신 언약의 핵심이 무엇인가 부터 생각해보겠습니다. 하나님은 아브라함에게 "땅을 주리라, 자손을 주리라, 복을 주리라"는 3가지를 약속하셨습니다. 핵심은 "네 씨로 말미암아 천하 만민이 복을 받으리니"(창 22:18)하신 "자손"입니다. 이 점을 본문에서는 "이 약속들은 아브라함과 그 자손에게 말씀하신 것인데 여럿을 가리켜 그 자손들이라 하지 아니하시고 오직 하나를 가리켜 네 자손이라 하셨으니 곧 그리스도라"(16)합니다. 그러니까 "여자의 후손"(창 3:15)을 아브라함의 자손으로 보내서서 천하 만민을 구원하시겠다는 약속인 것입니다.

그 후 출애굽 당시 하나님은 시내 산에서 모세를 통해서 "율법"을 주십니다. 바울은 "내가 이것을 말하노니 하나님께서 미리 정하신 언약을 사백삼십 년 후에 생긴 율법이 폐기하지 못하고 그 약속을 헛되게 하지 못하리라"(17)고 말씀합니다. 하나님은 언약의 하나님이십니다. 그리고 아브라함에게 세워주신 메시아언약은 모든 언약의 원형(原型)으로 헌법과 같은 것입니다. 그러므로 후에 주신 "율법"이 원형인 메시아언약을 폐할 수 없다는 것입니다.

이점이 출애굽 당시 모세에게 나타내신 하나님께서, "나는 네 조상의 하나님이니 아브라함의 하나님, 이삭의 하나님, 야곱의 하나님이니라"(출 3:6)하신 데서 분명히 들어납니다. 무슨 뜻이냐 하면 "나는 아브라함과 이삭과 야곱에게 세워주신 언약의 하나님이다, 나는 그 약속을 지키려한다"는 뜻입니다.

또한 갈멜산의 엘리야 선지자도 절체절명의 위기상황에서 하나님을, "아브라함과 이삭과 이스라엘의 하나님 여호와"(왕상 18:36), 즉 아브라함에게 세워주신 메시아언약을 붙잡고 기도를 드리는 것을 대하게 됩니다. 신약성경은 "아브라함과 다윗의 자손 예수 그리스도의 계보라"(마 1:1)고 시작이 되는데 이는 하나님께서 언약하신 대로 지켜주셨다는 증언입니다. 이 언약을 율법이 폐할 수가 있단 말입니까?

그래서 본문은 두 가지 질문을 제기합니다. 첫 번 질문은, "그런즉 율법이 무엇이냐?"(19), 그렇다면 율법을 주신 의도가 무엇인가 라고 묻고 있습니다. 사도는 "범법(犯法)하므로 더하여진 것이라"(19하)고 대답합니다. 즉 죄를 억제하기 위해서 주신 것이라는 뜻입니다. 율법이 없으면 무법천지가 되기 때문입니다.

이스라엘은 4대에 걸쳐 바로의 노예생활을 한 자들입니다. 노예근성이 몸에 밴 그들이 유월절 어린 양의 구속으로 말미암아 하루아침에 "하나님의 백성"으로 신분이 바뀐 자들입니다. 이들에게 하나님의 백성답게 살아가게 하기 위해서 율법을 주셨다는 것입니다. 이것이 율법을 주신 교훈적인 의미입니다.

두 번째 질문은 언약은 믿음을 요구하고 율법은 행함을 요구한다면

"율법이 하나님의 약속들과 반대되는 것이냐?"(21)고 묻습니다. "반대되는 것이냐"는 말을 달리 말하면, 둘 중에 하나는 버려야 한단 말이냐는 뜻이 됩니다. 저도 묻겠습니다. 하나님께서 우리에게 주신 복음은 율법을 폐하고 주신 것입니까? 형제의 대답은 무엇입니까?

자, 이제 생각해보아야 하겠습니다. ㉠ 만일 하나님께서 아브라함에게 "메시아언약"을 세워주시지 않으셨다면 어떻게 되는가? 하나님께서 언약의 사자인 그리스도를 보내주시지 않는다면 인류는 소망이 없게 되고 결국 구원에 이를 수가 없는 것입니다.

㉡ 그러면 "율법"을 주시지 않으셨다면 어떻게 되는가 하는 점입니다. "율법으로는 죄를 깨달음이니라"(롬 3:20)한 죄를 깨달을 수가 없는 것입니다. 그리고 죄를 깨닫지 못한다면 하나님께서 그리스도를 보내주신다 해도 복음의 필요성을 모르게 됩니다. 결국 구원에 이를 수가 없는 것입니다. 여기에 율법을 주신 신학적인 의미가 있는 것입니다.

그렇습니다. 메시아언약을 세워주시지 않으셨어도 구원에 이를 수가 없고, 율법을 주시지 않으셨어도 구원에 이를 수 없다는 결론에 도달하게 되는 것입니다. 그러니까 "율법과, 언약"이 반대(反對)되기는커녕 모세를 통해서주신 "율법"이, 아브라함에게 세워주신 언약의 필요성을 일깨워준다는 것입니다. 이점을 본문 24절에서는 "율법이 우리를 그리스도께로 인도하는 초등교사"라고 말씀합니다. 그래서 20절에서는 "언약과 율법"을 주신 하나님은 반대되는 것이 아니라 "한 분이시니라"하는 것입니다.

좀 더 말씀을 드려야 안전할 것 같습니다. 두 가지를 묻겠습니다. 먼저 모세의 율법은 우리에게 무엇을 주는가 하는 점입니다. "율법으로는 죄를 깨달음이니라"(롬 3:20)한, 죄를 깨닫게 합니다. 그리하여 정죄(定罪)하는 일을 합니다.

두 번째 질문은 그러면 그리스도는 우리에게 무엇을 주시는가 하는 점입니다. 이점을 본문 24절을 통해서 대답해보시기 바랍니다. "우리로 하여금 믿음으로 말미암아 의롭다 함을 얻게 하려 함이라"합니다. 그러니까 율법을 "행함"으로는 불가능했던 것을 "믿음"으로 받았다는 것입니다. 다시 말하면 율법으로 말미암아 "정죄"를 당하던 자들이 그리스도를 믿음으로 "의롭다함"을 받게 된다는 것입니다.

이점에서 구원계획에 있어서 가장 큰 난제(難題)가 무엇인가를 생각하게 됩니다. 2:16절을 보십시오. "사람이 의롭게 되는 것"이 어떻게 가능해지는가 하는 것이 문제입니다. 왜냐하면 "의롭다함"을 얻어야만 의로우신 하나님 앞으로 돌아갈 수가 있고, 하나님과 화목할 수가 있기 때문입니다.

그런데 율법은 우리에게 의롭다 함을 주지를 못한다는 것입니다. 이는 율법에 결함이 있어서가 아니라 율법을 온전히 지킬 수 없는 우리의 책임인 것입니다. 그러나 "율법"은 우리를 그리스도에게로 인도하여 믿음으로 의롭다함을 얻게 하는 "초등교사"의 역할은 담당한다는 것입니다. 이는 마치 출애굽 당시 율법의 대명사인 모세가 백성들을 여호수아(예수)에게까지 인도한 것과 같습니다.

이처럼 "율법과, 언약"이 "반대"되기는커녕 불가분의 관계인 것입니다. 율법 자체는 우리에게 의롭다함을 주지 못하나 그리스도의 필요성을 절감하게 하고, 고대(苦待)하며 갈망(渴望)하게 만든다는 것입니다. 그러므로 우리가 그리스도를 만나게 되는 데는 율법의 역할(役割)이 절대적으로 필요하다는 말씀입니다.

그러면 갈라디아교회의 문제가 무엇인가 하는 점입니다. 의롭게 되는 것이 율법(할례)을 "행함"으로 가능한가? 예수 그리스도를 "믿음"으로 말미암아 가능해지는 것이냐? 하는 점이 갈라디아서가 제기하고 있는 중심적인 쟁점인 것입니다. 예루살렘교회에서 내려온 어떤 선생들은 "너희가 모세의 법대로 할례를 받지 아니하면 능히 구원을 받지 못하리라"(행 15:1)고 가르쳤습니다. 논쟁의 핵심이 "구원"이라는 점을 주목하시기 바랍니다.

㉠ 저들은 "예수 믿음+할례=구원"이라고 말하고,

ⓛ 바울은 "예수 믿음+의롭다함=구원"이라고 말한 셈입니다.

바울은 저들의 주장을 "다른 복음"이라 하면서 "우리가 너희에게 전한 복음 외에 다른 복음을 전하면 저주를 받을지어다"(갈 1:8)합니다. 형제는 이것이 어째서 다른 복음이 되는지 말해줄 수가 있습니까? 첫째는, 아브라함에게 세워주신 언약의 성취자로 오신 예수 그리스도께서 "다 이루었다"고 선언하신 십자가 복음을 불완전한 것인 양 깎아내리고 율법(할례)이 완성한다는 것이 되기 때문이요, 둘째는 주객(主客)을 전도(顚倒)하는 복음을 변하게 하려 함(1:7)이기 때문입니다.

그러면 불신 유대인이나 "어떤 선생", 또는 오늘 우리의 잘못이 무엇인지 아십니까? 아브라함에게 메시아언약을 세워주신 하나님께서 모세를 통해서 율법을 주시고 그런 후에 그리스도를 보내주신 하나님의 의도, 즉 아브라함으로부터 그리스도에 이르기까지 약 2000년의 구속사(救贖史)를 인식하지 못했기 때문입니다.

그래서 "내가 증언하노니 그들이 하나님께 열심이 있으나 올바른 지식을 따른 것이 아니니라"(롬 10:2)고 지적합니다. 그래서 호세아 선지자는 "내 백성이 지식이 없으므로 망하는도다"(호 4:6)고 탄식했던 것입니다. 아브라함에게 "할례"를 명하신 것은 앞서 세워주신 메시아 언약에 대한 "인친 표"(롬 4:11)였던 것입니다.

그러면 묻겠습니다. 여러분은 모세의 "율법"을 통해서 죄를 깨닫고, 아브라함 언약인 예수 그리스도를 믿음으로 "의롭다함"을 얻었음을 확신합니까? 그리하여 의로우신 하나님과 화목했다는 확신이 있느냐고 묻고 있습니다. 여러분이 이처럼 중요한 칭의(稱義)교리에 대한 설교를 듣고 "의롭다함"을 얻었다고 확신하게 된 것은 예수를 믿은 지 몇 년 후였습니까?

비 진리를 말하는 것만이 잘못이 아닙니다. 주님께서 죽으심으로 이루어주신 핵심적인 진리인 "칭의"(稱義)교리를 전하지 않는 것도 큰 잘못이요, 그리스도의 증인사명을 망각한 것이라는 점을 명심해야만 하겠습니다. 바울은 칭의교리를 "나의 복음"(롬 2:16)이라고 까지 말하면서 이를 증언하는데 목숨을 걸었던 것입니다.

바울이 "나의 복음"이라 말한 이신칭의를 전하지 않으면서도 복음을 전하는 줄로 여기고 있다면 그것은 "다른 복음"이요, 그러면서도 "너희가 구원을 얻었다"고 말한다면 이는 마치 오늘의 "할례"를 받아야 구원을 얻는다는 말과 같은 것입니다.

주님은, "모세를 믿었더라면 또 나를 믿었으리니 이는 그가 내게 대하여 기록하였음이라"(요 5:46)고 말씀하십니다. 모세가 기록(記錄)한 것이 모세 5경이요, 율법서입니다. 그런데 모세가 기록한 "율법"이 그리스도를 증언하고 있다는 것입니다. 달리 표현하면 율법을 주시지 않았다면 복음을 모르게 된다는 뜻입니다.

몇 가지 질문을 드림으로 말씀을 마치려합니다.

㉠ 아브라함 언약과 모세 율법은 반대되는 것입니까?

㉡ 모세 율법이 아브라함에게 세워주신 언약을 폐할 수가 있는 것입니까?

㉢ 언약은 믿음을 요구하고 율법은 행함을 요구하는데 의롭다함을 얻는 방도는 어느 길입니까?

㉣ 그러면 하나님은 율법을 폐하시고 복음을 주신 것입니까?

㉤ 무엇보다 중요한 점은 자신은 율법을 통해서 죄를 깨닫고 그리스도 예수를 만나 "의롭다함"을 얻고 하나님과 화목했다는 기쁨과 감격이 있는가 하는 점입니다. 이것이 "아브라함언약, 모세율법, 그리스도의 은혜"입니다.

주 예수 날 사랑하시오니 나 또한 예수를 사랑하네

날 구원하시려 내려오사 십자가 위에서 죽으셨네

주께서 나를 사랑하니 즐겁고도 즐겁도다

주께서 나를 사랑하니 나는 참 기쁘다 (202장)

히브리서 12:18-24절 분석도표

주제 : 시내산과 시온산

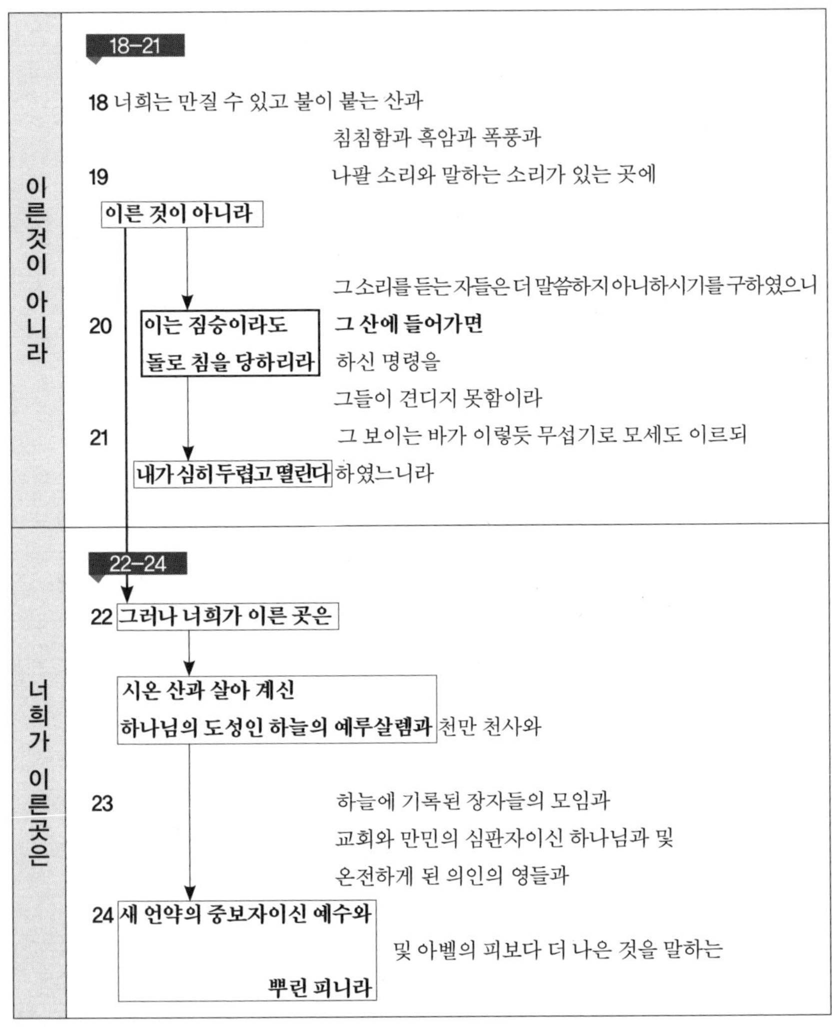

시내산과 시온산

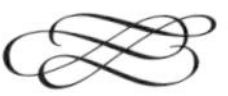

설교 작성 노트

"너희의 이른 곳은 시내 산이 아니라, 너희의 이른 곳은 시온 산"(히 12:18, 22)이라고 말씀한다. 출애굽의 목적지는 시온산이지만 반드시 시내 산을 통과해야만 한다. 왜냐하면 시내 산에서 율법을 받고 죄를 깨달은 자만이 시온 산에 이르러 그리스도를 만날 수가 있기 때문이다. 이를 증언하려는 것이 내용목적이다.

시내 산의 경험을 한 사람은 어떤 반응을 일으키게 되는가? "내가 심히 두렵고 떨린다"(21)고 말하게 된다. 형제는 시내 산에서 율법을 받고 죄를 깨달아 "두렵고 떨린" 후에 그리스도를 만나 자유함을 얻고 기뻐하고 감사하게 되었는가? 여기에 적용목적이 있다 하겠다.

다윗은 하나님의 말씀, 즉 성경은, "완전하여 영혼을 소성시키며, 확실하여 우둔한 자를 지혜롭게 하며, 정직하여 마음을 기쁘게 하고, 순결하여 눈을 밝게 하신다"(시 19:7-8)고 진술합니다. 이점을 신학적으로는 성경을 "충족된 계시"라고 말하는데 부족하거나 모자람이 없다는 뜻입니다. 성경을 상고하다 보면 이점을 절실하게 느끼게 되는데 본문을 통해서도 이를 깨닫게 됩니다.

하나님께서는 구원계시를 마치 유치원 어린이들에게 실물(實物)교육을 하듯이 알아듣기 쉽도록 예표를 통해서 말씀을 하셨습니다. "출애굽" 사건은 영적 출애굽을 이해하기 쉽도록 계시하기 위한 예표로 주어진 우리들의 이야기인 것입니다. 이점이 야곱에게 "애굽으로 내려가기를 두려워하지 말라"고 애굽으로 내려 보내시면서, "반드시 너를 인도하여 다시 올라올 것이며"(창 46:3-4)하신 말씀에 분명히 나타납니다.

본문을 보면 "너희의 이른 곳은 시내 산이 아니라(18), 너희의 이른 곳은 시온 산이라"(22)고 말씀합니다. 무슨 뜻이냐 하면 출애굽의 목적지(目的地)는 시내산이 아니라 시온산이라는 말씀입니다. 그런데 반드시 시내 산을 통과해야만 한다는 것입니다. 왜냐하면 시내 산에서 율법을 받고, "율법으로는 죄를 깨달음이니라"(롬 3:20)한 죄를 깨달은 자만이 시온 산에 이르러 대속 주되시는 그리스도를 만날 수가 있기 때문입니다.

하나님께서 "출애굽" 사건을 통해서 계시하시려는 핵심적인 계시가 무엇인지 아십니까? "내가 피를 볼 때에 너희를 넘어가리니"(출 12:13) 하신 "유월절 어린 양의 피"입니다. 이는 예수 그리스도께서 십자가에 달려 대속(代贖)의 피를 흘려주실 것에 대한 예표였던 것입니다.

그런데 유월절 어린 양이신 그리스도는 시내 산이 아니라 시온에 오셨고, 시내 산이 아니라 "시온 산"에서 십자가에 달리셨기 때문입니다.

그러므로 그리스도를 만나기 위해서는, 그리고 복음을 받기 위해서는 반드시 시온 산으로 가야만 하는 것입니다. 시편 2:6절에서는, "내가 나의 왕을 내 거룩한 산 시온에 세웠다"고 말씀하고, 14:7절에서는 "이스라엘의 구원이 시온에서 나오기를 원하도다"라고 말씀합니다.

이처럼 출애굽의 목적지는 시온산이지만 하나님께서는 반드시 시내 산을 통과하도록 하셨습니다. 왜냐하면 율법을 "행함"으로 의롭다 함을 얻을 수 없다는 점을 깨닫게 하시어 그리스도의 대속을 "믿음"으로 의롭다함을 얻을 수 있도록 하시기 위해서입니다. 이점을 사도 바울은, "이같이 (시내산의) 율법이 우리를 그리스도(시온산)께로 인도하는 초등교사가 되어 우리로 하여금 믿음으로 말미암아 의롭다 함을 얻게 하려 함이라"(갈 3:24)고 증언합니다.

그러면 "시내 산"을 경험한 사람들은 어떤 반응을 보이게 되는가? "내가 심히 두렵고 떨린다"(21)는 반응입니다. 왜냐하면 "이는 짐승이라도 그 산에 들어가면 돌로 침을 당하리라"(20), 즉 죽임을 당하리라고 말씀하기 때문입니다. 어찌하여 하나님께서 시내산에 강림하셨습니까? 애굽에서 유월절 양의 피로 속량하신 자기 백성들이 있기 때문입니다. 그런데 어찌하여 "주위에 경계를 정하고 이르기를 너희는 삼가 산에 오르거나 그 경계를 침범하지 말지니 산을 침범하는 자는 반드시 죽임을 당할 것이라"(출 19:12)하셨습니까?

이점에서 아담 하와가 어찌하여 추방을 당할 수밖에 없었는가를 생각해보시기를 바랍니다. "의와 불법이 어찌 함께 하며 빛과 어둠이 어찌 사귀며"(고후 6:14)한 "죄" 때문입니다. 그러므로 시내 산의 율법을 통해서 자신의 죄를 발견하고 죄 삯은 사망임을 깨닫게 된 자는, "내가 심히 두렵고 떨린다"고 말할 수밖에 없는 것입니다.

바울은 로마서에서 "너희는 다시 무서워하는 종의 영을 받지 아니하고"(롬 8:15)라고 말씀합니다. 이는 로마교회 형제들이 한 때는 "무서워하는 종의 영"을 받은 단계에 있었다는 점을 나타냅니다. 그렇습니다. 율법은 "무서워하는 종이 영"과 같은 것입니다.

"내가 다윗의 집과 예루살렘 주민에게 은총과 간구하는 심령을 부어 주리니 그들이 그 찌른바 그를 바라보고 그를 위하여 애통하기를 독자를 위하여 애통하듯 하며 그를 위하여 통곡하기를 장자를 위하여 통곡하듯 하리로다"(슥 12:10)하십니다. 회개의 영이 임하게 되면 "죄, 심판, 지옥"에 대한 두려움으로 이처럼 애통하게 되는 것입니다. 형제는 죄로 말미암아 "독자"(獨子), 즉 외아들이 죽었을 때처럼 애통한 적이 있습니까? "만물보다 거짓되고 심히 부패한"(렘 17:9) 자신의 "전적 타락, 전적 무능"을 깨닫고 "내가 심히 두렵고 떨리다"한 시내 산의 경험이 있습니까?

이처럼 "심히 두렵고 떨린다"한 경험을 한 사람이 바울이었습니다. 로마서 7장은 한마디로 "시내 산의 경험"에 대한 진술이라 할 수가 있습니다. "내가 원하는 바 선은 행하지 아니하고 도리어 원하지 아니하는바 악을 행하는도다"(19)고 탄식하면서 "나는 육신에 속하여 죄 아래에 팔렸도다"(14)고 고백합니다.

바울은 하나님께서 시내 산에서 주신, "율법은 거룩하고 계명도 거룩하고 의로우며 선하도다"고 인정하면서, "그런즉 선한 것이 내게 사망이 되었느냐 그럴 수 없느니라 오직 죄가 죄로 드러나기 위하여 선한 그것으로 말미암아 나를 죽게 만들었으니 이는 계명으로 말미암아 죄로 심히 죄 되게 하려 함이라"(롬 7:12-13)고 진술합니다.

"죄로 심히 죄 되게 하려 함이라"는 말씀을 주목하시기를 바랍니다.

죄를 깨닫는 데도 정도의 차이가 있다는 것입니다. 죄를 깨닫되 "심히 죄 되게" 깨달은 바울은 "죄"와 처절한 "싸움"을 하게 됩니다. 그런데 그 때마다 번번이 "나를 사로잡는 것을 보는도다"(롬 7:23), 즉 생포를 당하게 되는 것은 자신이었노라고 진술합니다.

이처럼 자력구원의 불가능성을 깨달은 바울은 "오호라 나는 곤고한 사람이로다 이 사망의 몸에서 누가 나를 건져내랴"(롬 7:24)고 자신을 구원하여 줄 "누구"를 찾게 되었던 것입니다. 이것이 시내 산을 경험한 사람입니다.

그런데 "오호라"한 후에 이어지는 말씀은, "우리 주 예수 그리스도로 말미암아 하나님께 감사하리로다"(롬 7:25)고 감사로 이어지고 있다는 점입니다. 왜냐하면 자신을 사망의 몸에서 구원하여 줄 "누구"를 만났기 때문입니다. 어떻게 만날 수가 있었는가? 시내 산의 율법이 바울을 "그리스도께로 인도하는 초등교사가 되어 믿음으로 말미암아 의롭다 함을 얻도록"(갈 3:24) 시온 산의 그리스도에게로 인도해주었기 때문입니다.

예수 그리스도를 만난 바울은, "그러므로 이제 그리스도 예수 안에 있는 자에게는 결코 정죄함이 없나니"(롬 8:1)라고 선언합니다. 형제가 "오호라 나는 곤고한 사람이로다"하는 시내 산의 경험을 한 사람이라면 "결코 정죄(定罪)함이 없다"는 선언은 원자폭탄보다도 더 위력이 있는 선언이라는 점을 인정하실 것입니다.

그러면 율법이 나 같은 죄인을 정죄할 수 없는 이유가 무엇입니까? "이는 그리스도 예수 안에 있는 생명의 성령의 법이 죄와 사망의 법에서 너를 해방하였기"때문이라고 대답합니다. "너를 해방하였다"는 "너"가 누구입니까? 로마서 7장에 25번이나 등장하는 "정죄감"에 빠져 탄식하던 "나"라는 사람입니다. 시내 산의 율법을 통하여 죄를 깨닫고, "오호라 나는 곤고한 사람이로다 이 사망의 몸에서 누가 나를 건져내랴"고 부르짖었던 "나", 바로 형제입니다.

그러면 어떤 방도로 해방을 시켜주셨는가? "율법이 육신으로 말미암아 연약하여 할 수 없는 그것을 하나님은 하시나니 곧 죄로 말미암아 자기 아들을 죄 있는 육신의 모양으로 보내어 육신에 죄를 정하사, 율법의 요구(정죄하라는)가 이루어지게"(롬 8:2-4)하심으로 해방을 시켜주셨다고 증언합니다. 이것이 시내 산의 율법이라는 초등교사의 인도로 시온 산에 이르러 그리스도를 만나 사람의 기쁨이요 감사요 감격인 것입니다. 이점을 시편에서는,

흑암과 사망의 그늘에서 인도하여 내시고
그들의 얽어 맨 줄을 끊으셨도다

여호와의 인자하심과 인생에게 행하신

기적으로 말미암아 그를 찬송할지로다

그가 놋문을 깨뜨리시며 쇠빗장을 꺾으셨음이로다(시 107:14-16)

고 찬양하고 있습니다.

그런데 한국교회의 실상은 어떠합니까? 과연 성도들이 시내 산을 통과하여 시온 산의 그리스도를 만난 사람들인가? "율법에 결박을 당하여 갇혀서"(갈 3:22, 23) "오호라"하고 비명을 지르다가 구주를 만나 해방과 자유함을 얻게 된 기쁨과 감사와 감격이 있는 사람들인가 하고 묻게 됩니다.

교회에 처음 나오는 사람을 VIP실로 인도합니다. 그 심정은 이해하지 못하는 바가 아닙니다. 그러나 진자제품을 판매하는 직원이 자사(自社) 제품을 선택한 고객에게 굽실거리듯이 하는 것이 복음 전도가 아닙니다. 하나님을 선택하도록 온갖 축복을 약속하는 것이 아니라 그들을 "하나님 앞에" 세우는 것입니다. 그리하여 시내 산의 율법을 통해서 죄를 깨닫게 한 후에 시온산의 그리스도를 만나게 해주어야 하는 것입니다.

시내 산의 두려움을 모르면 시온 산의 기쁨도 모릅니다. 율법에 "매인 바" 됨을 모르는 사람은 복음의 자유함을 모릅니다. 율법에 "갇힌 바"됨을 모르는 사람은 복음의 해방과 감격을 모릅니다. 이렇게 된 원인은 변명의 여지가 없이 말씀을 맡은 설교자의 책임입니다. 이것이 "시내산과 시온산"입니다.

오늘 본문인 히브리서 12장은 이렇게 끝을 맺고 있습니다. "그러므로 우리가 흔들리지 않는 나라를 받았은즉 은혜를 받자 이로 말미암아 경건함과 두려움으로 하나님을 기쁘시게 섬길지니 우리 하나님은 소멸하는 불이심이라"(히 12:28-29).

주 사랑하는 자 다 찬송할 때에
그 보좌 앞에 둘러서 그 보좌 앞에 둘러서
큰 영광 돌리세 큰 영광 돌리세
저 밝고도 묘한 시온성 향하여 가세
내 주의 찬란한 성에 찬송하며 올라가세 (249장)

로마서 6:14-15절, 레위기 16:15절 분석도표
법아래 있는 자와, 은혜 아래 있는 자

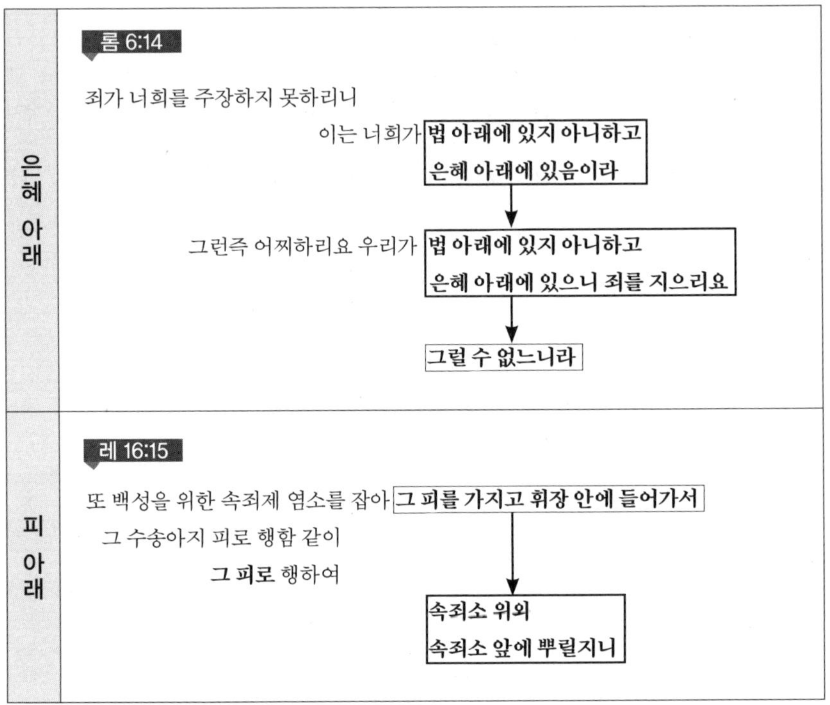

법아래 있는 자와, 은혜 아래 있는 자

설교 작성 노트

사도는 로마서 6:12절에서, "죄가 너희 죽을 몸을 지배하지 못하게 하라"(롬 6:12)고 경계했다. 그런데 본문 14절에서는, "죄가 너희를 주장하지 못하리니"(14)라고 말씀한다. 무슨 뜻인가? 죄가 "너희 죽을 몸"은 지배할 수 있으나 "너희 자신"은 주장하지 못한다는 것이다. 어떻게 해서 죄가 너희를 주장하지 못하는가? "너희가 법 아래에 있지 아니하고 은혜 아래" 있기 때문이라고 말씀한다. 그러면 "법아래, 은혜 아래"라는 표현은 무엇을 의미하는가? 이를 증언하려는 것이 내용목적이다. 왜냐하면 이에 대한 확신이 없게 되면 정죄감에 빠지게 되기 때문이다.

그런 후에 사도는 "법 아래에 있지 아니하고 은혜 아래에 있으니 죄를 지으리요"라고 또다시 죄를 지어도 괜찮단 말이냐고 묻고 있다. 여기에 적용목적이 있다 하겠다.

  성경을 상고한다는 것은 금광에서 금을 캐는 것에 비할 수가 있습니다. 금광석(金鑛石)을 캐다 보면 "노다지"를 만날 때가 있다고 합니다. 성경 말씀이 모두가 귀중합니다만 때로는 "노다지"와 같은 말씀을 대하게 됩니다. 로마서에서 몇 곳을 예로 든다면,

  ㉠ "복음에는 하나님의 의가 나타나서 믿음으로 믿음에 이르게 하나니 기록된바 오직 의인은 믿음으로 말미암아 살리라 함과 같으니라"(1:17)한 말씀입니다. 이 말씀은 복음을 잃어버린 중세 암흑시대에 종교개혁을 일으키게 하는 도화선이 된 노다지와 같은 말씀입니다.

  ㉡ "예수는 우리가 범죄한 것 때문에 내줌이 되고 또한 우리를 의롭다 하시기 위하여 살아나셨느니라"(4:25), 이는 복음을 한 마디로 정의한 보배로운 말씀입니다.

  ㉢ "율법이 들어온 것은 범죄를 더하게 하려 함이라 그러나 죄가 더한 곳에 은혜가 더욱 넘쳤나니"(5:20), 이는 "은혜가 죄"를 KO시키는 능력이요, 넘어졌다가도 벌떡 일어나게 해주는 "노다지"와 같은 말씀입니다.

㉣ "이와 같이 너희도 너희 자신을 죄에 대하여는 죽은 자요 그리스도 예수 안에서 하나님께 대하여는 살아 있는 자로 여길지어다"(6:11), 이는 그리스도인의 정체성과 성화의 삶을 살게 하는 동기를 부여하는 말씀입니다.

㉤ "그러므로 이제 그리스도 예수 안에 있는 자에게는 결코 정죄함이 없나니"(8:1), 이는 이 이상 없을 정도로 구원의 확신을 주는 선언입니다.

㉥ "높음이나 깊음이나 다른 어떤 피조물이라도 우리를 우리 주 그리스도 예수 안에 있는 하나님의 사랑에서 끊을 수 없으리라"(8:39), 이는 승리의 개가입니다.

이런 "노다지"와 같은 말씀들은 인간이 행해야 할 윤리가 아니라 하나님께서 자기 아들을 통해서 이루어주신 것을 선포하는 불변의 진리인 것입니다. 그래서 밤하늘에 빛나는 큰 별들처럼 우리의 영혼에 큰 빛을 비추어 주고 있습니다.

1. "죄가 너희를 주장하지 못하리니 이는 너희가 법 아래에 있지 아니하고 은혜 아래에 있음이라"한 본문 14절도 노다지와 같은 말씀 중 하나입니다. 이를 구속사적으로 보면 너무나 귀하고 중요한 의미가

함의되어 있기에 별도로 다루게 된 것입니다.

㉠ 첫째로, "죄가 너희를 주관하지 못하리니"(14상)합니다. 이 말씀을 문맥적으로 보면, "너희 지체를 불의의 무기로 죄에게 내주지 말라"(13)고 경계를 한 후에 격려하기 위한 말씀으로 주어진 것입니다.

왜냐하면 "너희 지체를 불의의 무기로 죄에게 내주지 말라"는 경계를 들으면서 형제의 마음은 어떠했습니까? 앞에서(6:1-11) 맛보았던 복음에 대한 감사와 감격은 사라지고 마음이 무거워지기 마련입니다. 왜냐하면 자신의 연약을 알기 때문입니다. 우리의 실상은 어떠합니까?

"마음과 생각"을 자주자주 빼앗깁니다. 번번이 실수하고 넘어집니다. 그리하여 원치 않게 우리의 지체가 "불의의 무기"로 악용을 당하는 실정입니다. 그래서 "난 안되겠나 보다, 번번이 죄에게 불의의 무기로 이용을 당하고 있지 않는가? 나는 가망이 없어"하고 정죄감에 빠지기 마련입니다.

사도는 목회(牧會)자입니다. 성도들이 이렇게 될 것을 예상하고 반대쪽으로 넘어지려는 것을 일으켜 세워서 균형을 잡아주려는 것입니다. "아니다. 죄가 너희 지체는 악용을 한다 해도 너희(너) 자신(自身)은 주장하지 못한다, 용기를 내서 다시 한 번 도전해보아라", 이처럼 격려를 하는 것이 "죄가 너희를 주장하지 못하리니 이는 너희가 법 아래에 있지 아니하고 은혜 아래에 있음이라"는 문맥적인 의미인 것입니다.

ⓛ 그러면 둘째로, 우리의 지체가 자주자주 "불의의 병기"로 악용을 당하는 연약한 나 자신을 어떻게 해서 "죄가 주장하지 못한다"고 말씀하는가? "이는 너희가 법 아래에 있지 아니하고 은혜 아래에 있음이라"(14하)고 대답합니다. 로마서에는 "아래"라는 표현이 여러 번 등장하는데 이에 대한 구속사적인 의미를 인식한다는 것은 구원의 확신을 위해서 중요한 요점이 됩니다.

ㄱ 3:9절에는 "죄 아래"가 있고,

ⓛ 3:19절에는 "율법 아래"와,

ⓒ "심판 아래"가 있습니다.

"아래"라는 표현이 무엇을 뜻하는가 하면 하나님께서 우리들을 보실 때 무엇을 통해서 보시는가 하는 점을 나타내는 표현인 것입니다. 만일 "법아래" 있어서 하나님께서 우리를 "율법"을 통해서 보신다면 다 "죄 아래"요, 그래서 "심판 아래" 있을 수밖에 없는 자들이라는 점을 나타냅니다.

ⓡ 그런데 본문 14절에서는 "너희가 법 아래에 있지 아니하고 은혜 아래에 있음이라"고 말씀합니다. 그러면 우리가 법아래 있지 않고 "은혜 아래" 있게 된 것이 어떻게 해서 가능해졌는가? "율법은 모세로 말미암아 주어진 것이요 은혜와 진리는 예수 그리스도로 말미암아 온 것"(요 1:17)입니다. 그러므로 "너희가 법 아래에 있지 아니하고 은혜 아래에 있음이라"는 뜻은 하나님께서 우리를 보실 때에 율법을 통해

서 보시는 것이 아니라 그리스도께서 우리 대신 담당하신 십자가의 대속의 피를 통해서 보신다는 뜻입니다. 그러니까 "은혜 아래란 피 아래" 있다는 것과 같은 뜻인 것입니다. 그래서 "죄가 너희를 주장하지 못한다"는 것입니다.

이에 대한 가장 두드러진 예표가 출애굽 당시, "내가 피를 볼 때에 너희를 넘어가리니 재앙이 너희에게 내려 멸하지 아니하리라"(출 12:13) 하신 예표입니다. 하나님 앞에 심판을 받아 마땅한 죄인은 애굽 사람들만이 아니라 이스라엘도 마찬가지입니다. 그런데 하나님께서 이스라엘 백성들을 대문에 뿌려진 "피"를 통해서 보심으로 "넘어"가시는 것이 가능했던 것입니다. 그렇습니다. 이스라엘 집에서도 "죽음"은 있었습니다. 다만 유월절 어린 양이 대신 죽었던 것입니다. 이 대속적인 죽음을 대문에 뿌려진 "피"가 말해주었던 것입니다. 그들은 "피 안에" 있었던 셈입니다.

2. 바울은, "그것을 읽으면 내가 그리스도의 비밀을 깨달은 것을 너희가 알 수 있으리라"(엡 3:4)고 "그리스도의 비밀"을 깨달았다고 말씀합니다. 그러면 사도는 어디에 근거해서 "율법 아래, 죄 아래, 심판 아래, 은혜 아래" 등 "아래"라는 이 진리를 깨닫고 이처럼 힘 있게 증언하게 되었는가라고 묻게 됩니다. 여기서 우리를 두 번째 본문인 레위기 16:15절로 인도해줍니다.

㉠ 이는 "대 속죄일"이라는 예표를 통해서 계시하신 복음계시인데 "또 백성을 위한 속죄제 염소를 잡아 그 피를 가지고 휘장 안에 들어가서"라고 말씀합니다. 대제사장이라도 1년 1차 대 속죄일에만 지성소에 들어가는 것이 허용이 되었는데 "백성을 위한 속죄제 피"를 가지고야 들어갈 수가 있었습니다.

그러면 가지고 들어간 속죄 피를 어떻게 하라 하시는가? "속죄소 위와 속죄소 앞에 뿌리라"(레 16:15)고 명하십니다.

㉡ 이점에서 먼저 규명해야 할 점은 "속죄소"의 위치(位置)가 어디인가를 확인하는 일입니다. 이를 알기 위해서는 성막 식양을 말씀하는 출애굽기로 가보아야만 합니다. 출애굽기 25:21절에 보면 "속죄(贖罪)소를 궤 위에 얹고 내가 네게 줄 증거판을 궤 속에 넣으라"고 명하십니다. 중요한 요점이기에 이를 요약을 하면,

첫째로 "속죄소를 궤 위에 얹으라"하십니다. 이 "궤"는 법궤(法櫃)를 가리키는데 "법궤 위"가 속죄소의 위치(位置)입니다.

둘째로 "내가 네게 줄 증거판을 궤 속에 넣으라"하십니다. "증거판"은 모세에게 주신 돌판인데, 이를 법궤 안에 넣으라 하십니다.

"속죄소"를 중문이나 일본어 성경에서는 "시은소"(施恩所), 즉 은혜를 베푸시는 곳이라고 번역하고 있습니다. 성막을 죄인 중심으로 보면 "속죄소, 즉 시은소"는 핵심이 되는 곳입니다. 이처럼 중요한 속죄

소를 어찌하여 뚜껑처럼 "법궤 위에" 얹으라 하시는가? 이 예표를 통해서 무엇을 계시하시려는 것일까요?

ⓒ 이렇게 명하시는 하나님의 마음을 알기 위해서는 법궤 안에는 무엇이 들어 있는가를 확인해야만 합니다. "내가 네게 줄 증거판을 궤 속에 넣으라"(출 25:21)하신 십계명이 기록된 돌판, 즉 율법이 들어 있는 것입니다. 그러면 하나님의 의도는 분명해지는 것입니다. "속죄소"를 법궤 위에 얹으라고 명하심은 속죄소가 법궤 안에 있는 율법(律法)을 덮고 있는 구조(構造)라는 점입니다.

ⓓ 그런데 중요한 점은 "속죄소가 속죄소" 되기 위해서는 그곳에 "대속의 피"가 뿌려짐으로만이 가능해진다는 점을 명심해야만 합니다. 만일 속죄소 위에 대속의 피가 뿌려지지 않는다면 하나님께서 우리를 보실 때에 율법을 통해서 보시게 되는 것입니다. 이것이 "율법 아래"의 뜻입니다.

이제 ㉠ "속죄소"를 법궤 위에 얹으라 하신 하나님의 의도와, ㉡ "피를, 속죄소 위와 속죄소 앞에 뿌릴지니"하신 의도는 분명해진 것입니다. 하나님은 우리를 속죄소 위에 뿌려진 "피"를 통해서 보시겠다는 뜻입니다. 이것이 "은혜 아래"인 것입니다. 이제 속죄소의 위치(位置)가 어디이며 그 의미가 무엇인지 이렇게 명하신 하나님의 사랑의 마음을 깨닫게 되었습니까?

하나님께서 우리를 의롭다고 여겨주신 칭의(稱義)의 원리가 무엇입니까? 사도는, "불법이 사함을 받고 죄가 〈가리어짐〉을 받는 사람들은 복이 있고"(롬 4:7)한 다윗의 시를 인용하여 설명합니다. 하나님께서 우리를 의롭다고 여겨주신 근거는 우리의 죄를 예수 그리스도의 구속(救贖)의 피로 "덮어주시고 가려 주심"으로 가능해진 것입니다.

이렇게 하시고 의롭다고 여겨주신 자들을 죄가 어떻게 주장할 수가 있단 말입니까? 그러므로 "법아래" 있지 않기 때문에 죄가 주관하지 못한다는 것은 소극적인 면이요, 적극적으로는 "은혜 아래" 있기 때문이라는 "은혜"까지 나아가야 하는 것입니다.

다시 강조합니다만 우리는 본래 "네가 먹는 날에는 반드시 죽으리라"(창 2:17)하신 법아래 있던 자들입니다. 그런데 어떻게 해서 "은혜 아래" 있게 되었는가? 속죄소 위에 뿌려진 "피"로 말미암아 가능해진 것이요, 속죄소 위에 피가 뿌려지기 위해서는 피 흘림, 즉 "속죄제물"이 죽음으로 가능해진 것입니다.

"피"는 생명을 의미하고, "흘린 피"는 죽음을 의미하는데 흘린 피가 뿌린 피가 될 때에 효험이 있게 됩니다. 출애굽 당시도, "내가 피를 볼 때에 너희를 넘어가리라"(출 12:13)고 말씀하셨는데 "대 속죄일"의 예표는 같은 진리를 다른 방법으로 나타낸 예표였던 것입니다. 하나님께서는 "대 속죄일"의 예표를 통해서 우리 죄를 위한 대속제물이 되어 주실 예수 그리스도와 복음을 이해하기 쉽도록 계시하신 것입니다. 이렇게 해서 우리가 "은혜 아래" 있게 되는 것이 가능해진 것입니다.

이점에서 유념해야 할 점은 하나님은 "법궤" 안에 있는 율법을 폐하시고 우리를 "은혜 아래" 있게 해주신 것이 아니라는 점입니다. "곧 죄로 말미암아 자기 아들을 죄 있는 육신의 모양으로 보내어 육신에 죄를 정하사, 율법의 요구가 이루어지게 하시고"(롬 8:3, 4) "은혜 아래" 있게 해주셨다는 점을 잊지 말아야만합니다.

사도는 이와 같이 구약성경에 감추어졌던 "그리스도의 비밀, 복음의 비밀"(엡 3:4, 6:19)을 깨닫고는 "율법 아래, 죄 아래, 심판 아래, 은혜 아래" 등 "아래"라는 진리를 담대하게 증언했던 것입니다.

3. 그러면 이 예표가 우리에게는 어떻게 적용이 되는가를 말씀드려야 하겠습니다. "그러므로 형제들아 우리가 예수의 피를 힘입어 성소에 들어갈 담력을 얻었나니"(히 10:19)라고 말씀합니다.

㉠ 첫째로 우리들도, "성소에 들어갈 담력을 얻었다"는 것입니다. 이 "성소"를 중문에서는 "지성소"로 번역을 하고 있는데 우리들도 대제사장같이 지성소에 들어가게 되었다는 것입니다. 그런데 한글 성경은

왜 지성소라 하지 않고 "성소"로 번역을 하고 있는가? 우리가 들어가는 곳은 모형으로 주어졌던 지상(地上)에 있는 지성소가 아니라 하늘에 있는 하나님 보좌 앞이요, 그곳은 성소와 지성소의 구분이 없기 때문에 "성소"라 한 것입니다.

그러면 "성소에 들어감"이 언제 일어나는가? 예배를 드릴 때입니다. 그리고 형제가 기도를 드릴 때 은혜의 보좌 앞에 나아가는 것입니다. 그렇다면 죄인들이 감히 어떻게 해서 하나님 보좌 앞에 나아갈 수가 있게 되었단 말입니까?

ⓛ 그래서 둘째로, "예수의 피를 힘입어"라고 말씀합니다. 이점을 레위기의 표현대로 하면 우리들도 주님께서 흘려주신 "대속의 피"를 가지고 지성소에 들어간다는 뜻이 되는 것입니다. 그러니까 "예수의 피를 힘입어"라는 말은 구약적인 표현인 것입니다. 그러면 "예수의 피를 힘입어"라는 신령한 의미는 무엇인가요?

이점을 사도는 로마서 5:9절에서 "그러면 이제 우리가 그의 피로 말미암아 의롭다 하심을 받았으니"라고 해설해주고 있습니다. 예수 그리스도께서 우리 죄를 위하여 흘려주신 "피로 말미암아 의롭다 하심을 받은" 그 칭의를 힘입어 나아간다는 것이 신약적인 표현인 것입니다.

그러니까 아담 같이 벌거벗은 몸으로 들어가는 것도 아니요, 대제사장 여호수아와 같은 더러운 옷(슥 3:3)을 입은 채 들어가는 것도 아님니다. 의의 옷으로 죄의 가림을 받고 하나님의 보좌 앞에 담대히 들어가게 되었는데 이것이 "예수의 피를 힘입어"라는 의미인 것입니다. 이제 "법아래, 은혜 아래, 의롭다 하심"에 대해 확신하게 되었습니까?

이처럼 "너희가 법 아래에 있지 아니하고 은혜 아래에 있음이라"(14)고 격려를 한 후에 "그런즉 어찌하리요 우리가 법 아래에 있지 아니하고 은혜 아래에 있으니 죄를 지으리요"(15), 죄를 지어도 괜찮단 말이냐고 또다시 경계한다는 점도 명심해야만 합니다. 이는 표현은 달라도 6:1절에서, "그런즉 우리가 무슨 말을 하리요 은혜를 더하게 하려고 죄에 거하겠느냐"한 말씀과 같은 뜻인 것입니다.

신앙생활에서 중요하고도 어려운 점이 무엇인가? 균형(均衡)과 조화(調和)를 유지하는 것입니다. "믿음"을 강조하면 행함은 아무래도 괜찮은 것 같이 여기는 율법폐기론 자 같이 되고, "행함"을 강조하면 복음의 영광스러움을 잃어버리고 율법주의자 같이 반대쪽으로 쏠리는 것이 인간의 거짓됨입니다. 그래서 사도는 즉각적으로 6:2절에서처럼 또다시 "그럴 수 없느니라"(15하)고 균형을 잡아주고 있는 것입니다.

어찌하여 "그럴 수 없는" 것입니까? "법아래" 있던 나 자신이 어떻게 해서 "은혜 아래" 있게 되었는가 하는 하나님의 사랑을 생각하기 때문입니다. 나 같은 죄인이 의롭다함을 얻는 것이 어떻게 해서 가능해졌는가 하는 주님의 "죽으심", 즉 은혜를 생각하기 때문입니다. 또한 그 의를 힘입어 은혜의 보좌(성소) 앞에 담대히 들어가게 하신 은혜, 사랑이 우리를 강권(잡아당김)하기 때문에 "그럴 수 없다"는 것입니다.

"로마서 8장에 등장하는 끊어지지 않는 황금 고리에 의하면 우리는 지금 "의롭다하심"까지 와 있는데 그 다음은 "영화롭게 하심"입니다. "우리의 낮은 몸을 자기 영광의 몸의 형체와 같이 변하게 하신다"(빌 3:21)는 것이 "영화"입니다.

진정 "주를 향하여 이 소망을 가진 자라면, 그의 깨끗하심과 같이 자기를 깨끗하게 하기를"(요일 3:3)사모해야 한다는 것은 너무나 당연한 것입니다. 어찌하여 그리스도인들은, "지체"를 불의의 무기로 죄에게 내주어서는 안 되고, 오직 너희 자신을 죽은 자 가운데서 다시 살아난 자 같이 하나님께 드리며 너희 지체를 의의무기로 하나님께 드려야"(6:13)하는지 확신과 결단을 하게 되었습니까? 이것이 "법아래 있는 자와, 은혜 아래 있는 자"입니다.

바라던 천국 올라가 하나님 앞에 뵈올 때
구주의 의를 힘입어 어엿이 바로 서리라
주 나의 반석이시니 그 위에 내가 서리라
그 위에 내가 서리라 (488장)

갈라디아서 3:9–14절 분석도표

주제 : 우리 대신 저주를 받으신 그리스도

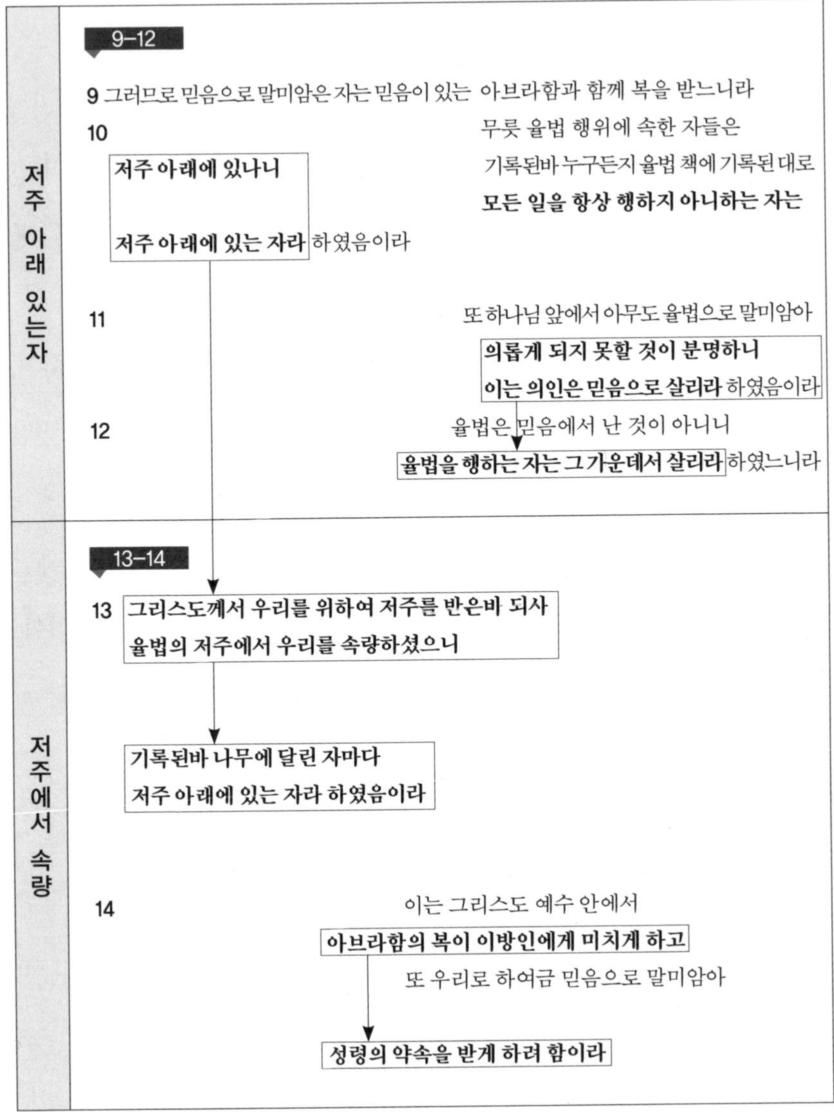

우리 대신 저주를 받으신 그리스도

설교 작성 노트

　본문은 "믿음으로 사는 길과(11), 율법을 행함으로 사는 길"(12), 두 가지 구원의 길이 있다고 말씀한다. 그런데 율법을 행함으로 구원을 얻으려는 자는 구원을 얻기는커녕 도리어 "저주"를 받게 된다고 말씀한다. 왜냐하면 "율법 책에 기록된 대로 모든 일을 항상 행하지 아니하는 자는 저주 아래에 있는 자라"고 말씀하고 그렇게 행할 수 있는 자는 없기 때문이다. 그런데 "그리스도께서 우리를 위하여 저주를 받은바 되사 율법의 저주에서 우리를 속량하셨다"고 말씀한다. 이를 "믿는 자는 살리라"(11)하신다. 이를 증언하려는 것이 내용목적이다.

　그러면 하나님의 아들이 우리 대신 "저주"를 받으심으로 우리에게 무엇을 주셨는가? "아브라함의 복"이라한 칭의와 "성령의 약속"(14)이라한 중생이다. 여기에 적용목적이 있다 하겠다.

우리는 "십자가, 십자가 무한 영광일세"하고 십자가를 자랑스럽게 목에 걸고 다닙니다만, 초대교회 당시는 십자가 복음이, "미련한 것, 거치는 것"(고전 1:23)일 뿐만이 아니라, "부끄러운 것"(롬 1:16)이었을 것입니다. 왜냐하면 십자가는 흉악범을 처형하는 사형 형틀이었기 때문입니다.

바울이 유대인들에게 복음을 전하자 그들은 뭐라고 응수했을 것 같습니까? "너희 예수는 하나님께 저주를 받아서 죽었다. 신명기 21:23절을 보아라"고 대꾸했을 것이 분명합니다. 왜냐하면 신명기에는 "나무에 달린 자는 하나님께 저주를 받았음이니라"고 말씀하고 있기 때문입니다. 여러분이 십사가 복음을 전하자 이런 비난을 듣게 되었다면 뭐라고 대답을 할 것입니까?

바울은 "그래 우리 주님은 저주를 받아 죽으셨다"고 일단은 그들의 말을 인정을 했습니다. 왜냐하면 성경에 기록되기를 "나무에 달린 자마다 저주 아래에 있는 자라"(13)고 말씀하기 때문입니다. 그런데 여기서 끝인 것이 아닙니다. "너희는 분명히 알라 우리 주님이 저주를 받아 죽임을 당하신 것은 네가 받아야 할 저주를 대신 받으신 것이다"고 반격을 했던 것입니다. 신명기 27:26절을 보십시오.

신명기에는 "나무에 달린 자는 하나님께 저주를 받았음이니라"는 말씀만 있는 것이 아닙니다. "이 율법의 모든 말씀을 실행하지 아니하는 자는 저주를 받을 것이라 할 것이요 모든 백성은 아멘 할지니라"(27:26)는 말씀도 있다는 점입니다. 바울은 본문 10절에서 이를 인용하여 "무릇 율법 행위에 속한 자들은 저주 아래에 있나니 기록된바 누구든지 율법 책에 기록된 대로 모든 일을 항상 행하지 아니하는 자는 저주 아래에 있는 자라 하였음이라"고 반격을 했던 것입니다. 바울은 이를 깨달았기에 감히 "그리스도께서 우리를 위하여 저주를 받은바 되사 율법의 저주에서 우리를 속량하셨다"(13)고 증언했던 것입니다.

하나님의 아들이신 그리스도께서 우리 대신 "저주를 받으셨다"는 바울의 증언을 대하면서 어떤 학자는 "전율(戰慄)을 느낀다"고 말하는가 하면, 어떤 학자는 "바울의 표현이 지나친 것이라"고 말합니다. 하나님의 아들이 "나를 대신 해서 주저를 받으셨다"는 말씀을 듣는 형제의 마음은 어떠합니까? 전율입니까? 거부감입니까?

베드로도 바리새파 중에 어떤 사람들이, "이방인에게 할례를 행하고 모세의 율법을 지키라 명하는 것이 마땅하다"고 말하자 "지금 너희가 어찌하여 하나님을 시험하여 우리 조상과 우리도 능히 메지 못하던 멍에를 제자들의 목에 두려느냐"(행 15:5, 10)고, 율법을 행함으로는 의롭다함을 얻을 수 없다는 점을 지적했던 것입니다.

이점에서 유념해야 할 점은 사람 앞에서가 아니라 "하나님 앞에서 율법을 행함으로는 아무도 의롭게 되지 못할 것이 분명하다"(11상)고 "하나님 앞에서"라고 말씀한다는 점입니다. 사람이 보기에는 성현군자 같은 분이 혹 있다하여도 하나님 앞에서는 (율법을) 행함으로 의롭다함을 얻을 사람은 단 한 사람도 없다는 것입니다. 로마서에서도 "그러므로 율법의 행위로 〈그의 앞에〉 의롭다 하심을 얻을 육체가 없나니"(3:20), 즉 하나님 앞에서는 의인은 없다고 단정합니다.

이런 맥락에서 본문의 핵심 단어는 "저주"입니다. 여섯 절 안에 "저주"라는 말이 5번(10, 10, 13, 13, 13)이나 강조되어 있습니다. 10절을 보시면, "무릇 율법 행위에 속한 자들은 저주 아래에 있나니 기록된바 누구든지 율법 책에 기록된 내로 모든 일을 항상 행하지 아니하는 자는 저주 아래에 있는 자라 하였음이라"고 말씀합니다.

"저주 아래"라는 말을 두 번이나 강조하고 있는데 주목해야 할 점은 "아래"라는 표현입니다. "아래"라는 의미를 구속사적으로 보게 되면 대단히 중요하고 의미심장한 표현입니다. "아래"란 하나님과의 관계성을 나타내는 표현으로 하나님께서 우리를 보실 때 무엇을 통해서 보시느냐 하는 점을 나타내는 표현인 것입니다.

로마서 3장에는 세 가지 "아래"가 있는데 "율법 아래(3:19상), 죄 아래(9), 심판 아래"(19하)가 있습니다. 만일 하나님께서 우리를 "율법"을 통해서 보신다면 어떻게 되겠습니까? "죄 아래", 즉 다 죄인이요, 그래서 "심판 아래" 있게 되는 것입니다. 유대인들뿐만이 아니라 온 인류는 이, "세 가지 아래"에 놓여있었던 것입니다. 그래서 본문 10절에서는 "무릇 율법 행위에 속한 자들은 저주 아래에 있나니"라고 말씀하는 것입니다.

이런 절망적인 상태에 놓여 있는 자들에게 하나님께서는 또 하나의 "아래"를 마련해주셨는데 그것은 "은혜 아래"입니다. 바울은, "죄가 너희를 주관치 못하리니 이는 너희가 (율)법 아래 있지 아니하고 〈은혜 아래〉 있음이니라"(롬 6:14)고 선언합니다. "은혜 아래"란 하나님께서 우리를 보실 때에 예수 그리스도께서 대신 담당하신 "십자가"를 통해서 보신다는 뜻입니다. 이점을 본문 13절에서는 "그리스도께서 우리를 위하여 저주를 받은바 되사 율법의 저주에서 우리를 속량하셨다"(13)고 말씀합니다.

그러면 바울은 어디에 근거(根據)하여 감히 "그리스도께서 우리를 위하여 저주를 받으셨다"고 증언할 수가 있었는가 하는 점입니다. 모세가 기록한 신명기를 통해서 깨달았던 것입니다. 신명기는 모세가 죽기 전에 행한 유언과 같은 말씀인데 모세는 명하기를 가나안에 입성한 후에 12지파가 두 편으로 나누어 그리심 산과 에발산에 서서 "축복과 저주"를 선언하라고 명했습니다.

그리고 "저주"가 발해지는 에발산에 "다듬지 않은 돌로 네 하나님 여호와의 제단을 쌓고 그 위에 네 하나님 여호와께 번제를 드리라"(신 27:6)고 명했습니다. 가나안에 입성한 여호수아는 명하신 대로 저주가 발해지는 에발 산에 제단을 쌓고 "번제와 화목제를 드렸다"(수 8:32)고 말씀합니다. 어찌하여 축복이 아니라 "저주"가 발해지는 에발 산에서 번제와 화목제를 드리라(신 27:6)했는지 아십니까?

"이 율법의 말씀을 실행하지 아니하는 자는 저주를 받을 것이라"(신 27:26)한대로 우리는 "저주"를 받을 수밖에 없었기 때문입니다. 그런데 "번제물과 화목제물"이 대신 저주를 받아 죽임을 당했다는 것입니다. 그리고 이는 대속제물이 되실 예수 그리스도의 그림자라는 점을 계시하기 위해서 저주가 발해지는 에발산에서 번제를 드리라 하신 것입니다.

바울은 "계시로 내게 비밀을 알게 하신 것은 내가 먼저 간단히 기록함과 같으니 그것을 읽으면 내가 그리스도의 비밀을 깨달은 것을 너희가 알 수 있으리라"(엡 3:3-4)한 대로 이 비밀을 깨달았던 것입니다. 그래서 "그리스도께서 우리를 위하여 저주를 받은바 되사 율법의 저주에서 우리를 속량하셨다"(13)고 힘 있게 증언을 했던 것입니다.

"대속"(代贖)교리는 성경의 일관된 증언입니다. 출애굽기 20장은 크게 두 부분(1-21, 22-26)으로 되어 있는데 앞부분은 율법을 주시는 내용이고, 뒷부분은 "내게 토단을 쌓고 그 위에 네 양과 소로 네 번제와 화목제를 드리라"(24)는 내용으로 되어 있습니다.

시내 산에 강림하신 하나님께서 "율법"만을 주셨다면 어떻게 되는가? "이 율법의 모든 말씀을 실행하지 아니하는 자는 저주를 받을 것이라 할 것이요"(신 27:26)한대로 "저주"를 받을 수밖에 없는 것입니다. 그런데 뒷부분에서는 "내가 내 이름을 기념하게 하는 모든 곳에서 네게 임하여 복(福)을 주리라"(출 20:24하)하시는 것이 아닌가!!

저주를 받을 수밖에 없는 우리에게 "복을 주리라"하시는 것이 어떻게 가능해진단 말입니까? 번제로 드려지는 제물이 대신 저주를 받아 죽임을 당했기 때문에 가능해지는 것입니다. 그리고 이 번제와 화목제는 "보라 세상 죄를 지고 가는 하나님의 어린 양이로다"(요 1:29)에 대한 모형이라는 점을 깨달았기에 감히 "그리스도께서 우리를 위하여 저주를 받은바 되사 율법의 저주에서 우리를 속량하셨다"(13)고 증언했던 것입니다.

그렇다면 주님께서 우리 대신 저주를 받으심으로 우리는 어떤 복을 받게 되었는가 하는 점입니다. 본문 14절은 두 가지 복을 말씀합니다. ㉠ 첫째는, "이는 그리스도 예수 안에서 아브라함의 복이 이방에게 미치게 하고"(14상)합니다. 그러면 "아브라함의 복"이 무엇입니까? "하나님이 이방을 믿음으로 말미암아 〈의로 정하실 것〉을 성경이 미리 알고 먼저 아브라함에게 복음을 전하되 모든 이방인이 너로 말미암아 복을 받으리라"(8)하신 "의롭다 함"을 얻는 복입니다.

ⓛ 둘째는, "또 우리로 하여금 믿음으로 말미암아 〈성령의 약속〉을 받게 하려 함이라"(14)한 거듭남 곧 중생의 복입니다. "칭의(稱義)와, 중생"(重生), 이것이 예수 그리스도를 구주로 영접하는 자들에게 주어지는 두 가지 축복인 것입니다.

이점에서 또 주목해야 할 점은, "아브라함의 복이 이방인에게 미치게"(14중)하기 위해서라는 "미치게"의 뜻입니다. 바울은 로마서에서도, "이제는 율법 외에 하나님의 한 의가 나타났다"고 증언하면서, "곧 예수 그리스도를 믿음으로 말미암아 모든 믿는 자에게 미치는 하나님의 의니 차별이 없느니라"(롬 3:21-22)고 말씀합니다.

이는 중요한 요점인데 복음을 전해줍니다. 듣고 믿는 순간 "아브라함의 복"이 그에게 즉시(卽時)로 주어진다는 것입니다. 이것이 "미치게 한다"는 의미입니다. 의롭다함과 거듭남이 믿는 순간 그에게 주어진다니 "아브라함의 복", 즉 복음은 얼마나 경이로운 것입니까! 아무런 차별이 없다고 말씀합니다. 다만 믿느냐 믿지 않느냐의 차별이 있을 뿐이라는 것입니다.

또한 "값없이(롬 3:24), 거저 주시는"(엡 1:6) 복이라고 말씀합니다. 그런데 잊지 말아야 할 점은 우리가 "중생과, 칭의"의 복을 받게 된 것은 그냥 된 것이 아니라 "그리스도께서 우리를 위하여 저주를 받으심"으로 가능하게 되었다는 점을 망각하지 말아야만 합니다. 그리고 하나님께서 이렇게 행해주신 것은 임기응변으로 하신 일이 아니라 아브라함에게 "네 씨로 말미암아 천하 만민이 복을 받으리라"(창 22:18)하신 메시아언약의 성취라는 점입니다.

그래서 본문 3장에는, "아브라함"을 여덟 번(6, 7, 8, 9, 14, 16, 18, 29)이나 언급하고 있습니다. 하나님께서 모세를 통하여 주신 "율법"보다, 아브라함에게 세워주신 "언약"이 우선함을 드러내기 위해서인 것입니다. 율법의 조상이 모세라고 말한다면, 아브라함은 언약을 믿는 모든 "믿는 자의 조상"이 되었기 때문입니다.

궁극적으로는 율법은, "저주 아래" 있게 하지만, 언약은, "은혜 아래" 있게 한다는 점을 깨닫기를 원해서 메시아언약의 당사자인 "아브라함"을 이토록 강조하고 있는 것입니다. "그러므로 믿음으로 말미암은 자는 믿음이 있는 아브라함과 함께 복을 받느니라"(9)합니다. 우리는 "저주", 즉 지옥만을 면한 자들이 아닙니다. "복을 받느니라"하신 중생과 칭의의 복을 받은 자들입니다.

끝으로 묻고 싶은 말이 있습니다. 하나님의 아들 그리스도께서 우리를 위하여 우리 대신 "저주를 받으셨다"는 말씀을 들으면서 형제의 마음은 어떠합니까? 바울은 이러한 "그리스도의 사랑이 우리를 강권하시는도다"(고후 5:14), 즉 잡아끈다고 말씀합니다. 그리하여 "우리 중에 누구든지 자기를 위하여 사는 자가 없고 자기를 위하여 죽는 자도 없도다 우리가 살아도 주를 위하여 살고 죽어도 주를 위하여 죽나니 그러므로 사나 죽으나 우리가 주의 것이로다"(롬 14:7-8)라고 고백합니다.

또 있습니다. "내가 너희 중에서 예수 그리스도와 그가 십자가에 못 박히신 것 외에는 아무 것도 알지 아니하기로 작정하였음이라"(고전 2:2)고 결단을 합니다. 그렇다면 형제의 결단은 무엇입니까? 그래도 이 복음을 전하지 않고 옆으로 밀어놓을 것입니까? 이것이 "우리 대신 저주를 받으신 그리스도"입니다.

> 날 위하여 십자가의 중한 고통 받으사
>
> 대신 죽은 주 예수의 사랑하신 은혜여
>
> 보배로운 피를 흘려 영영 죽을 죄에서
>
> 구속함을 받은 우리 어찌 찬양 안할까 (303장)

로마서 5:12-21절 분석도표

주제 : 침입한 죄를 은혜로 막아주신 하나님

죄가 침입함	**12-14**	
	12	한 사람으로 말미암아 죄가 세상에 들어오고 죄로 말미암아 사망이 들어왔나니
		이와 같이 모든 사람이 죄를 지었으므로 사망이 모든 사람에게 이르렀느니라
	13	죄가 율법 있기 전에도 세상에 있었으나 율법이 없었을 때에는
		죄를 죄로 여기지 아니하였느니라
	14	그러나 아담으로부터 모세까지 아담의 범죄와 같은 죄를 짓지 아니한 자들까지도
		사망이 왕 노릇 하였나니 아담은 오실 자의 모형이라

은혜로 막아주심	**15-19**	
	15	그러나 이 은사는 그 범죄와 같지 아니하니
		곧 한 사람의 범죄를 인하여 많은 사람이 죽었은즉
		더욱 하나님의 은혜와 또한
		한 사람 예수 그리스도의 은혜로 말미암은 선물은
		많은 사람에게 넘쳤느니라
	16	또 이 선물은 범죄한 한 사람으로 말미암은 것과 같지 아니하니
		심판은 한 사람으로 말미암아 정죄에 이르렀으나
		은사는 많은 범죄로 말미암아 의롭다 하심에 이름이니라
	17	한 사람의 범죄로 말미암아 사망이 그 한 사람을 통하여 왕 노릇 하였은즉
		더욱 은혜와 의의 선물을 넘치게 받는 자들은 한 분 예수 그리스도를 통하여
		생명 안에서 왕 노릇 하리로다
	18	그런즉 한 범죄로 많은 사람이 정죄에 이른 것 같이
		한 의로운 행위로 말미암아 많은 사람이 의롭다 하심을 받아 생명에 이르렀느니라
	19	한 사람이 순종하지 아니함으로 많은 사람이 죄인 된 것 같이
		한 사람이 순종하심으로 많은 사람이 의인이 되리라

율법을 삽입하심	**20-21**	
	20	율법이 들어온 것은 범죄를 더하게 하려 함이라
		그러나 죄가 더한 곳에 은혜가 더욱 넘쳤나니
	21	이는 죄가 사망 안에서 왕 노릇 한 것 같이
		은혜도 또한 의로 말미암아 왕 노릇 하여
		우리 주 예수 그리스도로 말미암아 영생에 이르게 하려 함이라

침입한 죄를 은혜로 막아주신 하나님

설교 작성노트

어떤 학자는 말하기를 우리가 성경 65권을 가졌다 해도 로마서를 잃었다면 기독교는 세워지지 않았을 것이다. 반면 65권을 잃었다 해도 로마서만 가졌다면 복음은 세워졌을 것이라고 말한다. 이처럼 로마서는 복음진리로 가득하다. 3장에는 루터가 "작은 복음"이라 한 복음의 요약이 있다. 8장은 복음 증언에 대한 결론인데 "넉넉히 이기느니라"한 승리의 개가다. 그런가 하면 5장은 "한 사람으로 말미암아 죄가 세상에 들어오고"한 구속사를 이해하는데 중요한 정보를 제공해 주고 있다. 이 구원계시를 증언하려는 것이 내용목적이다. 이를 통해서 성도들을 견고하게 세워주고자 하는 것이 적용목적이라 하겠다.

강론

본문은 구속사를 이해하는데 중요한 정보를 제공해주고 있습니다. 우선적으로 본문(12-21)의 구조를 파악해보도록 하겠습니다. 12절을 보시겠습니다. "그러므로 한 사람으로 말미암아 죄가 세상에 들어오고 죄로 말미암아 사망이 들어왔나니"하고, "죄"가 들어옵니다. 이점에서 주목하게 되는 것은, "죄"를 마치 강도가 침입한 것처럼 "들어왔다"(12상)고, 의인화(擬人化)하고 있다는 점입니다.

그러므로 로마서에서 언급하는 "죄는 죄들"이 아닌 단수로 되어 있는데 권세를 가진 자 사탄(21)을 염두에 둔 언급이라는 점을 유념하시기 바랍니다. 그렇습니다. "선악을 알게 하는 나무의 열매는 먹지 말라"(창 2:17)하신 금령을 범하도록 유혹한 자는 사탄이었던 것입니다.

성경은 문제에 대한 해답입니다. "하나님이 보시기에 심히 좋았더라"(창 1:31)한 하나님의 나라에 "죄"가 침입하여, "사망"이라는 문제가 발생한 것입니다. 이 문제를 아담, 즉 인간의 자력으로 해결했습니까? 시내산의 율법이 해결해 주었습니까? 교훈으로 해결이 되었습니까? 아닙니다.

"죄"란 주님께서 "도둑이 오는 것은 도둑질하고 죽이고 멸망시키려는 것뿐이요"(요 10:10)하심같이 하나님의 나라를 파괴하려는 침략자입니다. 15절을 보겠습니다. 15절 안에는 "하나님의 은혜와, 예수 그리스도의 은혜"가 있습니다. 이처럼 "죄"라는 침략자가 들어오자 하나님께서는 "은혜"로 막아주셨다는 말씀입니다.

그런데 주목할 점은 "죄"는 하나가 들어왔는데 "은혜"는, "하나님의 은혜와, 예수 그리스도의 은혜", 둘로 막아주셨다는 점입니다. 이것이 무슨 뜻인가? 창세기 3:15절을 원시복음이라고 말하는데 "내가 너로 여자와 원수가 되게 하고, 여자의 후손은 네 머리를 상하게 할 것이요"라고 선언하셨습니다.

원시복음은 ㉠ 첫째로, "내가…하리니…할 것이요"하신 하나님께서 해결해주시겠다는 선언입니다. 하나님께서 해결해주시겠다니, 아담에게 무슨 자격이나 공로라도 있단 말입니까? 아닙니다. 그는 배은망덕한 자요 배신자입니다. 그러므로 "내가…하리니"하고 하나님께서 해결해주시겠다 하심은 적적인 "하나님의 은혜"인 것입니다.

㉡ 둘째로, 어떤 방도로 해결해주시겠다 하시는가? "여자의 후손은 네 머리를 상하게 할 것이라"하십니다. "여자의 후손"을 통해서 해결해주시겠다는 이것이 "예수 그리스도의 은혜"인 것입니다.

이점을 로마서 8:3절에서는 "하나님은 하시나니 곧 죄로 말미암아 자기 아들을 죄 있는 육신의 모양으로 보내어 육신에 죄를 정하사"(롬

8:3)라고 말씀합니다. 두 마디로 되어 있습니다. 첫째로 "하나님은 하시나니", 즉 하나님께서 해결해주셨다, 둘째로 "자기 아들에게 죄를 정하사" 해결해주셨다는 것입니다. 이것이 "하나님의 은혜와, 예수 그리스도의 은혜"인 것입니다.

그러면 "여자의 후손"으로 하여금 어떤 방도로 사탄의 머리를 상하게 해주셨는
지 아십니까?

㉠ "때가 차매 하나님이 그 아들을 보내사 여자에게서 나게 하시고"(갈 4:4)합니다. 이점을 히브리서 2:14절에서는 "혈과 육을 함께 지니심은", 즉 육신을 입고 오신다고 말씀합니다.

㉡ 그리고 "죽음을 통하여", 즉 십자가에 달려 죽임을 당하신다는 것입니다. 그러니까 육신을 입고 오시는 이유가 죽으시기 위해서라는 것이 됩니다.

㉢ 그러나 죽으심이 끝이 아니라 "죽음의 세력을 잡은 자 곧 마귀를 멸하시며"하는데 이것이 사망권세를 이기시고 부활하심을 의미합니다. 이런 방도로 사탄의 "머리를 상하게 하신다"는 것입니다.

㉣ 그리하여 "죽기를 무서워하므로 한평생 매여 종노릇 하는 모든 자들을 놓아 주려 하심이니"(히 2:14-15)하십니다. 이런 의미가 원시복음이라 하는 창세기 3:15절에 이미 계시되어 있었던 것입니다. 이것이 "하나님의 은혜요, 예수 그리스도의 은혜"인 것입니다.

이제 성경 몇 곳을 인용하여 침입한 "죄"를 "하나님의 은혜와, 예수 그리스도의 은혜"로 막아주시고 해결해주셨다는 점을 확고하게 세우도록 하겠습니다.

㉠ "하나님이 세상을 이처럼 사랑하사 독생자를 주셨으니 이는 그를 믿는 자마다 멸망하지 않고 영생을 얻게 하려 하심이라"(요 3:16)합니다. 이 말씀 속에도 "하나님의 은혜와 예수 그리스도의 은혜"가 들어 있습니다.

㉡ "하나님의 사랑이 우리에게 이렇게 나타난바 되었으니 하나님이 자기의 독생자를 세상에 보내심은 그로 말미암아 우리를 살리려 하심이라"(요일 4:9).

㉢ "사랑은 여기 있으니 우리가 하나님을 사랑한 것이 아니요 하나님이 우리를 사랑하사 우리 죄를 속하기 위하여 화목제물로 그 아들을

보내셨음이라”(요일 4:10).

㉹ “그리스도 예수 안에 있는 속량으로 말미암아 하나님의 은혜로 값없이 의롭다 하심을 얻은 자 되었느니라”(롬 3:24).

성경은 구구절절이 “하나님의 은혜와 예수 그리스도의 은혜”를 증언하고 있습니다. 성경은 문제에 대한 해답입니다. “죄와, 사망”이라는 문제가 발생하자 “하나님의 은혜와, 예수 그리스도의 은혜”로 막아주시고 해결해주셨다는 점에 이제 확고하게 되었습니까?

그러면 이제 20절을 보도록 하겠습니다. “율법이 들어온 것은”하고 “율법”이 들어옵니다. 개역 본에는 “율법이 가입”(加入)한 것이라고 되어 있습니다. 무슨 뜻이냐 하면 율법은 “원시복음”(창 3:15)과 신약에 나타난 “복음”(예수 그리도) 사이에 시내산에서 주신 것이기 때문에 “가입”(加入), 즉 끼어 넣은 것이라 하는 것입니다.

12절에서는 “죄가 들어오고”, 15절에서는 “은혜”가 들어왔습니다. 그런데 20절에서는 “율법이 들어오는” 구조(構造)임을 놓치지 마시기 바랍니다. 율법도 하나님이 주신 것입니다. 그러면 원복음을 주신 하나님께서 율법을 주신 의도가 무엇인가 하는 점입니다.

죄를 해결하라고 주신 것입니까? 아닙니다. 그러하기는커녕 “범죄를 더하게 하려 함이라”(20하)고 말씀합니다. 무슨 뜻이냐 하면 우리

속에서 죽은 척하고 숨어 있는 죄를 적발해내기 위해서라는 뜻입니다. 이점을 7:13절에서는 "오직 죄가 죄로 드러나기 위하여, 이는 계명으로 말미암아 죄로 심히 죄 되게 하려 함이라"고 말씀합니다.

그러면 형제는 어찌하여 율법을 가입하서서 죄를 드러내야만 하는지 말해줄 수가 있습니까? 그렇습니다. "죄"를 모르면 "하나님의 은혜와, 예수 그리스도의 은혜"를 모르기 때문입니다. "병든 자라야 의사를 찾게 된다"고 말씀하십니다. 속담에 "병은 자랑해야 한다"는 말이 있는데 "죄를 드러내야" 고침을 받을 수가 있기 때문입니다. 문제는 미련한 인간들은 자신이 불 뱀에 물려서 독이 온몸에 퍼지고 있는 상태라는 "죄"를 모르고 있다는 것입니다. 그러므로 복음을 전해주기보다 먼저 죄를 드러내야 하고, 그러므로 복음을 증언하는 일보다 죄를 드러내는 일이 더욱 어려운 것입니다.

이제 결론부분에 도달하게 되었는데 다시 15절을 보시면, "그러나 이 은사는 그 범죄와 같지 아니하니"하고 "범죄와, 은사"를 대조시켜 같지 않다고 말씀합니다. 16절에서도 "또 이 선물은 범죄한 한 사람으로 말미암은 것과 같지 아니하니"합니다. 사도는 "죄"가 들어오자 "은혜"로 막아주셨다고 "죄와, 은혜"를 대조해서 진술했습니다. 그런데 "그러나 같지 아니하다"는 것입니다. 그러면 어떤 면에서 다른 것일까요? 이점에 대해서는 "타락원리와 구속의 원리"를 보시기 바랍니다. 여기서는 죄에 대해 은혜가 "더욱, 넘치는" 이점이 다르다는 점만을 강조하겠습니다.

㉠ 첫째는 이미 살펴본 대로 "죄"는 하나가 들어왔는데 "은혜"는 둘로 막아주셨기 때문에 같지 않다는 것입니다. 다시 말하면 하나님은 "죄와 은혜"를 1:1로 겨우 막아주신 것이 아니라는 것입니다.

㉡ 둘째로 그래서 "더욱 하나님의 은혜와 또한 한 사람 예수 그리스도의 은혜로 말미암은 선물은 많은 사람에게 넘쳤느니라"(15)합니다. 즉 죄에 비해서 은혜는 더욱 넘치는 점이 다르다는 것입니다. 17절에서도 "은혜와 의의 선물을 넘치게 받는 자들"이라고 말씀합니다.

㉢ 20절은 결론과 같은 말씀인데, "그러나 죄가 더한 곳에 은혜가 더욱 넘쳤나니"합니다. 에덴 낙원에 침입한 "죄"는 구약시대 내내 대적을 했고 이제도 성도들을 공격하고 있는 것입니다. 이것이 "죄가 더한 곳"이라는 의미입니다. 그러나 "은혜가 더욱 넘쳤나니", 그때마다 하나님께서는 더욱 넘치는 은혜로 물리쳐주셨는데 이점이 다르다는 것입니다.

다시 상기시킵니다만 "죄와, 은혜"는 1:1의 대결이 아니라 "더욱 넘치는” 은혜라는 점입니다. 그래서 “내 영을 내 남종과 여종들에게 부어주리니(행 2:18), 하나님의 사랑이 우리 마음에 부은바 됨이니”(롬 5:5)하고 “부어주신다”고 말씀하는 것입니다. 이점이 다르다는 것입니다.

ㄹ) 이런 맥락에서 5장에는 “더욱”이라는 말이 무려 5번(9, 10, 15, 17, 20)이나 강조되어 있고, “넘친다”는 말도 3번(15, 17, 20)이나 나옵니다.

이처럼 넘치는 “하나님의 은혜와 예수 그리스도의 은혜”를 알았기에 바울은, “누가 우리를 그리스도의 사랑에서 끊으리요 환난이나 곤고나 박해나 기근이나 적신이나 위험이나 칼이랴”하면서, “그러나 이 모든 일에 우리를 사랑하시는 이로 말미암아 우리가 넉넉히 이기느니라”(8:35, 37)고 선언하는 것입니다.

그런데 어찌하여 현대교회 성도들이 이처럼 나약한가? 더욱 넘치는 “하나님의 은혜와 예수 그리스도의 은혜”, 즉 복음을 모르기 때문이라고 밖에는 달리는 설명할 길이 없는 것입니다. 그래도 “모든 육체는 풀과 같고 그 모든 영광은 풀의 꽃과 같으니 풀은 마르고 꽃은 떨어지되”한 시들어버릴 것들만을 추구할 것입니까? “오직 주의 말씀은 세세토록 있도다 하였으니 너희에게 전한 복음이 곧 이 말씀이니라”(벧전 1:24-25)한 “더욱 넘치는” 복음을 전해주십시다. 이것이 “침입한 죄를 은혜로 막아주신 하나님”입니다.

그 차고 넘치는 주의 은혜의 물결 힘차게 밀려와 내게 만족합니다.

오 할렐루야로 주를 찬송하오니 내 맘에 기쁨이 항상 충만함이라

예수의 사랑 예수의 사랑 바다 물결같이 내게 임하니

영광의 물결에 온전히 싸여서 내 영혼의 기쁨 한량없도다. (309장)

로마서 5:12-19절 분석도표

주제 : 타락원리와 구속의 원리

아담은 모형	**12-14** 12 그러므로 한 사람으로 말미암아 죄가 세상에 들어오고 죄로 말미암아 사망이 들어왔나니 이와 같이 모든 사람이 죄를 지었으므로 사망이 모든 사람에게 이르렀느니라 13 죄가 율법 있기 전에도 세상에 있었으나 율법이 없었을 때에는 죄를 죄로 여기지 아니하였느니라 14 그러나 아담으로부터 모세까지 아담의 범죄와 같은 죄를 짓지 아니한 자들까지도 **사망이 왕 노릇 하였나니** **아담은 오실 자의 모형이라**
대표성의 원리	**15-19** 15 그러나 이 은사는 그 범죄와 같지 아니하니 곧 한 사람의 범죄를 인하여 많은 사람이 죽었은즉 **더욱 하나님의 은혜와** 또한 **한 사람 예수 그리스도의 은혜로 말미암은 선물은** **많은 사람에게 넘쳤느니라** 16 또 이 선물은 범죄한 **한 사람으로** **말미암은 것과 같지 아니하니** 심판은 **한 사람으로** **말미암아** 정죄에 이르렀으나 **은사는** 많은 범죄로 말미암아 의롭다 하심에 이름이니라 17 **한 사람의** 범죄로 말미암아 **사망이** 그 한 사람을 통하여 **왕 노릇 하였은즉** **더욱 은혜와 의의 선물을 넘치게 받는 자들은** 한 분 예수 그리스도를 통하여 **왕 노릇 하리로다** **생명 안에서** 18 그런즉 **한 범죄로** 많은 사람이 정죄에 이른 것 같이 **한 의로운** **행위로** 말미암아 많은 사람이 의롭다 하심을 받아 생명에 이르렀느니라 19 **한 사람이** 순종하지 아니함으로 많은 사람이 죄인 된 것 같이 **한 사람이** 순종하심으로 많은 사람이 의인이 되리라

타락원리와 구속의 원리

설교 작성 노트

12-19절 안에는 "한 사람"이라는 말이 12번이나 등장한다. 그런데 같은 "한 사람"이 아니라 두 사람이다. 앞의 "한 사람"은 아담을 가리키고 뒤의 "한 사람"은 예수 그리스도를 가리킨다. 그러면 어찌하여 "아담, 그리스도"라 하지 않고 "한 사람"이라고 말하고 있는가? 대표성의 원리를 깨닫기를 원해서이다. 이를 증언하려는 것이 내용목적이다.

그리고 17절 안에는 "왕 노릇"이 두 번 등장한다. 앞의 왕 노릇한 자는 사탄이고, 뒤의 왕 노릇은 "은혜와 의의 선물을 넘치게 받는 자"인 성도를 가리킨다. 왕 노릇이란 "지배"한다는 뜻인데 우리는 죽음이나 환경에 지배를 받고 있는가? 지배를 하고 있는가? 여기에 적용목적이 있다 하겠다.

사법고시, 의사고시, 강도사고시 등 좁은 문에 도전하려는 수험생들에게는 역대 시험문제를 모아놓은 "족보"라는 것이 있습니다. 이제 말씀하려는 "타락원리와 구속의 원리"는 신학적인 "족보"와 같은 중요한 내용입니다. 그리스도인들 중에도 원죄교리에 대해서 확고하지 못한 분들이 많이 있습니다. 신학자들 중에도 이를 모르고 딴 소리를 하는 분들이 있습니다.

문제의 심각성은 원죄교리를 모르면 주님의 대속교리에 대해서도 불확실하게 된다는 점입니다. 건축을 예를 들면 "하자보수와 부실시공"이 있는데 부실시공(不實施工)은 중대한 결함으로 붕괴할 위험이 있기 때문에 헐고 다시 지어야 합니다. "타락원리와 구속의 원리"에 확고하지 못하면 신앙이라는 건축물이 부실시공이 되고 맙니다.

12절을 보겠습니다. "그러므로 한 사람으로 말미암아 죄가 세상에 들어오고 죄로 말미암아 사망이 들어왔나니"합니다. 여기 "한 사람"이라는 말이 등장하는데 본문 12-19절 안에는 "한사람"(동의어 포함)이라는 말이 무려 12번이나 등장을 합니다.

그런데 "한 사람"이 같은 사람이 아니라, "한 사람, 또 한 사람"하는 두 사람을 가리키고 있다는 점입니다. 먼저 등장하는 "한 사람"은 아담을 가리키고 나중에 등장하는 "한 사람"은 예수 그리스도를 가리킵니다. 그렇다면 사도는 알아듣기 쉽도록 "아담으로 말미암아 죄가 세상에 들어오고"라고 말하지 않고 어찌하여 "한 사람으로 말미암아 죄가 세상에 들어왔다"고 말씀하는 것일까요. 이것은 아주 의도적으로 이렇게 하고 있는 것입니다.

왜냐하면 사도는 지금 인류의 두 대표(代表)성을 증언하려는 것입니다. 만일 "아담으로 말미암아 죄가 세상에 들어오고"라고 말했다면 어떻게 되는지 아십니까? 그것은 아담이 죄를 범한 것이지 "나와는 상관이 없습니다"하는 것이 되고 맙니다. 그러나 아담이 인류의 대표로써 죄를 범했다는 "한 사람"이라고 대표성(代表性)을 내세우게 되면, 누구도 핑계 댈 수가 없는 것입니다. 왜냐하면 우리는 하늘에서 떨어진 자도 아니고 땅에서 솟아난 자들도 아니기 때문입니다. 사도는 우리가 전에는 아담 안에 있었듯이, 이제는 예수 그리스도 안에 있게 되었다는 점을 강조하려는 것입니다.

다시 12절을 보시면, "한 사람으로 말미암아 죄가 세상에 들어오고 죄로 말미암아 사망이 들어왔나니 이와 같이 모든 사람이 죄를 지었으므로 사망이 모든 사람에게 이르렀느니라"합니다. 여기에는 논리적으로는 맞지 않는 표현이 등장합니다. 왜냐하면 "한 사람"이 죄를 범했다 하면서, "모든 사람이 죄를 지었다"고 진술하고 있기 때문입니다. 아담은 개인의 신분으로 죄를 범한 것이 아니라 인류의 시조요, 대표자로써 죄를 범했기 때문에 "모든 사람이 죄를 지었다"는 논리가 성립이 되는 것입니다.

이점을 13-14절을 통해서 설명하고 있는데 "먹으면 반드시 죽으리라"하신 아담만 죽은 것이 아니라 "아담으로부터 모세까지 아담의 범죄와 같은 죄를 짓지 아니한 자들까지도 사망이 왕 노릇 하였나니", 즉 사망의 지배(支配)를 받아 죽었다는 것입니다. 왜 죽었는가? "죄" 때문입니다. 무슨 죄 때문입니까?

그들이 "선악과"를 범했기 때문이 아닙니다. 다시 말하면 자신이 범한 죄 때문이 아니라는 것입니다. 왜냐하면 그 때는 율법이 주어지기 전이었기 때문에 "죄를 죄로 여기지 아니하던"(13) 시기였다는 것입니다. 그러니까 이담으로부터 모세까지의 사람들이 죽음의 지배를 받을 수밖에 없었던 것은 "네가 먹는 날에는 반드시 죽으리라"(창 2:17)하신 원시계명, 즉 인류의 시조가 범한 원죄(原罪)때문에 죽은 것이라는 논리입니다.

그런데 사도는 이 지점에서 놀라운 말씀을 합니다. 그것은, "아담은 오실 자의 모형이라"(14하)한 언급입니다. "오실 자"란 메시아 그리스도를 가리킵니다. 아담과 그리스도는 극과 극의 대조를 이루고 있는데 어떻게 모형(模型)이 된다는 말입니까?

고린도전서 15장에서 바울은 예수님을, "마지막 아담이요(45), 둘째 사람"(47)이라고 말씀합니다. 어찌하여 예수님을 "마지막 아담"이라 하는가? 구약성경에는 두 줄기가 흘러내려오고 있는데 "죄의 줄기와, 은혜의 줄기"입니다. "죄의 줄기"는 아담으로 말미암아 흘러내려온 줄기이고, "은혜의 줄기"는 "여자의 후손은 네 머리를 상하게 하리라"고 선언하신 원 복음으로 말미암아 계승이 된 줄기입니다.

그런데 이 두 줄기가 주님이 담당하신 "십자가"에서 합쳐지고 있다는 점입니다. 왜냐하면 여자의 후손으로 예수 그리스도가 오셔서 아담으로부터 흘러내려온 모든 죄를 담당하셨기 때문입니다. 그래서 예수님을 "마지막 아담"이라 하고, "율법의 마침이 되시니라"(롬 10:4)하는 것입니다.

그러면 어찌하여 예수님을 "둘째 사람"이라 하는가? 거듭난 자들의 새로운 시조(始祖)가 되셨기 때문입니다. 그래서 "아담 안에서 모든 사람이 죽은 것 같이 그리스도 안에서 모든 사람이 삶을 얻으리라"(22)고 말씀하는 것입니다.

이런 맥락에서 아담을 "오실 자의 모형이라"한 데는 유사성(類似性)과 상이성(相異性)이 있는 것입니다. 대표성은 유사성이고 미친 영향력은 정반대되는 상이성인 것입니다. 아담과 그리스도로 말미암은 정반대되는 영향력과 두 진영의 대조를 주목해보시기 바랍니다. 이점을

15절 이하에서 논증을 하는데 이는 로마서 이곳 외에는 어디서도 찾아볼 수 없는 가히 혁명적인 말씀인 것입니다.

㉠ 15절에서는 "그러나 이 은사는 그 범죄와 같지 아니하다"고 "은사와 범죄"를 대조시켜 같지 않다는 점을 말씀합니다. 그러면 어떻게 다른 것인가? "한 사람의 범죄를 인하여(말미암아) 많은 사람이 죽었은즉",

㉮ "또 한 사람 예수 그리스도의 은혜로 말미암은 선물은 많은 사람에게 넘쳤느니라"합니다. 인류의 시조가 범한 "원죄"는 강물처럼 흘러 내려가 후손들에게 미쳤으나 "은혜"는 폭포수처럼 더욱 넘친다는 이 점이 다르다는 것입니다.

㉡ 16절에서는, "이 선물은 범죄한 한 사람으로 말미암은 것과 같지 아니하니 심판은 한 사람으로 말미암아 정죄에 이르렀으나",

㉯ "은사는 많은 범죄로 말미암아 의롭다 하심에 이름이니라"고 "정죄와 의롭다함"을 대조시켜서 다르다는 점을 말씀하고,

㉢ 17절에서는 "한 사람의 범죄로 말미암아 사망이 그 한 사람을 통하여 왕 노릇 하였은즉",

㉰ "더욱 은혜와 의의 선물을 넘치게 받는 자들은 한 분 예수 그리스도를 통하여 생명 안에서 왕 노릇 하리로다"고 두 "왕 노릇"을 대조하여 지배를 받던 자들이 지배하게 되었다고 다른 점을 말씀합니다.

㉣ 18절에서는 "그런즉 한 범죄로 많은 사람이 정죄에 이른 것 같이",

㉤ "한 의로운 행위로 말미암아 많은 사람이 의롭다 하심을 받아 생명에 이르렀느니라"고 "정죄와 생명"을 대조시켜 다른 점을 말씀하고,

㉥ 21절에서는 결론적으로, "이는 죄가 사망 안에서 왕 노릇 한 것 같이",

㉦ "은혜도 또한 의로 말미암아 왕 노릇 하여 우리 주 예수 그리스도로 말미암아 영생에 이르게 하려 함이라"고 다르다는 점을 확증을 합니다. 이처럼 "아담과 그리스도"가 미친 영향력은 정반대되는 상이성인 것입니다.

15절을 다시 보시면 "그러나"하고 시작이 되는데 이는 앞에서 진술한 인류의 시조요 첫 대표자인 아담의 범죄로 말미암은 영향력을 뒤집어버리는 표현입니다. 이처럼 뒤집는(反轉) "그러나"가 본문에만 3번(14, 15, 20)이나 등장합니다.

㉠ 14절의 "그러나"는 아담으로부터 모세까지는 율법이 없을 때인데도 "그러나" 모두 다 죽었다. 왜냐하면 그들이 원죄 하에 있었기 때문이라는 뜻이고,

㉡ 15절의 "그러나"는 아담은 오실 자의 모형이나 "그러나 은사와

범죄는 같지 아니하다”, 즉 정반대의 영향을 끼쳤다는 “그러나”인 것입니다.

ⓒ 20절의 “그러나”는 낙원에 있는 아담 하와를 공격한 죄는 이제도 성도들을 공격하고 있으나 “그러나” 죄보다 은혜가 더욱 넘친다는 “그러나”인 것입니다.

이처럼 두 대표성을 증언하는 이 대목에서 또 하나 붙잡아야 할 말씀은 원인(原因)을 나타내는 “말미암아”라는 접속사(接續詞)입니다. “죄와 사망”은 아담으로 “말미암아” 들어온 삯이었으나 “은혜와 구원”은 예수 그리스도로 “말미암아” 값없이 주시는 선물인 것입니다. 그러므로 모든 사람들은 객차가 기관차에 연결이 되어 끌려가듯이 두 “말미암아”중 하나에 연결이 되어 있다는 것입니다. 아담으로 “말미암은” 죄의 진영에 속해 있든지, “예수 그리스도로 말미암아” 은혜의 진영에 소속이 되어 있든지 둘 중에 하나라는 것입니다. 이상에서 말씀드린 원죄교리를 모르면 새로운 대표자로 오신 예수 그리스도의 대속교리에 대해서도 불확실하게 됩니다. 이제 확실합니까?

대표성 원리에 확고하게 하기 위해서 한 가지 예를 들어야 하겠습니다. 사무엘상 17장에는, “블레셋 사람들은 이쪽 산에 섰고 이스라엘은 저쪽 산에 섰고 그 사이에는 골짜기가 있었더라”고 두 진영으로 갈라져 전쟁을 하는 기사가 있습니다.

그런데 블레셋 진영의 골리앗은, "너희는 한 사람을 택하여 내게로 내려 보내라 그가 나와 싸워서 나를 죽이면 우리가 너희의 종이 되겠고 만일 내가 이겨 그를 죽이면 너희가 우리의 종이 되어 우리를 섬길 것이니라"고 대표자 끼리 싸워서 결판을 내자고 제의를 합니다.

그런데 이스라엘 진영에는 골리앗을 상대할 대표자로 나설 자가 없었습니다. 이 때 다윗이 등장하여 "물매로 던져 블레셋 사람의 이마를 치매 돌이 그의 이마에 박히니 땅에 엎드러지니라, 블레셋 사람들이 자기 용사의 죽음을 보고 도망하는지라"(삼상 17:8-9, 49-51)합니다.

우리는 지금 예수 그리스도께서 영적인 다윗이 되셔서 대표자 간에 싸워 이겨놓으신 싸움을 싸우고 있는 것입니다. 주님은 "세상에서는 너희가 환난을 당하나 담대하라 내가 세상을 이기었노라"(요 16:33)고 말씀하시고 계시록에서는, "울지 말라 유대 지파의 사자 다윗의 뿌리가 이겼으니"(계 5:5)라고 말씀합니다.

그러므로 누구든지 "예수 그리스도로 말미암아"에 연결되어 있기만 하면 "의롭다함"을 얻어 영생에 이르게 된다는 점을 확신할 수가 있는 것입니다. 그리고 "예수 그리스도로 말미암아"는 절대로 끊어지지 않는다는 점입니다. 왜냐하면 이 "말미암아"는 우리의 무슨 공로로 말미암은 것이 아니라, "그리스도 예수 안에 있는 속량으로 말미암아"(롬 3:24) 연결이 되는 것이 가능하게 되었기 때문입니다. 그러므로 주님의 "속량"이 취소되지 않는 한 이 "말미암아"는 끊어져서도 안 되고 끊어질 수도 없는 것입니다.

형제는 어느 "말미암아"에 연결되어 있습니까? 가족들과 친척들, 친구와 이웃들은 어느 "말미암아"에 연결되어 있습니까? 이것이 "타락의 원리와 구속의 원리요, 한 사람과 또 한 사람"입니다.

끝으로 17절에 두 번 등장하는 "왕 노릇"에 대해 말씀을 드려야 하겠습니다. "왕 노릇"한다는 말은 지배(支配)한다는 뜻입니다. 먼저는 "한 사람의 범죄로 말미암아 사망이 그 한 사람을 통하여 왕 노릇 하였다"는 것입니다. 이점을 12절에서는 "한 사람으로 말미암아 죄가 세상에 들어오고 죄로 말미암아 사망이 들어왔나니"라고 말씀했습니다. 그리하여 "죽기를 무서워하므로 한평생 매여 종노릇"(히 2:15)하는 사망의 지배하에 있게 된 것입니다.

그런데 예수 그리스도가 오셔서, "죽음을 통하여 죽음의 세력을 잡은 자 곧 마귀를 멸하심", 즉 죽은 자 가운데 사망의 권세를 이기고 부활하심으로 사탄의 머리를 상하게 하신 것입니다.

그리하여 우리들이 "더욱 은혜와 의의 선물을 넘치게 받는 자들"이 되었고, 은혜와 의의 선물을 받은 자들이 "한 분 예수 그리스도를 통하여 생명 안에서 왕 노릇"(17)하게 되었다는 것입니다. 그러니까 지배를 당하던 자들이 도리어 지배를 하게 되었다는 것입니다. 이 "왕 노릇"의 온전한 성취는, "그들이 세세토록 왕 노릇 하리로다"(계 22:5)한 주님의 재림의 날에 이루어질 것입니다만 "왕 같은 제사장"들인 그리스도인들은 이제도 왕 노릇하는 것입니다.

사도 바울을 보십시오. "누가 우리를 그리스도의 사랑에서 끊으리요 환난이나 곤고나 박해나 기근이나 적신이나 위험이나 칼이랴, 그러나 이 모든 일에 우리를 사랑하시는 이로 말미암아 우리가 넉넉히 이기느니라"(롬 8:35, 37)고 선언합니다. 이것이 "왕 노릇"하는 사람입니다. 죽음을 향해, "사망아 너의 승리가 어디 있느냐 사망아 네가 쏘는 것이 어디 있느냐"(고전 15:55)고 호통을 치는 이 사람이 주님의 죽으시고 다시 사심을 믿는 그리스도인 곧 왕 노릇하는 사람입니다.

이와 같은 "왕 노릇"은 특정한 사람에게만 한정된 특권이 아니라, "은혜와 의의 선물을 넘치게 받는 자들(17) 곧 세상을 이기는 승리는 이것이니 우리의 믿음이니라"(요일 5:4)한 예수 그리스도를 믿는 모든 자에게 주어지는 승리인 것입니다. 이처럼 "문제, 환경, 상황"에 지배를 받는 것이 아니라 도리어 지배하는 자들이 진정한 그리스도인인 것입니다. 이것이 "타락원리와 구속의 원리"입니다.

> 내 임금 예수 내 주여 이 죄인이
>
> 주님 앞에 한없는 은혜 받고서
>
> 내 생명 모두 드리오니
>
> 그 풍성하신 은총을 주 내게 내려 주소서 (313장)

로마서 5:20-21절 분석도표

주제 : 죄의 왕국과 은혜의 왕국

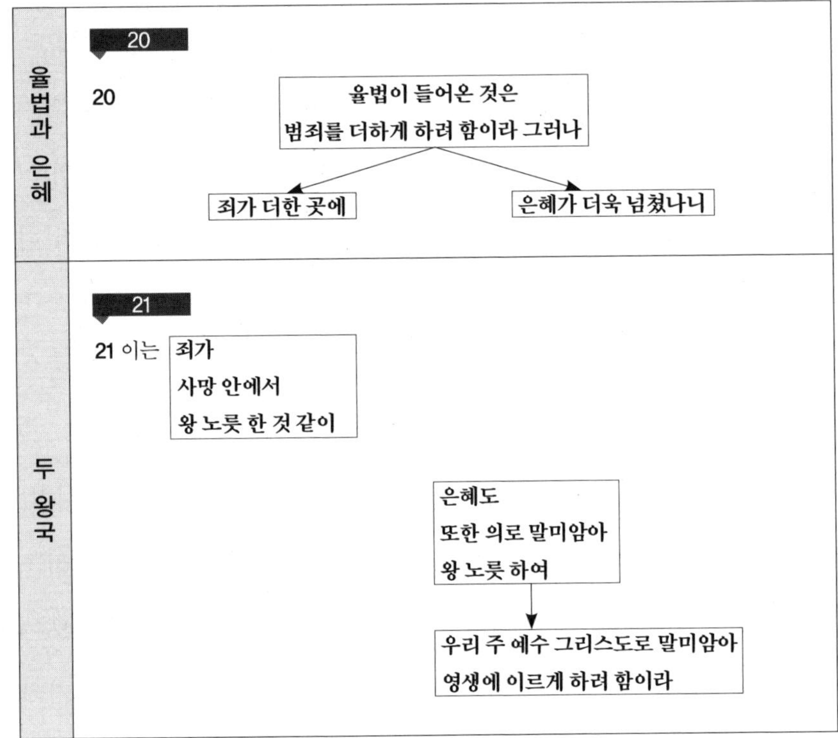

죄의 왕국과 은혜의 왕국

설교 작성 노트

12-21절 안에는 "왕 노릇"이라는 말이 5번(14, 17, 17, 21, 21)이나 등장한다. 사도는 결론(21)에서 두 왕국이 있다는 점과 두 왕국의 권세가 무엇인가를 대조해서 보여준다. "왕 노릇"한다는 말은 지배한다는 뜻인데 지배(支配)를 하려면 권세가 있어야 한다. 그러면 두 왕국의 권세(權勢)는 무엇인가? 이를 증언하려는 것이 내용목적이다.

그리고 17절에 의하면 "더욱 은혜와 의의 선물을 넘치게 받는 자들은 한 분 예수 그리스도를 통하여 생명 안에서 왕 노릇 하리로다"고 말씀한다. "은혜와 의의 선물을 넘치게 받는 자들"이란 그리스도인들을 가리키는데 그들이 "왕 노릇" 하리라는 것이다. 전에는 죄와 사망, 환경과 문제의 지배를 당하던 자들이 이제는 도리어 지배(支配)를 한다는 뜻이다. 우리도 과연 그러한가? 그렇지 못하다면 그 원인은 무엇인가? 여기에 적용목적이 있다 하겠다.

　본문은 12절로부터 시작한 타락원리와 구속원리에 대한 진술의 결론에 해당이 됩니다. 그런데 이는 결론 이상의 영광스런 승리의 선언이라 할 수가 있습니다. 왜냐하면 21절을 통해서 "두 왕국"인 "죄의 왕국과, 은혜의 왕국"을 대조해서 보여주면서 "은혜의 왕국"의 승리를 선언하고 있기 때문입니다.

　"은혜의 왕국"이란 다른 것이 아니라, "율법은 모세로 말미암아 주어진 것이요 은혜와 진리는 예수 그리스도로 말미암아 온 것이라"(요 1:17)한 예수 그리스도께서 통치하시는 것이 "은혜의 왕국"인 것입니다. 그러므로 이와 대조되는 "죄의 왕국"이란 사탄의 왕국임을 알 수가 있습니다.

　19절에는 "죄인과, 의인"이 대조되어 있고 21절에는 "죄의 왕국과, 은혜의 왕국"이 대조되어 있는데 "죄인과 의인"을 바라보던 사도는 눈을 들어 거대한 두 왕국(王國)인 "죄의 왕국과, 은혜의 왕국"을 바라보고 있는 것입니다.

　그런데 이는 단순한 대조가 아닙니다. 20절을 보십시오. "그러나 죄가 더한 곳에 은혜가 더욱 넘쳤나니"한 진술은 "죄와, 은혜"의 대조가 아니라 대결(對決)하는, 즉 "죄"가 공격해오면 "은혜"가 격퇴시키는 전투하는 양상이기 때문입니다. 그래서 사도는 결론(21)에서 "은혜의 왕국"의 영광스런 승리를 선언함으로 마치고 있는 것입니다.

죄는 옛날이나 이제나 동일하게 파상적으로 성도들을 공격합니다. 그런 중에서도 우리가 "영생"에 이르게 되는 것이 어떻게 해서 가능해진다는 것입니까? "죄가 더한 곳에 은혜가 더욱 넘침"으로만이 가능해진다고 말씀합니다. 이처럼 넘치는 은혜가 아니면 모두가 탈락하게 되어 영생에 이르게 될 자는 한 사람도 없게 될 것입니다.

그러므로 20절은 제게 있어서 과거로부터 현재에 이르기까지 계속적으로 넘어졌다가도 벌떡 일어나게 하는 격려와 용기를 주는 말씀이었습니다. 왜 그런가? 20절은, "율법이 들어온 것은", 이렇게 시작이 됩니다.

다시 강조합니다만 5:12-21절을 통해서 3가지가 들어왔다고 말씀한다는 점을 상기하시기 바랍니다. "죄가 들어오고(12), 은혜가 들어오고(15), 이번에는 율법이 들어온"(20상) 것입니다. 중요한 요점은 "죄(罪)가 들어오자" 하나님은 율법을 주신 것이 아니라 즉각적으로, "내가 여자의 후손으로 네 머리를 상하게 하리니"(창 3:15)하신 원시복음, 즉 "은혜"(15)로 막아주셨다는 점입니다.

죄를 범한 것은 인간입니다. 그렇다면 죄를 범한 인간이 대항하여 물리쳐야 옳은 것이 아닙니까? 그런데 이것이 불가능하다는 점을 아시는 하나님께서는, "내가…하리라"고, "더욱 넘치는 은혜"로 막아주시고 물리쳐주셨던 것입니다.

그러면 원시복음을 주신 하나님께서 율법을 "가입"(加入)하신 의도가 무엇인지 아십니까? "율법이 없을 때에는 죄를 죄로 여기지 아니 하느니라"(13하), 즉 죄를 모르기 때문입니다. 그리고 "죄"를 모르게 되면 하나님께서 행해주신 "은혜가 더욱 넘쳤나니" 한, "은혜"의 필요도 모르게 되기 때문입니다. 그래서 "율법을 가입"하신 것입니다.

그런데 사도는 죄를 깨닫게 하려 함이라 하지 않고, "범죄를 더하게 하려 함이라"(20상)고, 말씀한다는 점입니다. 이는 죄를 더 짓게 하기 위해서라는 뜻이 아닙니다. 죄를 깨닫되 철저하게 깨닫게 하기 위해서라는 뜻입니다. 그러면 어느 정도까지 "범죄를 더하게", 즉 죄를 깨닫기를 원하시는가? 입술로 "나는 죄인입니다"하는 정도가 아니라, "오호라 나는 곤고한 사람이로다 이 사망의 몸에서 누가 나를 건져내랴"하는 자력구원의 불가능성, 즉 절망적인 상태임을 깨닫기를 원하시는 것입니다. 이점을 7:13절에서는, "죄로 심히 죄 되게 하려 함이라"고 말씀합니다.

우리는 한결같이 "나는 죄인입니다"라고 말들 하지만 자신의 "죄"의

깊이를 얼마큼 알고 있는지 의심스럽습니다. 왜냐하면 은혜, 즉 복음에 대한 감격과 열정이 없는 듯이 여겨지기 때문입니다. 바울은 자신이 죄인임을 깨닫고, 더 깨닫고, 더욱 깨닫고는, "미쁘다 모든 사람이 받을만한 이 말이여 그리스도 예수께서 죄인을 구원하시려고 세상에 임하셨다 하였도다 죄인 중에 내가 괴수(魁首)니라"(딤전 1:15)고, 고백하기에 이릅니다. 그래서 이에 상응(相應)하는 큰 은혜를 입고 복음에 미친 사람이 되었던 것입니다.

그러면 공격해 오는 죄를 "더욱 넘치는 은혜"(恩惠)로 막아주신 것이 언제부터인가 하는 점입니다. 인류의 시조가 타락한 현장에서 "여자의 후손은 네 머리를 상하게 할 것이라"(창 3:15)고 선언하셨을 때부터입니다. 그러므로 "죄가 더한 곳에 은혜가 더욱 넘침"으로 막아주신 것은 어느 한 순간(瞬間)을 가리키는 것이 아니라 구속사(救贖史)의 전 과정에서 계속적으로 막아주시고 물리쳐주셨다는 점을 인식해야만 합니다.

다윗이 범죄했을 때도 왕위를 폐하시지 않으심으로, 솔로몬이 타락했을 때에도 한 등불을 남겨주심으로 "더욱 넘치는 은혜"로 막아주셨습니다.

전에도, 이제도, 앞으로도, "죄가 더한 곳에", 즉 죄가 공격해올 때마다 "더욱 넘치는 은혜"로 막아주시고 물리쳐주셨던 것입니다. 만일 "넘치는 은혜"로 행해주시지 않았다면 구원에 골인할 수 있는 사람은 한 사람도 없었을 것이요, 하나님의 구원계획은 벌써 무산되고 말았을 것입니다.

5:15절을 보면 "한 사람과, 또한 한 사람"이 있습니다. "한 사람"으로 말미암아 침입한 "죄"와 계속적으로 맞서고 있는 "또 한 사람"이 있는데 이분이 예수 그리스도인 것입니다. 이것이 "그러나 죄가 더한 곳에 은혜가 더욱 넘쳤나니"(20)의 뜻입니다.

㉠ 18절에서는 한 사람으로 말미암아 죄가 들어옴으로 "많은 사람이 정죄"에 이르게 됩니다. 그러나 한 분의 은혜로 말미암아 "많은 사람이 의롭다 함을 받아 생명에 이르렀느니라"합니다.

㉡ 19절에서도 "한 사람이 순종하지 아니함으로 많은 사람이 죄인"이 되고 맙니다. 그러나 또 "한 사람이 순종하심으로 많은 사람이 의인이 되리라"고 넘치는 은혜로 이를 덮어버리십니다.

㉢ 20절에서는 하나님께서 율법을 주시자 죄는 이를 악용하여(7:8) "범죄를 더하게"합니다. "그러나 죄가 더한 곳에 은혜가 더욱 넘쳤나니"합니다.

그러므로 20절은 "범죄를 더하게 하려함이라"로 끝나는 것이 아니라, "그러나" 하고 뒤집어버린다는 점입니다. 죄는 파도가 밀려오듯 파상적으로 공격해 옵니다. 그러나 은혜는 더욱 넘친다고 말씀합니다. "넘친다"는 원어의 뜻은 넘치고도 더욱 넘친다는 최상급(最上級)을 뜻합니다. 그래서 하지박사는 이를 설명하기를 "은혜가 죄에 대하여 승리(勝利)함을 여기서 가장 밝히 표시했다"고 적고 있습니다.

이는 구속의 역사(歷史)에 있어서만 그러한 것이 아니라 개인 신앙 여정(旅程)에도 적용이 됩니다. 우리는 번번이 실수하고 넘어집니다. 그 때마다 우리의 양심은 죄책감에 빠집니다. 간교한 사탄은 송사해 옵니다. "너는 안 돼 포기하라"고, 정죄하면서 낙망하게 만듭니다.

스가랴 3장을 보면 사탄이 대제사장 여호수아를 대적(對敵)하는 장면이 있습니다. 왜냐하면 "여호수아가 더러운 옷을 입고" 있기 때문입니다. 뭐라고 대적을 했겠습니까? "네가 대제사장이라고 네 모습을 보라, 그런 주제로 하나님 앞에 서서 섬기는 대제사장이라고? 당장 포기하라"고, 낙망시키려했을 것입니다.

그러자 하나님께서는 사탄을 책망하시면서, "더러운 옷을 벗기라 내가 네 죄과를 제하여 버렸으니 네게 아름다운 옷을 입히리라"(슥 3:4)하십니다. 이것이 어떻게 가능하여 진단 말입니까? "내 종 순(旬)

을 나게 하여, 이 땅의 죄악을 하루에 제거하심"(슥 3:8, 9)으로 가능해 진다고 말씀합니다. 이것이 "죄가 더한 곳에 은혜가 더욱 넘쳤나니"의 의미인 것입니다.

그러므로 그리스도인들이란 "그러나"를 외칠 줄 아는 사람들입니다. 이 "그러나"는 넘어졌다가도 벌떡 일어나게 하고 패배한 것 같은 사태를 역전(逆轉)시키는 위력이 있습니다. 그래서 "그러나 죄가 더한 곳에 은혜가 더욱 넘쳤나니"라는 말씀이 제게 있어서 과거로부터 오늘에 이르기까지 계속적으로 격려와 용기를 주는 말씀이라 한 것입니다. 어찌 저 뿐이겠습니까?

5장은 결론에 이르러 "이는 죄가 사망 안에서 왕 노릇한 것같이 은혜도 또한 의로 말미암아 왕 노릇하여"(21상)하고, "두 왕국"을 보여줌으로 끝을 맺고 있습니다. 이 지구상에는 많은 나라 많은 민족이 있을지라도 영적 논리로는 두 왕국이 있을 뿐입니다. 한 나라는 사탄이 왕 노릇하는 "사망의 왕국"이요, 또 한 나라는 만왕의 왕 되시는 예수 그리스도께서 왕 노릇 하시는 "생명의 왕국"입니다.

모든 사람은 두 왕국 중 어느 한 왕국에 속해 있는 것입니다. 동시에 두 왕국에 속해 있다는 것이 불가능 하듯, 어느 왕국에도 속해 있지 않는 중간(中間)은 없습니다. 우리도 전에는 사망의 왕국에 속해 있었으나 예수 그리스도로 말미암아 생명의 왕국으로 옮겨진 것입니다.

그런데 "왕 노릇" 하기 위해서는 권세(權勢)가 있어야만 합니다. 그렇다면 "죄의 왕국"에는 어떤 권세가 있는가? "죄가 사망 안에서", 즉 죄에는 "죽음의 세력을 잡은 자 곧 마귀를 멸하시며"(히 2:14)한 "사망"(死亡)이라는 권세가 있다는 것입니다. 만일 "죄"에게 사망(死亡)이라는 권세가 없다면 죄가 두려울 것이 없을 것입니다.

그러면 "은혜"의 왕에게는 어떤 권세(權勢)가 있는가? "은혜도 또한 의로 말미암아 왕 노릇 하여"한, "의롭다고 여겨주는" 권세가 있다고 말씀합니다. "예수여 당신의 나라에 임하실 때에 나를 기억하소서"한 흉악한 강도와 같은 자라도 예수 그리스도를 믿음으로 은혜의 왕국에 속하기만 하면 "의롭다"고 여겨주시는 권세가 있다는 것입니다.

그러면 어떤 죄인이라도 예수 그리스도를 믿기만 하면 의롭다고 여겨줄 수 있는 권세가 주님에게 어떻게 주어졌는지 아십니까? "그리스도 예수 안에 있는 속량으로 말미암아 하나님의 은혜로 값없이 의롭다 하심을 얻은 자 되었느니라"(3:24)한 "구속"(救贖)으로 말미암아 가능해진 권세인 것입니다.

이 "권세"는 주님의 교훈이나 기사이적으로 주어진 것이 아닙니다. 오직 "예수는 우리가 범죄한 것 때문에 내줌이 되고 또한 우리를 의롭다하시기 위하여 살아나셨느니라"(4:25)한 죽으시고 다시 사심 곧 대속을 통해서 가능해졌다는 점에 확고해야만 합니다.

마지막으로 도식(圖式)으로 나타낸 21절을 보시면서 질문에 대답해보시기를 바랍니다.

이는 죄가 사망 안에서 왕 노릇 한 것 같이 은혜도 또한 의로 말미암아 왕 노릇 하여 우리 주 예수 그리스도로 말미암아 영생에 이르게 하려 함이라(21).

㉠ 첫째로, "죄"의 반대는 무엇입니까? "의"라고 해야 맞겠지요. 그런데 본문은 "은혜"(20)라고 말씀합니다. 왜냐하면 율법을 행함으로는 의롭다함을 얻을 자, 즉 "자기 의"로 구원을 얻을 자가 없기 때문입니다. 그러므로 구속사라는 관점으로는 죄의 반대는 "은혜"인 것입니다.

㉡ 그러면 둘째로, "죄가 사망 안에서 왕 노릇"했다는 "사망"의 반대는 무엇입니까? "생명"(生命)이라 해야 맞겠지요. 그런데 사도는 "생명"이라 하지 않고 "은혜도 또한 의로 말미암아 왕 노릇 하여"(21)라고 "의"(義)라고 말씀합니다. 이 "의"는 죄인을 의롭다고 여겨주는 칭의(稱義)를 가리킵니다.

그러면 어찌하여 "사망"의 반대가 "의롭다함"인지 아십니까? 구속사적으로 볼 때 "사망"(死亡)이 무엇입니까? 생명의 근원이 되시는 하나님으로부터의 분리, 즉 끊어짐을 의미합니다. 그러면 "칭의"(稱義)

가 무엇을 가능하게 해줍니까? 5:1-2절을 보십시오. 첫째는, 하나님과 분리되었던 자들을 화목하게 하고, 둘째는 추방을 당했던 자들로 하여금 "은혜에 들어감을 얻게"한다고 말씀합니다. 그래서 사망의 반대를 "의"라고 말씀하는 것입니다. 만일 "은혜의 왕국"에 "의롭다고 여겨주는" 권세가 없다면, 하나님 존전에서 추방을 당한 우리들에게 은혜도 별 도움이 되지 못할 것입니다.

명심하고 찬양하십시다. 죄의 반대는 "은혜"요, 사망의 반대는 "의롭다함"입니다. 이점에 확고합니까?

그러므로 21절은 "두 왕국"이 팽팽히 맞서고 있는 상태를 보여주려는 것이 아닙니다. "죄가 사망 안에서 왕 노릇 한 것같이"라는 시제(時制)는 과거시제로 되어 있습니다. 사망의 왕국은 패퇴하는 왕국이요, 멸망하는 왕국이요, 마지막 발악하고 있는 왕국이라는 점입니다.

그러나 이제는 은혜가 "의로 말미암아 왕 노릇"하고 있는 것입니다. 그리하여 "죄와 사망"은 간곳이 없이 사라지고 5장은, "우리 주 예수 그리스도로 말미암아 영생에 이르게 하려 함이라"(21하)고, 은혜의 왕국의 최종적인 승리(勝利)를 보여줌으로 끝을 맺고 있는 것입니다.

그러므로 5장의 마지막 말은 "영생"(永生)입니다. 6장의 마지막 말도 "영생이니라"(6:23)합니다. 계시록 20장에서는, "그들을 미혹하는 마귀가 불과 유황 못에 던져지니(10), 사망과 음부도 불못에 던져지니"(14)합니다. 마귀도 없습니다. 사망도 없습니다. 음부도 없습니다.

변화 산상의 세 제자가 본 것같이 모세도 엘리야도 보이지 않습니다. 아담도 없습니다. 오직 "우리 주 예수 그리스도로 말미암아 영생에 이르게 함이라"(21하)고, 오직 예수 그리스도뿐입니다. 그 날이 오면 사탄은 "세세토록 괴로움을 받게 되고"(계 20:10), 성도들은 "세세토록 왕 노릇"(계 22:5)하게 될 것입니다. 이것이 "한 분 예수 그리스도를 통하여 생명 안에서 왕 노릇 하리로다"(17)한 "죄의 왕국과 은혜의 왕국" 입니다.

> 내 임금 예수 내 주여 이 죄인이 주님 앞에
> 한없는 은혜 받고서 내 생명 모두 드리오니
> 그 풍성하신 은총을 주 내게 내려주소서 (313장)

로마서 7:7–13절 분석도표

주제 : 형제는 죄와 싸워보았는가?

<table>
<tr>
<td rowspan="1">탐
내
지
말
라</td>
<td>

7–8

7 그런즉 우리가 무슨 말을 하리요

율법이 죄냐 그럴 수 없느니라

율법으로 말미암지 않고는 내가 죄를 알지 못하였으니

곧 율법이 탐내지 말라 하지 아니하였더라면

내가 탐심을 알지 못하였으리라

8 그러나 죄가 기회를 타서

계명으로 말미암아 내 속에서 온갖 탐심을 이루었나니

이는 율법이 없으면 죄가 죽은 것임이라

</td>
</tr>
<tr>
<td>계
명
이
이
르
매</td>
<td>

9–12

9 전에 율법을 깨닫지 못했을 때에는 내가 살았더니

계명이 이르매

죄는 살아나고 나는 죽었도다

10 생명에 이르게 할 그 계명이 내게 대하여

도리어 사망에 이르게 하는 것이 되었도다

11 죄가 기회를 타서 계명으로 말미암아 나를 속이고

그것으로 나를 죽였는지라

12 이로 보건대 율법은 거룩하고 계명도 거룩하고 의로우며 선하도다

</td>
</tr>
<tr>
<td>죄
로
심
히
죄
되
게</td>
<td>

13

13 그런즉 선한 것이 내게 사망이 되었느냐

그럴 수 없느니라

오직 죄가 죄로 드러나기 위하여

선한 그것으로 말미암아 나를 죽게 만들었으니

이는 계명으로 말미암아

죄로 심히 죄 되게 하려 함이라

</td>
</tr>
</table>

형제는 죄와 싸워보았는가?

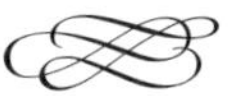

설교 작성노트

주님은, "나는 의인을 부르러 온 것이 아니요 죄인을 부르러 왔노라"(마 9:13)고 말씀하신다. 이는 의인이 있다는 뜻이 아니라 자신이 "죄인"임을 깨달은 자만이 예수 그리스도, 즉 복음을 필요로 하게 된다는 의미다. 이점이 "너희가 맹인이 되었더라면 죄가 없으려니와 본다고 하니 너희 죄가 그대로 있느니라"(요 9:41), 즉 바리새인들은 자신이 죄인임을 깨닫지를 못했기 때문에 그리스도를 배척했던 것이다. 그렇다면 형제는 "죄를 깨닫고 그리스도를 만났는가?"라고 묻게 된다. 이를 증언하고자 하는 것이 내용목적이다.

그러면 형제가 죄를 깨달았다면 "어떤 방도로 깨닫게 되었는가"라고 묻지 않을 수가 없다. 그리고 죄를 깨닫되 "어느 정도 깨달았으며, 죄와 처절한 싸움을 싸워보았는가"라고 묻게 된다. 왜냐하면 주님은, "그의 많은 죄가 사하여졌도다 이는 그의 사랑함이 많음이라 사함을 받은 일이 적은 자는 적게 사랑하느니라"(눅 7:47)고 말씀하시기 때문이다. 여기에 적용목적이 있다 하겠다.

주님은, "건강한 자에게는 의사가 쓸 데 없고 병든 자에게 라야 쓸 데 있느니라"(마 9:12)고 말씀하십니다. 병이 들어도 정도의 차이가 있기 마련입니다. 감기에 걸렸다가 나은 사람과 말기 암과 같은 절망상태에서 고침을 받은 사람의 감사와 기쁨이 같을 수는 없는 것입니다. 그러면 형제는 자신이 어느 상태의 병자, 즉 죄인임을 깨닫고 그리스도를 만났느냐고 묻지 않을 수가 없습니다.

사도 바울은, "오호라 나는 곤고한 사람이로다 이 사망의 몸에서 누가 나를 건져내랴"(롬 7:24)고 부르짖다가 의원되시는 그리스도, 즉 복음을 만났습니다. 그래서 복음에 대한 "감사와 감격, 사랑과 열정"이 남달랐던 것입니다. 그러면 다시 묻습니다. 형제는 자신이 죄인이라는 점을 어떻게 해서 깨닫게 되었습니까? 재차 묻습니다. 죄를 깨닫되 감기 정도의 죄입니까? 말기 암과 같은 죄입니까? 오늘 본문은 이 질문에 대한 답변을 제공해주고 있습니다.

바울은, "율법의 의로는 흠이 없는 자로라"(빌 3:6)고 자부하던 사람입니다. 그러했던 바울을 어떤 방도로 "죄인 중에 내가 괴수니라"(딤전 1:15)고 고백하기에 이르게 하셨는가? 이는 바울에게만 국한된 문제가 아니라 모든 그리스도인들에게 적용이 되는 "긴급동의"(緊急動

議)와 같은 문제인 것입니다.

왜냐하면 구약성경을 상고해보면 분명 잘못하고 있는데도, "우리가 어떻게 주의 이름을 멸시하였나이까"(말 1:6)고 모르고 있다는 것이 각 시대의 공통점이기 때문입니다. 하나님은, "그들이 가증한 일을 행할 때에 부끄러워하였느냐 아니라 조금도 부끄러워하지 않을 뿐 아니라 얼굴도 붉어지지 않았느니라"(렘 6:15)고 말씀합니다. 오늘 이 시대가 더욱 그러합니다. 그러므로 복음을 전하는 것보다 더욱 어려운 것이 죄인임을 깨닫게 하는 일이라 할 수가 있습니다.

9절을 보겠습니다. "전에 율법을 깨닫지 못했을 때에는 내가 살았더니 계명이 이르매 죄는 살아나고 나는 죽었도다"고 진술합니다. 두 마디로 되어 있는데 ㉠ "율법을 깨닫지 못했을 때는 살았더니"합니다. "살았다"는 말은 "율법의 의로는 흠이 없는 줄로"(빌 3:6) 알았다는 것입니다.

㉡ 그런데 "계명이 이르매 죄는 살아나고 나는 죽었도다"합니다. "죄는 살아나고"의 뜻은 없던 죄가 생겼다는 그런 뜻이 아닙니다. 간교하게도 자신 속에서 죽은 척하고 숨어 있던 죄가 살아나고 산 줄로 알았던 자신이 도리어 죽었다는 뜻입니다. 그리하여 "오호라 나는 곤고한 사람이로다 이 사망의 몸에서 누가 나를 건져내랴"(24)고 탄식하게

되었다는 것입니다.

중요한 요점은 "계명이 이르매"라는 점입니다. "계명이 이르매"는 모르던 계명을 비로소 알게 되었다는 것과는 다른 깨달음입니다. 바리새인인 바울이 십계명을 몰랐겠습니까? 이런 경험은, "홀연히 하늘로부터 빛이 그를 둘러 비추는지라"(행 9:3)한 다메섹의 경험과 결부되는 것으로 성령의 "조명"(照明)을 받게 되었다는 그런 뜻입니다.

예를 들어 검사를 받기 전에는 모르던 병이 X-Ray 광선을 통해서 드러남과 같이, "계명이 이르매" 자신 속에 숨어 있던 죄가 들어났다는 것입니다. 그러면 바울 속에서 죽은 척하고 숨어있던 죄를 백일하에 들어나게 한 계명(誡命)은 어느 계명인가 하는 점입니다.

7절을 보겠습니다. "그런즉 우리가 무슨 말을 하리요 율법이 죄냐 그럴 수 없느니라 율법으로 말미암지 않고는 내가 죄를 알지 못하였으니 곧 율법이 〈탐내지 말라〉 하지 아니하였더라면 내가 탐심(貪心)을 알지 못하였으리라"고 대답합니다. 형제는 십계명 중 "탐내지 말라"는 계명이 몇 번째 계명인지 아십니까? 마지막 열 번째 계명입니다.

통상적으로 사람들은 첫 계명은 제일 중요하고 아래로 내려갈수록 덜 중요한 것으로 여기는 경향이 있는데 바울도 그렇게 생각했을 것입니다. 그런데 무대에 선 배우에게 조명이 비추듯이 "탐내지 말라"는 마지막 계명이 바울에게 "이르는", 즉 조명(照明)이 되는 날이 왔다는 것입니다.

"탐내지 말라는 계명이 이르자", "탐내지 말라, 탐심(貪心)? 탐심"(貪心), 비로소 십계명이 마음의 문제라는 점을 깨닫게 되었다는 것입니다. 주님께서도, "간음하지 말라 하였다는 것을 너희가 들었으나", "들었으나" 계명을 잘못 해석하여 잘못 가르치고 잘못 배웠다는 것입니다. 그래서 "이는 내가 어려서부터 다 지키었나이다"고 죄를 깨닫지를 못했던 것입니다.

그러면 바른 해석은 무엇인가? "나는 너희에게 이르노니 음욕(淫慾)을 품고 여자를 보는 자마다 마음에 이미 간음하였느니라"(마 5:27-28), 즉 마음의 문제임을 말씀하셨습니다.

"탐심", 즉 죄가 마음의 문제임을 깨닫게 된 바울은 비로소 깨어지고 부서졌던 것입니다.

㉠ 간음하지 아니 하였노라 장담했으나, 얼마나 많은 누추한 생각을 했으며,

㉡ 살인하지 않았노라고 큰 소리쳤으나, 마음으로 형제를 얼마나 미워했던가?

㉢ 도적질하지 않았노라고 자부했던 내가, 얼마나 많은 탐심을 품었던가?

나는 살인자요, 간음 자요, 도적질한 자요, 거기다가 겉으로는 거룩한 척했던 위선자요, 남을 판단한 재판장 노릇까지 하고 있었으니… 바울은 비로소 땅 바닥에 엎드려졌습니다.

죄가 "마음"의 문제라는 것은 신약만의 정의는 아닙니다. 잠언은, "모든 지킬 만한 것 중에 더욱 네 마음을 지키라 생명의 근원이 이에서 남이니라"(잠 4:23)고 말씀합니다. "온전하고 정직하여 하나님을 경외하며 악에서 떠난 자"라는 인정을 받은 욥도, "내 마음이 내 눈을 따라 갔던가"(욥 31:7 개역)하고 마음을 지키려 애를 쓴 것을 보게 됩니다.

"죄"가 마음의 문제임을 깨달은 바울은 그로부터 마음과 생각으로도 죄를 범하지 않으려고 몸부림을 칩니다. 그런데 가능했겠습니까? "마음과 생각"으로도 죄를 범하지 않으려고 결단을 하면 할수록, "죄가 기회를 타서 계명으로 말미암아 내 속에서 온갖 탐심을 이루었나니"(8)합니다. 예를 들어 "만지지 말라"하면 만지고 싶고, "먹지 말라"하면 먹고 싶게 하는 이것이 "죄가 기회를 타서 온갖 탐심을 이루었다"는 뜻입니다. 이처럼 결심을 하면 결심을 할수록 진보를 이루는 것이 아니라 반대로 더욱 "온갖 탐심을 이루게" 했다는 것입니다.

그렇습니다. "죄", 즉 사탄은 기회를 엿보고 있는 자입니다. 하나님께서 아담에게 각 종 나무의 실과는 마음대로 먹되 다만, "선악을 알게 하는 나무의 실과는 먹지 말라"하시자 "옳다 됐다"하고 기회를 타서 그

많은 열매 중에 굳이 금단의 열매를 따먹고 싶도록 충동(衝動)질한 것은 사탄이었습니다.

같은 맥락으로 하나님께서 율법을 주시자 기회를 엿보고 있던 "죄"가 기다렸다는 듯이 율법을 온전히 지킬 수 없는 우리의 연약함을 악용하여 "정죄하고 결박"하는 무기로 삼았다는 것입니다. 그래서 "생명에 이르게 할 그 계명이 내게 대하여 도리어 사망에 이르게 하는 것이 되었도다"(10)합니다.

그렇다면 율법을 주시면 사탄이 이처럼 악용할 것을 하나님은 모르셨단 말인가? 하나님이 사탄보다 한 수 아래란 말인가? 아닙니다. 그러면 율법을 주신 목적(目的)이 무엇이며, 율법이 하는 기능이 무엇인가 하는 점입니다.

13절을 보시겠습니다. "그런즉 선한 것이 내게 사망이 되었느냐 그럴 수 없느니라 오직 죄가 죄로 드러나기 위하여 선한 그것으로 말미암아 나를 죽게 만들었으니 이는 계명으로 말미암아 죄로 심히 죄 되게 하려 함이라"합니다.

13절 안에는 세 가지 중요한 요점이 있는데 첫째는, "오직 죄가 죄로 드러나기 위하여", 둘째는 "죄로 심히 죄 되게 하려 함이라", 셋째는 "나를 죽게 만들었다"는 고백입니다. "죄가 죄로 드러나기 위하여"가 죄를 깨닫는 단계라면, "죄로 심히 죄 되게 하려 함이라"는 단계는 더 이상 추락할 곳이 없는, "죄인 중에 내가 괴수니라"(딤전 1:15)고 고백하는 완전히 깨어지는 단계라 할 것입니다. 그리하여 "나를 죽게 만들었다"는 자력구원의 불가능성을 깨닫는 단계에 이르게 되는 것입니다.

이점에서 바울이 도달하게 된 깨달음은 자신 속에 있는 여러 가지 죄들, 즉 "간음, 살인, 도적질"과 같은 죄들을 깨달았다고 말하고 있는 것이 아니라는 점입니다. 바울은 죄와의 치열한 싸움을 통해서 "나는 육신에 속하여 죄 아래에 팔렸도다"(14)고 "죄 값에 팔린" 원죄 하에 있는 자신을 깨달았던 것입니다. 다윗이 깨달은 점도, "내가 죄악 중에서 출생하였음이여 어머니가 죄 중에서 나를 잉태하였나이다"(시 51:5)한 원죄였던 것입니다.

생각해보십시오. "내가 원하는 것은 행하지 아니하고 도리어 미워하는 것을 행함이라(15), 원함은 내게 있으나 선을 행하는 것은 없노라"(18)한다면 이는 자유인(自由人)이 아니라 노예인 것입니다. 어찌하여 자유를 잃게 되었는가? "죄 아래에 팔렸기"(14) 때문이라는 것입니다.

그리하여 23절에서는 죄와 싸우면 번번이 패하는 정도가 아니라, "죄의 법으로 나를 사로잡는 것을 보는도다", 즉 생포(生捕)되어 끌려가는 것은 자신이었노라고 말합니다. 이렇게 되기까지 얼마나 고뇌와 갈등과 정죄감에 빠졌을 것입니까? 이점이 왜 중요하냐 하면 우리는 입으로는 "죄인, 죄인"하면서도 이는 습관적으로 하는 말일 뿐 자신이, "죽기를 무서워하므로 일생에 매여 종노릇하는"(히 2:15) 사탄의 노예 상태에 있다는 죄에 대한 절망감을 모르기 때문입니다.

형제도 마음과 생각으로 범하는 죄 때문에 괴로워하고 정죄감에 시달려 본적이 있으십니까? 다시 묻습니다. 자신 속에 있는 내면의 죄성(罪性)과 싸워본 경험이 있느냐고 묻고 있습니다. 그때마다 번번이 "나를 사로잡는 것을 보는도다", 즉 생포되어 끌려가는 것은 자신임을 깨닫고, "오호라 나는 곤고한 사람이로다 이 사망의 몸에서 누가 나를 건져내랴"(24)고 탄식해본 적이 있느냐고 묻고 있는 것입니다.

그런데 하나님께서 율법을 주신 목적은 죄를 깨닫게 하는 것이 끝이 아닙니다. 24절에서 "오호라 나는 곤고한 사람이로다 이 사망의 몸에서 누가 나를 건져내랴"고 탄식하던 바울이 다음 절에서 "하나님께 감사하리로다"(25)하는 것을 대하게 됩니다. "오호라" 직후에 어떻게 "감사"가 나온단 말입니까? "누가 나를 건져내랴"한 "누구"를 만났기 때문입니다. 만난 것만이 아니라 "이같이 율법이 우리를 그리스도께로 인도하는 초등교사가 되어 우리로 하여금 믿음으로 말미암아 의롭다 함을 얻게 하려 함이라"(갈 3:24)한 "의롭다함"이라는 칭의를 깨달았기 때문입니다.

구약의 성도들이 율법을 행함으로 "의롭다함"을 얻을 수 없었던 것과 같이 신약의 성도들도 교훈(敎訓)을 행함으로 의롭다함을 얻을 수 있는 것이 아닙니다. "사람이 의롭게 되는 것은 율법의 행위로 말미암음이 아니요 오직 예수 그리스도를 믿음으로 말미암는 줄 알므로 우리도 그리스도 예수를 믿나니"(갈 2:16)합니다.

그리하여 "이제 그리스도 예수 안에 있는 자에게는 결코 정죄함이 없나니 이는 그리스도 예수 안에 있는 생명의 성령의 법이 죄와 사망의 법에서 너를 해방하였음이라"(8:1-2)고 선언하게 하셨던 것입니다. 그래서 "우리 주 예수 그리스도로 말미암아 하나님께 감사하리로다"(25)하는 것입니다. 얼마나 감격스럽습니까!

간교한 사탄은 하나님이 율법을 주시자 이를 발판으로 삼아 인간을 속박하고 징죄하면서 회심의 웃음을 웃었을 것입니다. 그러나 하나님께서는 정죄감에 사로잡혀서, "오호라 나는 곤고한 사람이로다 이 사망의 몸에서 누가 나를 건져내랴"하는 그에게 예수 그리스도를 만나게 하시어 해방과 자유함을 주셨던 것입니다. 얼마나 통쾌합니까!

불신자들의 가장 비극적인 사실은, 자신이 하나님 앞에서 죄인임을 모르고 있다는 점입니다. 그런데 보다 심각한 문제는 교회 안에 있는 사람들도 율법의 "속박과, 갇힘과, 정죄"에 대해 너무나 모르고 있다는 점입니다. 오늘날은 "마음과 생각"의 차원이 아니라 몸으로, "그들이 가증한 일을 행할 때에 부끄러워하였느냐 아니라 조금도 부끄러워 아니할 뿐 아니라 얼굴도 붉어지지 않았느니라"(렘 6:15), 즉 빨개지는 얼굴도 보기가 어렵게 된 시대인 것입니다.

형제여, 죄를 모르면 은혜도 모릅니다. 죄를 조금밖에 모르면 은혜도 조금밖에 모릅니다. 감사도, 기쁨도 조금밖에 없습니다. 율법에 멍들어 본 자만이 복음의 감격을 알게 되며, 율법에 결박을 당해 본 자만이 자유함의 기쁨을 누리게 됩니다. 율법에 정죄를 당해 본 자만이 의롭다함의 감격을 맛보게 되며, 율법으로 말미암아 지옥에까지 떨어져 본 자만이 예수 그리스도의 십자가 복음의 능력을 알게 되는 것입니다.

이제 마지막으로 묻습니다. 형제도 죄와 싸워보았습니까? 형제에게도 계명이 이르렀습니까? 그런 후에 복음을 만났습니까?

> 인애하신 구세주여 내 말 들으사
> 죄인 오라 하실 때에 날 부르소서
> 주여 주여 내 말 들으사
> 죄인 오라 하실 때에 날 부르소서 (279장)

갈라디아서 2:11-16절 분석도표
주제 : 왜 예수 그리스도를 믿어야 하는가?

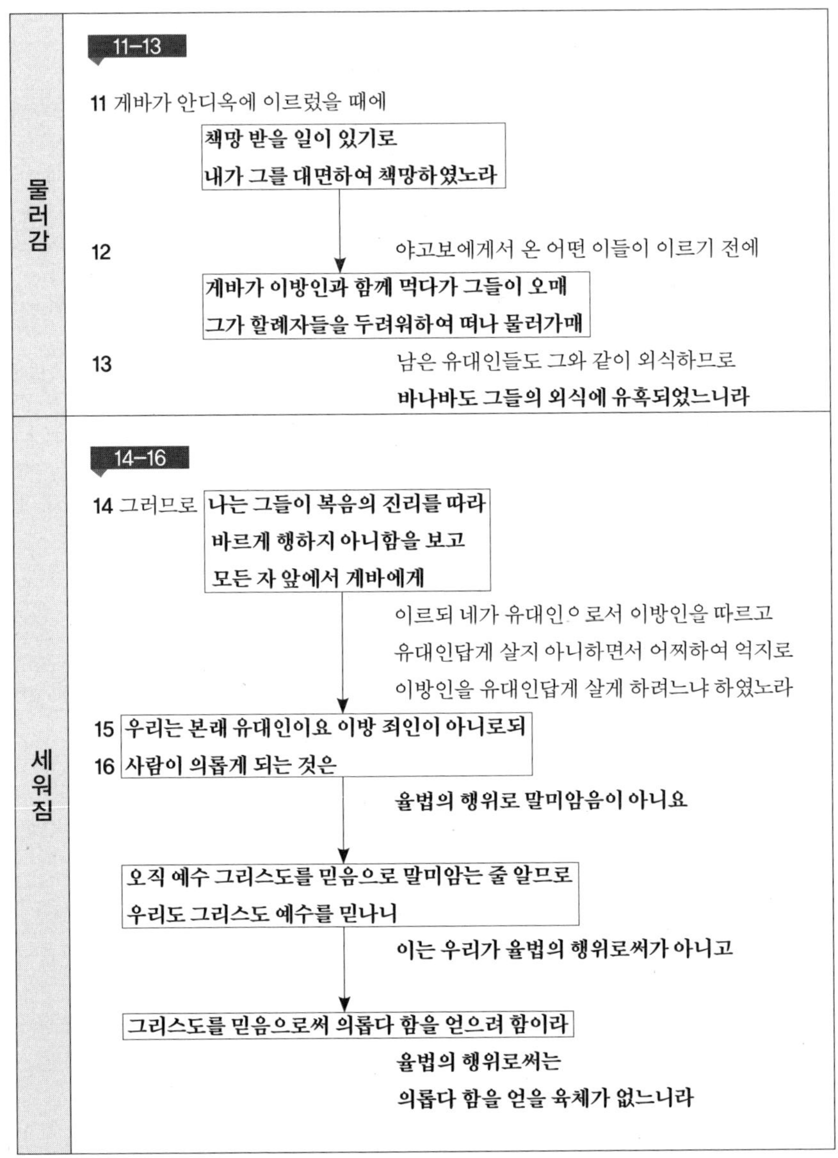

왜 예수 그리스도를 믿어야 하는가?

설교 작성 노트

베드로는, "너희 속에 있는 소망에 관한 이유를 묻는 자에게는 대답할 것을 항상 준비하라"(벧전 3:15)고 말씀한다. 에베소에 간 바울은 어떤 제자를 만나서, "너희가 믿을 때에 성령을 받았느냐"(행 19:2)고 물었다. 왜 물었는가? 이는 다짜고짜 물은 것이 아니다. 그들과 대화를 나누는 중에 그들의 믿음에 의심이 가기 때문에 물은 것이다. 이런 "어떤 제자들"은 오늘날 교회 내에도 많이 있다. "왜 예수를 믿는가?"라고 묻는다면 무엇이라 대답할 것 같은가? 많은 그리스도인들이 기본이 되어 있지 않다는 점을 확인하게 될 것이고, 이는 성도들의 잘못이기 이전에 설교자의 책임임을 통감하게 될 것이다. 여기에 본 설교의 내용목적이 있다.

복음이 무엇인지, 이 복음이 어떻게 해서 주어졌는지에 확고하지 못하다면 그들에게 그리스도인답게 살라는 교훈은 무의미한 것이다. 이것이 오늘의 현실이기도 하다. 여기에 적용목적이 있다.

오늘 본문은 내용상으로나, 교회사적으로 볼 때 중대한 사건이었습니다. 왜냐하면 바울이, "게바(베드로)가 안디옥에 이르렀을 때에 책망 받을 일이 있기로 내가 그를 대면하여 책망하였노라"(11)고 말씀하기 때문입니다. 바울이 베드로를 책망했다는 것입니다. 그것도 "대면"(對面)해서 말입니다. 베드로는 누구며, 바울은 어떤 자였습니까? 스데반을 죽이는데 옷을 맡았던 자요, "주의 제자들에 대하여 여전히 위협과 살기가 등등하여 대제사장에게 가서 다메섹 여러 회당에 가져갈 공문을 청했던"(행 9:1-2)자입니다. 그런 바울이 수제자인 베드로를 "대면하여 책망"했다니, 도대체 무슨 중대한 문제가 발생했단 말인가요?

베드로가 안디옥의, "이방인과 함께 먹다가" 예루살렘교회 초대 감독으로 알려진 야고보로부터 어떤 이들이 온다는 말을 듣고는 두려워하여 물러갔다는 것입니다. 그리하여 함께 식사하던 유대인들과 심지어 예루살렘교회에서 안디옥교회로 파송을 받은 바나바까지 안 그런 척 하고 물러갔다는 것입니다. 왜 물러갔는가? 이방인과 식사를 한 것으로 인해 예루살렘에서 내려온 할례자들로부터 비난을 받을 것을 두려워했기 때문입니다.

이처럼 "물러간" 행위는 단순한 문제가 아니라 복음을 듣고 믿는 안디옥 성도들을 부끄러워하고, 형제로 인정을 하지 않는다는 "복음"과 관련이 되는 중대한 사건이었던 것입니다. 그러면 베드로의 믿음에도 문제가 있었단 말인가? 아닙니다. 베드로는 이방인 그리스도인들과 교제하는 것이 위법이 아닌 줄로 믿으면서도, 행동은 믿음으로 행동하지 않았던 것입니다. 이방인들과 식탁 교제를 나눌 때는 자유하였으나, 할례자를 두려워하여 물러가는 순간 의문(儀文)의 종이 되고 만 것입니다.

이를 목격하게 된 바울은 "그들이 복음의 진리를 따라 바르게 행하지 아니함을 보고 모든 자 앞에서"(14) 게바를 면책했다는 것입니다. 그러면 바울이 이처럼 격렬하게 반응한 것은 과연 옳은 일이었는가? 왜 이렇게까지 하지 않으면 아니 되었는가 하는 점을 생각하게 합니다.

바울은 베드로가, ㉠ "먼저 사도 된 자"(1:17)요, ㉡ 초대교회의 "기둥과 같은 존재"(2:9)요, ㉢ 주께서 "그를 할례자의 사도로 삼으신"(8) 것을 부정하거나 책망한 것이 아닙니다. 그럼에도 불구하고, "기둥 같은" 베드로를 모든 사람 앞에서 "면책"(面責)할 수밖에 없었던 것은, 베드로의 체면보다 더 중요한 오직, "복음진리"를 보수(保守)하기 위한 불타는 일념(一念)에서였던 것입니다.

"바나바도 그들의 외식에 유혹되었다"(13)하는데 바나바가 누구입니까? 안디옥에도 복음이 전파되었다는 보고를 받은 "예루살렘 교회가 이 사람들의 소문을 듣고 바나바를 안디옥까지 보낸"(행 11:22), 즉 담임자로 파송을 받은 목회자입니다. 그런 바나바까지 물러갔을 때 안디옥 성도들은 얼마나 큰 충격과 좌절감에 빠졌을 것인가!

그러나 바울은 물러가지 않았습니다. 만일 이때 바울마저 물러갔거나 침묵을 했다면 주님께서 십자가를 통하여, ⓐ "둘(유대인과 이방인)로 하나를 만드사 중간에 막힌 담을 자기 육체로 허신"(엡 2:14) 담을 다시 쌓는 결과가 되었을 것이요, ⓑ "그리스도께서 우리로 자유롭게 하려고 자유를 주신" 자유를 빼앗기고, "다시 종의 멍에를 메는"(5:1) 결과를 가져오게 되었을 것입니다.

그러면 바울이 베드로에게 무엇이라고 면책을 했을 것인가? 이런 맥락에서 16절에는 성경 전체로 보아도 가장 중요한 주제 중 하나가 등장합니다. 그것은 "사람이 의롭게 되는 것이"(16상) 어떻게 가능해지는가 하는 점입니다. "사람이 의롭게 되는 것", 이것이 하나님의 구원계획에 있어서 풀어야 할 핵심적인 난제(難題)인 것입니다. 왜냐하면 의롭다함을 얻어야 의로우신 하나님 앞으로 돌아갈 수가 있기 때문입니다.

그런데 인간의 행함으로는 의롭다함을 얻을 자가 한 사람도 없고, 하나님께서도 죄인을 그냥 의롭다고 여겨주시는 것이 공의(公義)가

용납이 되지 않기 때문입니다.

문맥적으로 볼 때 바울은 베드로를 향해 이렇게 책망한 셈입니다.

㉠ "우리는 본래 유대인이요 이방 죄인(유대인이 말하는바)이 아니지만(15),

㉡ 그러나 우리가 의롭다함을 얻은 것이 율법을 행함으로 된 것이요?

㉢ 할례를 행함으로 의롭다함을 얻은 것이요?

㉣ "오직 예수 그리스도를 믿음으로 말미암는 줄 아는 고로 우리(바울과 베드로)도 그리스도 예수를 믿는 것"이 아니요?

㉤ 유대인인 우리도 "예수 그리스도를 믿음으로" 의롭다함을 얻고, 이방인인 안디옥 성도들도 "예수 그리스도를 믿음으로" 의롭다함을 얻어 하나님께서 차별치 아니하시고 받아주셨는데 형제가 어찌하여 이들을 부끄러워하고 물러간단 말이요? 라고 면책했다는 것이 됩니다.

주님은 "나는 받을 세례가 있으니 그것이 이루어지기까지 나의 답답함이 어떠하겠느냐"(눅 12:50)고 답답함을 호소하셨습니다. 이제도 주님은 답답해하실 것입니다. 왜냐하면 예수를 믿는다 하면서 많은 분들이 왜 예수를 믿어야 하는지, 복음이 무엇인지를 모르고 있기 때문입니다. 믿는다는 사람을 만나거든 몇 마디 대화를 나누어 보십시오. 형제도 답답함을 느끼게 될 것입니다.

㉠ 우리가 바울에게 "복음이 무엇입니까?"라고 묻는다면 무엇이라 대답할 것입니까? "복음에는 하나님의 의가 나타났습니다"(롬 1:17)하는 기쁜 소식이라고 대답할 것입니다.

㉡ "나타났다는 하나님의 의가 무엇입니까"라고 재차 묻는다면 무엇이라고 대답할 것인가? "내가 벗었으므로 두려워하여 숨었나이다한 아담 하와에게 가죽옷을 지어 입혀주심같이(창 3:10, 21) 자기 아들의 속량을 통해서 하나님께서 이루어주신 것이기에 하나님의 의라 하오"라고 대답할 것입니다.

㉢ "하나님의 의가 나타났다는 것과, 이 의를 받아야 한다는 것이 어째서 중요합니까?"라고 묻는다면 무엇이라고 대답할 것인가? "의롭다 함을 얻어야 의로우신 하나님 앞으로 돌아갈 수가 있고 의로우신 하나님과 화목할 수가 있기 때문이요"라고 대답할 것입니다.

㉣ 마지막으로 "왜 예수를 믿어야 합니까?"라고 묻는다면 무엇이라고 대답할 것인가? "사람이 의롭게 되는 것은 율법을 행함으로는 불가능하고 오직 예수 그리스도를 믿음으로 말미암기 때문에 그리스도 예수를 믿는 것이요"(16)라고 대답을 할 것입니다.

"복음은 하나님의 의가 나타났다는 기쁜 소식입니다. 믿으로 받습니다"라고 증언한 로마서 1:17절은 복음을 잃어버린 중세 암흑시대에 종교개혁을 일으키게 하시어 복음을 회복하게 하신 그토록 위력이 있는 말씀입니다. 그러면 어찌하여 "하나님의 의가 나타났다"는 것이 복음, 즉 기쁜 소식입니까?

"구원"이란 관계성의 문제입니다. 구원은 사탄과의 관계가 청산이 되고 죄로 말미암아 단절이 되었던 하나님과의 관계가 회복이 되었다는 것을 의미합니다. 그런데 나타난 "하나님의 의"를 받아 입기만 하면 의로우신 하나님 앞으로 돌아갈 수가 있고 화목할 수가 있기 때문에 "하나님의 의가 나타났다"는 것이 기쁜 소식인 것입니다. 그러므로 성경은 "사람이 의롭게 되는 것"이 어떻게 해서 가능해지는가에 대한 해답이라 해도 과언이 아닌 것입니다. 그런데 오늘날은 하나님의 아들이 죽으시고 다시 사심(속량)을 통해서 이루어놓으신 핵심적인 진리가 외면을 당하고 있는 것입니다.

다윗은 고백합니다. "주의 종에게 심판을 행치 마소서 주의 목전(目前)에는 의로운 인생이 하나도 없나이다"(시 143:2). 그러므로 구약성경 상, "사람이 의롭게 되는 것", 즉 칭의 교리를 가장 절실하게 깨달은 사람은 다윗이라고 말할 수가 있습니다. 그는 밧세바 사건 이후에, "내가 죄악 중에 출생하였음이여 모친이 죄 중에 나를 잉태하였나이다"

(시 51:5)고 깨어지고, 부서져서 지옥 아랫목까지 떨어졌던 사람입니다. 그랬던 다윗이 칭의 교리를 깨닫고는, "허물의 사함을 얻고 그 죄의 가리움을 받은 자는 복이 있도다 마음에 간사가 없고 여호와께 정죄(定罪)를 당치 않는 자는 복이 있도다"(시 32:1-2)고 찬양했던 것입니다.

신약성경 상 "사람이 의롭게 되는 것", 즉 칭의 교리를 가장 절실하게 깨달은 사람은 말할 것도 없이 바울입니다. 바울은, "내가 전에는 훼방자요 핍박자요 포행자이었다"(딤전 1:13)고 자백합니다. 그러했던 바울이, "내가 가진 의는 율법에서 난 것이 아니요 오직 그리스도를 믿음으로 말미암은 것이니 곧 믿음으로 하나님께로서 난 의라"(빌 3:9)고 고백합니다. 그리고 칭의교리를 "나의 복음"(롬 2:16, 16:25)이라고까지 말하면서 이를 증언하는데 목숨을 걸었던 것입니다.

그렇다면 자신이 생각해도 의롭지 못한 죄인인 나를 의로우신 하나님께서 의롭다고 여겨주시는 것이 어떻게 가능하게 되었는가? 이점을 바울은 로마서에서, "그리스도 예수 안에 있는 속량으로 말미암아 하나님의 은혜로 값없이 의롭다 하심을 얻은 자 되었느니라"(롬 3:24)고 말씀합니다.

그리고 이어서 "곧 이 때에", 즉 자기 아들을 화목제물로 세우신 이

때에 "자기의 의로우심을 나타내사 자기도 의로우시며 또한 예수 믿는 자를 의롭다 하려 하심이라"(26)고 증언합니다. "자기도 의로우시며"의 뜻이 무엇인가? 우리를 "의롭다고 여겨주신 것은 판사의 선고(宣告)와 같은 법정적인 표현입니다. 그렇게 여겨주심이 이 하나님의 의로우심, 즉 공의에 손상을 입으시고 행해주신 것이 아니라는 뜻입니다. 그러므로 복음은 자기 아들의 대속을 통해서 정정당당하게 행해주신 하나님의 의로운 행사인 것입니다.

이제 마지막으로 생각할 점은 바울이 베드로를 면책함으로 얻은 것이 무엇인가 하는 점입니다. ㉠ "복음 진리를 보수"한 일입니다. 바울이 베드로를 면책했다는 사실을 편지로 공개하고 있는 의도도 베드로를 헐뜯고 자신을 내세우기 위해서가 아니라, 갈라디아 지방에 침투한 "다른 복음"을 물리치고, "복음진리를 보수"하기 위한 일념에서였던 것입니다.

㉡ 그리고 바울이 베드로를 면책한 것은 인간의 생각처럼 교회의 화평을 해치는 결과를 가져온 것이 아니라 훗날 종교회의 석상에서 베드로로 하여금 담대히, "우리는 그들(이방인)이 우리와 동일하게 주 예수의 은혜로 구원 받는 줄을 믿노라"(행 15:11)고 증언하게 함으로 결정적인 역할을 감당하게 했던 것입니다. 안디옥에서 벌어진 면책

사건은 기독교사에 있어서 하나의 긴장이요 위기가 아닐 수 없었습니다. 그러나 하나님은 이를 합력하여 복음진리를 세우시는 선을 이루셨던 것입니다.

그런데 현대교회의 심각한 잘못은 이처럼 복음의 핵심교리인, "사람이 의롭게 되는 것은" 어떻게 가능해지는가에 대한 중요성과 긴급성을 인식하지 못한 채 외면하고 있다는 점입니다. 묻습니다. 만일, "하나님의 의가 나타났다"는 이 엄청난 복음을 하찮은 것인 양 제쳐놓고 전하지 않고 있다면 감히 말씀드립니다. 그의 설교에 잘못이 없고, 교훈적으로 유익하다 해도 그는 그리스도요 증인은 아닌 것입니다.

묻습니다. 형제가 "사람이 의롭게 되는 것"의 중요성과, 이는 오직 예수 그리스도를 믿음으로만이 가능하여진다는 이신칭의교리에 대해 설교한 가장 최근의 기억은 언제입니까? 이를 등한히 여기는 것은 인간의 행위로는 구원에 이를 수 없다는 자력구원의 불가능성인 "전적타락"을 깨닫지 못하기 때문이거나, 하나님 앞에 서게 될 심판의 날과 재림의 날을 믿지 않기 때문일 것입니다. 결론은 하나님의 아들 예수 그리스도께서 대속제물이 되어주심으로 이루어주신 십자가 복음을 모르기 때문이라고 말할 수밖에 없는 것입니다.

그러므로 본문은 현대교회를 향하여, "너는 복음을 무엇이라 하느냐? 너는 복음을 증언하고 있느냐? 너는 복음의 진리를 보수하기 위하여 어떤 경우, 그 누구 앞에서도, 한시도 복종하지 아니하고 있느냐? 너는 복음의 진리를 따라 바로 행하고 있느냐?"라고 묻고 있는 것입니다. 이제 형제에게 두 가지를 묻고 싶습니다. 복음이 무엇입니까? 왜 예수 그리스도를 믿어야합니까? 이제 확신하게 되었습니까?

주님께 귀한 것 드려 젊을 때 힘 다하라

진리의 싸움을 할 때 열심을 다 하여라

모범을 보이신 예수 굽히지 않으셨네

너희는 충성을 다해 주님을 섬기어라

주님께 귀한 것 드려 젊을 때 힘 다하라

구원의 갑주를 입고 끝까지 싸워라 (575장)

갈라디아서 3:1-9절 분석도표
주제 : 중생과 칭의의 축복

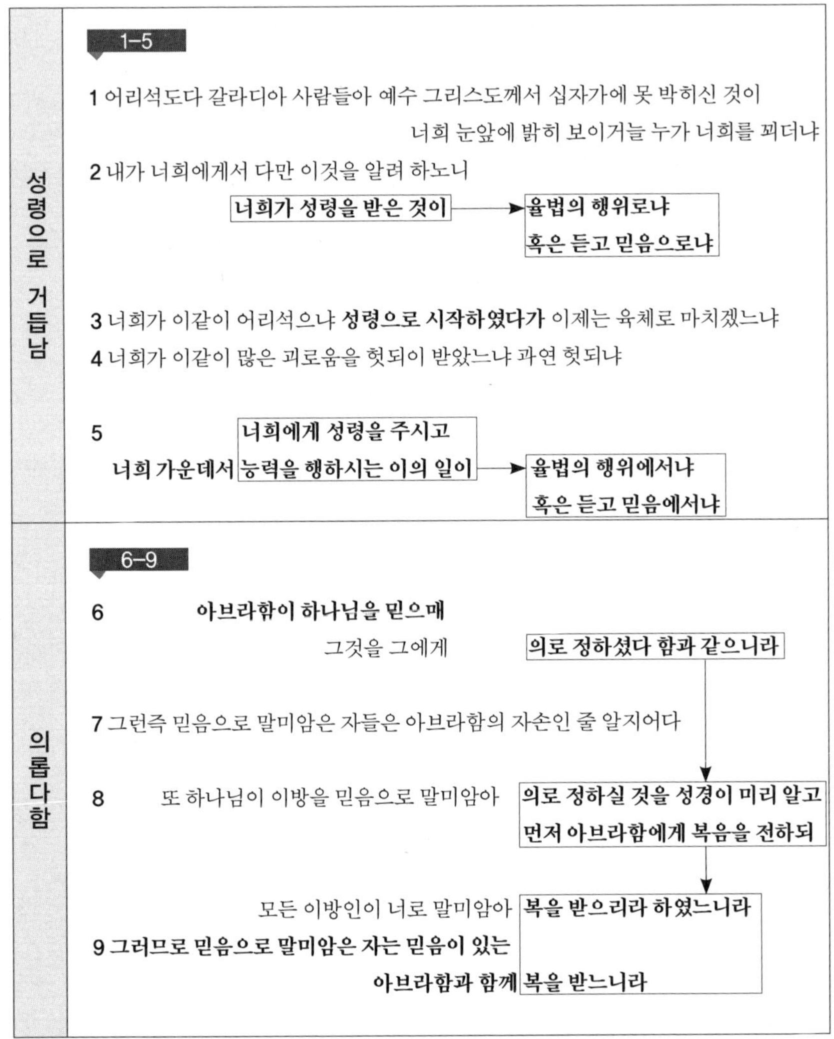

중생과 칭의의 축복

설교 작성노트

도표를 보면 첫째 단원의 핵심은 "성령"이고, 둘째 단원의 핵심은 "의롭다함"이다. 그리고 전체 중심은 "복음"이다. 왜 복음을 전해줘야 하는가? 이 물음은 복음은 우리에게 무엇을 주는가 하는 질문과 같은 것이다. 어찌하여 복음을 전해주어야만 하는가? "중생과, 칭의"를 위해서다. 이를 증언하고자 하는 것이 내용 목적이다.

그리고 "복을 받으리라, 복을 받느니라"(8-9)고 말씀한다. 성도들이 복 받기를 원하는가? 복음을 전해주기 바란다. 성도들에게 중생과 칭의의 복을 받게 하려는 여기에 적용목적이 있다 하겠다.

베드로는 "너희 속에 있는 소망에 관한 이유를 묻는 자에게는 대답할 것을 항상 준비"(벧전 3:15)하고 있으라고 말씀합니다. 그러면 누군가가 여러분에게 "왜 예수를 믿느냐"고 묻는다면 무어라고 대답하시겠습니까? 이 질문에 자신 있게 대답을 하려면 자신이 복음을 듣고 어떤 복을 받았는가 하는 확신이 있어야만 가능합니다. 8-9절에는 "복을 받으리라, 복을 받느니라"고 말씀하고 있는데 여러분은 예수를 믿고 어떤 복(福)을 받으셨습니까?

① 첫째로 예수를 믿은 자는, "내가 너희에게서 다만 이것을 알려 하노니 너희가 성령을 받은 것이 율법의 행위로냐 혹은 듣고 믿음으로냐"(2)한 성령으로 거듭나는 복을 받게 되는 것입니다. 주님은 "진실로 진실로 네게 이르노니 사람이 물과 성령으로 나지 아니하면 하나님의 나라에 들어갈 수 없느니라"(요 3:5)고 말씀하십니다.

이 거듭남을 에베소서에서는, "그는 허물과 죄로 죽었던 너희를 살리셨도다"(엡 2:1)고 말씀합니다. 그러므로 거듭나지 못한 심령은 허물과 죄로 죽은 "해골"과 같은 상태라는 것이 됩니다.

사람은 "지, 정, 의"적인 인격체입니다. 우리도 전에는 "지적"(知的)으로 죽어 있었기 때문에 설교를 들어도 그 뜻을 알지를 못하고, "정서적"(情緒的)으로 죽어 있었기 때문에 찬송을 불러도 기쁨도 없고 감사할 줄도 몰랐던 것입니다. 그리고 "의지적"(意志的)으로 죽어 있었기 때문에 들은 말씀을 실천할 힘이 없었던 것입니다.

그러면 거듭남이 누구의 무엇으로 말미암아 가능하여졌는가 하는 점입니다. 본문 첫 절을 보겠습니다. "어리석도다 갈라디아 사람들아 예수 그리스도께서 십자가에 못 박히신 것이 너희 눈 앞에 밝히 보이거늘"(3:1)한 그리스도의 십자가 공로로 가능해진 것입니다.

그러므로 "거듭남"의 교리가 신약성경에서 비로소 제기된 교리가 아닙니다. 이사야 선지자는 예언하기를, "여호와께서 그에게 상함을 받게 하시기를 원하사 질고를 당하게 하셨다", 즉 하나님은 자기 아들이 십자가를 지기를 원하셨다는 것입니다. 왜냐하면 "그의 영혼을 속 건제물로 드리기에 이르면 그가 씨를 보게 되며"(사 53:10), 즉 씨가 퍼지게 하기 위해서라는 것입니다.

그래서 주님은, "한 알의 밀이 땅에 떨어져 죽지 아니하면 한 알 그대로 있고 죽으면 많은 열매를 맺느니라"(요 12:24), 즉 그리스도의 대속적인 죽음을 통해서 씨가 퍼지게 된다고 말씀하시고, 베드로 사도는 "너희가 거듭난 것은 썩어질 씨로 된 것이 아니요 썩지 아니할 씨로 된 것이니 살아 있고 항상 있는 하나님의 말씀으로 되었느니라"(벧전 1:23)합니다. 이처럼 예수를 믿는 자들에게는 첫째로 성령으로 거듭나는 축복을 받게 됩니다.

그러면 중요한 점은 언제 거듭나는 축복을 받게 되는가 하는 점입니다. 교회 나와 6개월 쯤 되면 학습을 주고 1년 쯤 지나면 세례를 주는데 이처럼 연수만 차면 자동적으로 거듭나는 것이 아닙니다. "그 안에서 너희도 진리의 말씀 곧 너희의 구원의 복음을 듣고 그 안에서 또한 믿어 약속의 성령으로 인치심을 받았으니"(엡 1:13)합니다.

㉠ 첫째로, 설교자가 "구원의 복음"을 전해줄 때에 성령께서 듣는 자들에게 믿음을 주시고 거듭나게 하신다고 말씀합니다. "듣지도 못한 이를 어찌 믿으리요 전파하는 자가 없이 어찌 들으리요"(롬 10:14)합니다. 이점에서 유념해야 할 점은 모든 설교가 "구원의 복음"은 아니라는 점입니다.

구원의 복음이 무엇인가를 확증하기 위해서는 바울이 자신이 받은 복음, 전한 복음을 무엇이라 말씀하는가를 확인할 필요가 있습니다. 바울은 "내가 받은 것을 먼저 너희에게 전하였노니 이는 성경대로 그리스도께서 우리 죄를 위하여 죽으시고 장사 지낸 바 되셨다가 성경대로 사흘 만에 다시 살아나셨다"(고전 15:3-4)고 말씀합니다.

이것이 "구원의 복음"인 것입니다. 이점을 로마서에서는, "예수는 우리가 범죄한 것 때문에 내줌이 되고 또한 우리를 의롭다 하시기 위하여 살아나셨느니라"(롬 4:25)고 말씀합니다.

ⓛ 둘째로 유념할 점은 주님의 "씨 뿌리는 비유"에서 볼 수 있듯이 복음을 한두 번 전해준다고 모두 다 거듭나는 것은 아니라는 점입니다. 왜냐하면 사람의 심령은 "길바닥, 가시덤불, 돌밭"과 같이 되었기 때문입니다. 그래서 "너희 묵은 땅을 갈고 가시덤불에 파종하지 말라"(렘 4:3)고 말하는 것입니다. 또한 "이 세상의 신", 즉 사탄이 설교를 듣는 자들의 "마음을 혼미하게 하여 그리스도의 영광의 복음의 광채가 비치지 못하게"(고후 4:4) 대적하기 때문입니다. 그러므로 설교도 영적인 전투라는 점입니다.

또 유념할 점이 있는데 설교자가 거듭남을 줄 수 있는 것도 아니라는 점입니다. 그러나 복음을 무엇보다 "먼저, 더 많이, 자주자주" 전해줌으로 듣는 자들에게 거듭날 수 있는 기회(機會)는 제공해줄 수가 있는 것입니다. 그래서 바울은 "우리가 하나님과 함께 일하는 자로서 너희를 권하노니 하나님의 은혜를 헛되이 받지 말라"(고후 6:1)고 권면합니다.

이처럼 허물과 죄로 죽었던 심령이 거듭나야 한다는 점은 사활(死活)이 걸려 있는 문제입니다. 그런데 한국교회는 성장(成長)에 올인하여 사람 머리수에만 관심하고 거듭남에 대해서는 무관심한 것이 아닌지 심히 염려스러운 것입니다.

그러면 나 자신은 거듭났는가? 거듭난 여부를 어떻게 알 수가 있는가 하는 문제가 대두됩니다. 인간의 눈으로는 알 수가 없습니다. 그런데 바람은 볼 수가 없어도(요 3:8) 부는 여부가 나타나듯이 거듭난 사람은 그 특성이 나타난다는 점입니다.

이점을 로마서에서는, "육신을 따르는 자(거듭나지 못한 자연인)는 육신의 일을, 영을 따르는 자(거듭난 자)는 영의 일을 생각하나니"(롬 8:5)하고 "생각", 즉 사상(思想), 인생관, 목적, 가치관이 바뀌게 된다고 말씀합니다. 예를 들어 장자의 축복을 가볍게 여긴 에서와 이에 평생을 투자한 야곱의 차이라 할 수가 있습니다. "이전에 세상 낙 기뻤어도 지금 내 기쁨은 오직 예수"(찬송)하게 된다는 것입니다.

그러므로 교회 안에 있는 사람이 다 거듭난 사람이 아니요, 입으로 주여, 주여 하는 사람들이 다 거듭난 것은 아니라는 점입니다. 출애굽 당시에도 허다한 잡족(雜族)들이 섞여 있었습니다. 그래서 바울은 "너희는 믿음 안에 있는가 너희 자신을 시험하고 너희 자신을 확증하라 예수 그리스도께서 너희 안에 계신 줄을 너희가 스스로 알지 못하느냐 그렇지 않으면 너희는 버림받은 자니라"(고후 13:5)고 경계한 것입니다.

그러면 중생이 왜 이처럼 중요한가 하는 점입니다. "예수를 죽은 자 가운데서 살리신 이의 영이 너희 안에 거하시면 그리스도 예수를 죽은 자 가운데서 살리신 이가 너희 안에 거하시는 그의 영으로 말미암아 너희 죽을 몸도 살리시리라"(롬 8:11)합니다.

"너희 죽을 몸도 살리시리라"는 말씀을 주목하시기 바랍니다. 우리가 구원을 얻었으나 몸은 "죽을 몸"을 입고 있습니다. 즉 구원이 완성이 된 것은 아니라는 점입니다. 그런데 "너희 죽을 몸도 살리시리라"합니다. 이를 영화라고 말하는데 문제는 아무나 영화가 되는 것이 아니라, "예수를 죽은 자 가운데서 살리신 이의 영이 너희 안에 거하시는" 사람만이 영화에 이를 수가 있다는 것입니다. 다시 강조합니다만 썩지 아니할 씨로 거듭난 사람만이 씨가 있는 계란에서 병아리가 나오듯이 영화에 이른다는 말씀입니다. 그래서 중생이 중요한 것입니다.

그러므로 중생한 현재의 상태는 밭에 씨를 심은 상태와 같다 하겠습니다. 꽃이 피고 열매를 맺게 되는 날은, "우리의 낮은 몸을 자기 영광의 몸의 형체와 같이 변하게 하시리라"(빌 3:21)하신 그리스도의 재림에 날인 것입니다. 이러한 중생이 "듣고 믿음"(2)으로 된다니 복음은 참으로 놀라운 능력인 것입니다. 이것이 중생의 축복입니다.

예수를 나의 구주 삼고 성령과 피로써 거듭나니

이 세상에서 내 영혼이 하늘의 영광 누리도다

이것이 나의 간증이요 이것이 나의 찬송일세

나 사는 동안 끊임없이 구주를 찬송하리로다

② 그런데 본문은 예수 믿는 자에게 주어지는 축복이 또 있다고 말씀합니다. 6절을 보십시오. "아브라함이 하나님을 믿으매 그것을 그에게 의로 정하셨다 함과 같으니라"하신 "의롭다함"의 복을 받게 된다고 말씀합니다. "거듭남"(重生)은 죽었던 영혼이 살아난 것을 가리키고 "의롭다함"(稱義)은 하나님과의 관계가 회복되었다는 점을 의미합니다. 왜냐하면 의롭다함을 얻어야만 의로우신 하나님 앞으로 돌아갈 수가 있고 의로우신 하나님과 화목할 수가 있기 때문입니다.

하나님은 아브라함에게 메시아언약을 한두 번이 아닌 5번이나 반복적으로 세워주셨습니다. 언약의 핵심은 아브라함의 자손으로 그리스도를 보내주시겠다는 것입니다. 그러면 아브라함의 자손으로 그리스도를 보내서 무슨 복을 주시려는가 하는 점이 중요합니다. 3:8절을 보겠습니다. "또 하나님이 이방을 믿음으로 말미암아 의로 정하실 것을 성경이 미리 알고 먼저 아브라함에게 복음을 전하되 모든 이방인이 너로 말미암아 복을 받으리라 하였느니라"합니다. 무슨 복이라 하십니까? "의롭다함"을 얻는 복입니다.

바울은, "그런즉 아브라함이 무엇을 얻었다 하리요"(롬 4:1)합니다. 아브라함이 "고향, 친척, 아버지의 집을 떠나"(창 12:1) 하나님의 말씀을 따라간 결과로 무엇을 얻었단 말이냐고 묻고 있습니다. 저도 여러분에게 같은 질문을 하겠습니다. 여러분이 예수를 믿은 지 몇 년이 되었습니까? 그리하여 무슨 복을 받았습니까?

6절을 보십시오. "아브라함이 하나님을 믿으매 그것을 그에게 의로 정하셨다 함과 같으니라"고 "믿음으로 의롭다함"을 얻었다고 말씀합니다. 그래서 아브라함을 모든 믿는 자의 "조상"이라고 말하는 것입니다. 그러면 아브라함을, 그리고 우리들을 의롭다고 여겨주시는 것이 어떻게 해서 가능해진 것입니까?

3:1절을 보겠습니다. "예수 그리스도께서 십자가에 못 박히신 것이 너희 눈 앞에 밝히 보이거늘"(1)한 그리스도께서 우리 죄를 위한 대속 제물이 되어주셨기 때문에 가능해진 것입니다. 예수 그리스도의 십자가 공로를 믿는 자에게는 크게 두 가지 축복이 주어지게 되는데 첫째는 "거듭남"이고, 둘째는 "의롭다함"의 축복인 것입니다.

그러면 "의롭다함을 얻었다"는 것이 어째서 중요한가 하는 점입니다. 로마서 5:1-2절에서는 의롭다함을 얻은 사람들에게 주어지는 축복을 3가지로 말씀합니다. 첫째는, "하나님과 화목하게 되고", 둘째는 "믿음으로 서 있는 이 은혜에 들어감을 얻게 되고", 셋째는 "영광을 바라고 즐거워하느니라"(롬 5:1-2), 즉 영원한 영광에 참여하게 된다고 말씀합니다.

창세기 4:4절에 보면 하나님께서 "아벨과 그의 제물을 받으셨다"고 말씀합니다. 아벨은 추방을 당한 상태에서 태어난 자인데 받으시는 것이 어떻게 가능해졌는가? 복음이 밝히 드러나 신약성경에서는, "믿음으로, 의로운 자라 하시는 증거"(히 11:4)를 얻었기 때문이라고 말씀합니다. 이는 아벨에 국한된 이야기가 아닙니다. 형제를 받으시고 우리의 예배를 받으시는 것도 우리가 의롭다함을 얻었기 때문인 것입니다. 이것이 의롭다함 곧 칭의가 주는 축복입니다.

> 나는 부족하여도 영접하실 터이니
>
> 영광 나라 계신 임금 우리 구주 예수라

이점에서 주목할 점이 한 가지 있는데 그것은, "믿음으로 서 있는"(롬 5:2)이라는 표현입니다. 다시 말하면 "의롭다함"을 받았다는 확신이 없는 사람은 "서 있는" 믿음이 아니라 자주자주 넘어지고 정죄감에 빠지는 믿음이라는 뜻입니다. 왜냐하면 거듭난 자라도 "육체의 소욕은 성령을 거스르고 성령은 육체를 거스르나니 이 둘이 서로 대적함으로 너희가 원하는 것을 하지 못하게"(갈 5:17)하기 때문입니다. 그럴 경우 칭의 교리에 확고한 성도는, "그러나 죄가 더한 곳에 은혜가 더욱 넘쳤나니"(롬 5:20)하고 넘어졌다가도 벌떡 일어나게 되는 것입니다.

이제 질문을 드림으로 말씀을 마치려합니다. 왜 예수를 믿어야 합니까? "거듭남과, 의롭다함"을 얻기 위해서입니다. "중생"은 영화에 이르게 되고 "칭의"는 하나님과 화목하게 합니다. 그러면 형제는 "중생과, 칭의"의 복을 받았다는 확신이 있습니까? 혹시 중생은 했는데 칭의는 아직 받지 못한 것 같다고 생각하지는 않습니까? 아닙니다. "중생과, 칭의"는 구원의 복음을 듣고 예수 그리스도를 나의 주로 영접하는 자에게 동시에 주어지는 축복입니다.

주님께서 사데교회를 향해서, "네가 살았다 하는 이름은 가졌으나 〈죽은 자〉로다"(계 3:1)하신 점과, 라오디게아 교회를 향해서, "네 곤고한 것과 가련한 것과 가난한 것과 눈 먼 것과 〈벌거벗은 것〉을 알지 못하는도다"(계 3:17)하신 점은 우리에게 큰 경종이 아닐 수 없습니다. 성도들이 "살았다 하는 이름은 가졌으나 죽은 자은 자요, 눈이 멀고 벌거벗은 자"가 되는 원인이 어디 있으며 누구의 책임입니까? 강단에서 복음이 사라지게 되면 그렇게 되는 것입니다. 그러므로 구원의 복음을 다른 무엇보다도 우선적으로 더 많이 자주자주 전해주어야만 합니다.

성경은, "누구든지 주의 이름을 부르는 자는 구원을 받으리라"고 말씀하면서, "그런즉 그들이 믿지 아니하는 이를 어찌 부르리요 듣지도 못한 이를 어찌 믿으리요 전파하는 자가 없이 어찌 들으리요"(롬 10:13-14)라고 경계합니다. 문제는 복음을 듣지 못한 자가 교회 밖에만 있는 것이 아니라 교회 안에도 많이 있을 것이라는 염려입니다. 이들에게 구원의 복음을 전해주어서 "중생과, 칭의"의 복을 받게 할 사

명을 맡은 자가 누구입니까? 이제 형제의 결단은 무엇입니까? 이것이
"중생과 칭의의 축복"입니다.

바라던 천국 올라가 하나님 앞에 뵈올 때

구주의 의를 힘입어 어엿이 앞에 서리라

주 나의 반석이시니 그 위에 내가 서리라

그 위에 내가 서리라

로마서 6:1-11절 분석도표

주제 : 죄에 대하여 죽고 하나님께 대하여 산 자

<table>
<tr><td rowspan="2">명제</td><td colspan="2">1-2</td></tr>
<tr><td colspan="2">

1 그런즉 우리가 무슨 말을 하리요

은혜를 더하게 하려고 죄에 거하겠느냐

2 　 그럴 수 없느니라 　죄에 대하여 죽은 우리가 어찌 그 가운데 더 살리요

</td></tr>
<tr><td rowspan="2">그리스도와 연합</td><td colspan="2">3-5</td></tr>
<tr><td colspan="2">

3 무릇 그리스도 예수와 합하여 세례를 받은 우리는
　그의 죽으심과 합하여 세례를 받은 줄을 알지 못하느냐

4 그러므로 우리가 그의 죽으심과 합하여 세례를 받음으로 　그와 함께 장사되었나니
　이는 아버지의 영광으로 말미암아
　그리스도를 죽은 자 가운데서 살리심과 같이
　　　　　우리로 또한 　새 생명 가운데서 행하게 하려 함이라
5 만일 우리가 그의 죽으심과 같은 모양으로 　연합한 자가 되었으면
　또한 그의 부활과 같은 모양으로 　연합한 자도 되리라

</td></tr>
<tr><td rowspan="2">옛 사람의 죽음</td><td colspan="2">6-11</td></tr>
<tr><td colspan="2">

6 우리가 알거니와 우리의 옛 사람이 　예수와 함께 십자가에 못 박힌 것은
　죄의 몸이 죽어 다시는 우리가 죄에게 종노릇 하지 아니하려 함이니
7 이는 죽은 자가 죄에서 벗어나 의롭다 하심을 얻었음이라
8 　　　　　　만일 우리가 　그리스도와 함께 죽었으면
　　　　　　　　　　　　　또한 그와 함께 살줄을 믿노니
9 이는 그리스도께서 죽은 자 가운데서 살아나셨으매 다시 죽지 아니하시고
　　사망이 다시 그를 주장하지 못할 줄을 앎이로라
10 　　　　　그가 죽으심은 죄에 대하여 단번에 죽으심이요
　　　　　그가 살아 계심은 하나님께 대하여 살아 계심이니

11 　　　이와 같이 너희도 　너희 자신을 죄에 대하여는 죽은 자요
　그리스도 예수 안에서 하나님께 대하여는 살아 있는 자로 여길지어다

</td></tr>
</table>

죄에 대하여 죽고
하나님께 대하여 산 자

설교 작성 노트

어느 시대를 막론하고 복음은 두 방면의 공격과 위험에 처하게 된다. 첫째는 "은혜, 은혜, 믿음, 믿음"하니까 행함은 아무래도 괜찮다는 율법폐기론 자의 위험이다. 이렇게 될 것을 예상하고 기록한 것이 로마서 6장이다. 둘째는 자기 행위로 의를 이루려고 하는 율법주의의 공격과 위험이다. 이를 예상하고 기록한 것이 7장이다. 이런 맥락에서 6장의 키워드는 17번 등장하는 "죄"요, 7장의 키워드는 10번 등장하는 "율법"이다. 이 두 가지 위험과 혼란에 처해 있는 것이 현대교회의 상황이라 할 수가 있다. 왜냐하면 복음도 잃어버리고 윤리도 실종이 되었기 때문이다. 로마서 6-7장을 들어서 이점을 몇 번에 걸쳐서 증언하고자 한다.

사도는 율법폐기론 자에 대하여 "죄에 대하여 죽은 우리가 어찌 그 가운데 더 살리요"라고 반박한다. 이를 증언하고자 하는 것이 본 설교의 내용목적이다. 적용목적은 12-13절에 등장하는데 이점은 "죽을 몸을 어떻게 관리할 것인가"를 보기를 바란다.

본문 말씀은 "단단한 음식"(히 5:14)입니다. 이를 연합교리라 하는데 이런 단단한 음식을 먹어야 신앙의 뼈대가 튼튼해질 수가 있는 것입니다. 그래서 질문 형식으로 진행하도록 하겠습니다.

㉠ 첫 번 질문은, "구원은 믿음으로 받는가? 행함으로 받는가?"하는 물음입니다. 사도는 "그러므로 사람이 의롭다 하심을 얻는 것은 율법의 행위에 있지 않고 믿음으로 되는 줄 우리가 인정하노라"(롬 3:28)고 "믿음"으로 받는다고 대답합니다. 사도는 로마서에서 의롭다 함을 얻는 것이 행함으로 되는 것이 아니라 오직 믿음으로 되는 것이라고, "믿음"을 강조해 왔습니다. 5장 끝에서는, "죄가 더한 곳에 은혜가 더욱 넘쳤나니"(20)했습니다. 이는 영광스러운 말씀이면서도 오용(誤用)될 위험을 안고 있는 것도 사실입니다.

㉡ 그래서 두 번째 질문을 하게 되는데 그렇다면 "행함은 아무래도 괜찮단 말이냐?"라는 질문입니다. 이점을 본문 1절에서는 "그런즉 우리가 무슨 말을 하리요 은혜를 더하게 하려고 죄에 거하겠느냐?", 죄를 지어도 괜찮단 말이냐고 묻고 있습니다.

복음을 순전(純全)하게 복음답게 전하다 보면 이와 같은 오해를 받

을 수 있다는 점을 유념하시기 바랍니다. 만일 복음을 전한다하면서
도 이와 같은 오해를 받아 보지 못했다면, 이는 복음을 순전하게 전하
지 못했다는 반증이 될 수도 있습니다. 복음은 이토록 엄청난 은혜이
면서도 곡해할 수도 있는 위험을 안고 있는 것입니다.

사도는 "그럴 수 없느니라"고 일언직하에 거부합니다. 그 이유로
"죄에 대하여 죽은 우리가 어찌 그 가운데 더 살리요"(6:2)라고 설명합
니다. 문제는 더욱 어려워진 듯이 여겨지는데 "죄에 대하여 죽은 우리"
라는 표현이 무슨 뜻인지 아시겠습니까? 이점을 말씀드리려는 것이
오늘 설교의 중심점입니다.

어떤 형제는 이렇게 묻고 싶을 것입니다. "목사님 저는 아직도 죄를
짓고 실수하고 넘어집니다. 그런데 죄에 대해서 죽었다니 무슨 뜻입
니까?" 이는 죄를 전연 짓지 않게 되었다는 뜻이 아닙니다. 이를 알기
위해서는 창세기 3장으로 가보아야만 합니다. "네가 먹는 날에는 반드
시 죽으리라"고 선언하셨습니다. 명령을 거역한 아담의 후손들은 말
씀하신 대로 하나님께 대하여 "죽었던" 것입니다.

성경이 말씀하는 "죽음"에는 육신의 죽음과 영적인 죽음과 영원한
죽음이 있습니다. 12절에 보면 "너희 죽을 몸"이라는 말이 나오는데 이
것이 육신의 죽음이요, "영적인 죽음"은 하나님과의 분리(分離)를 의
미합니다. 인류의 시조가 금령을 범함으로, "하나님께 대하여는 죽은

자요, 죄(罪)에 대하여는 산 자", 즉 생명에서 사망으로 옮겨진 자가 되었던 것입니다.

그러했던 자들이 예수 그리스도의 구속으로 말미암아, "죄에 대하여는 죽은 자요 하나님께 대하여는 산자"(11), 즉 "사망에서 생명으로 옮겨진 자들"(요 5:24)이 그리스도인들인 것입니다. 이점을 알아듣기 쉽도록 예표로 보여주신 것이 출애굽 당시 "홍해와, 요단강"을 건넌 사건입니다.

출애굽한 하나님의 백성들을 다시 사로잡기 위해서 바로는 홍해까지는 추격을 해왔습니다. 그러나 건너지는 못했던 것입니다. 하나님의 백성들은 홍해를 건넘으로 바로의 지배권(支配權)에서 완전히 벗어난 것입니다. 이점을 고린도전서에서는 "모세에게 속하여 다 구름과 바다에서 세례를 받고"(고전 10:2)라고 말씀하고, 본문 3절에서는 "무릇 그리스도 예수와 합하여 세례를 받은 우리는 그의 죽으심과 합하여 세례를 받은 줄을 알지 못하느냐"고 말씀합니다. 이렇게 해서 "죄에 대하여 죽은 자", 즉 "사망에서 생명"으로 옮겨진 것입니다.

이점을 더욱 상세하게 보여주는 것이 요단강을 건너 약속의 땅에 들어간 예표입니다. 하나님은, "요단 가운데 곧 언약궤를 멘 제사장들의 발이 선 곳에 돌 열둘을 세우고, 요단 가운데에서 돌 열둘을 취하여 자기들이 유숙할 곳"(수 4:8-9)인 약속의 땅에 세우라고 명하십니다.

이것이 무슨 의미인가? 하나님은, "내가 오늘 애굽의 수치를 너희에게서 떠나가게 하였다"(수 5:9)고 선언하십니다. 즉 바로의 노예였던 옛 사람은 요단강에 장사를 지내고 이제 새사람이 되었다는 뜻입니다.

이점을 사도 바울은, "그런즉 누구든지 그리스도 안에 있으면 새로운 피조물이라 이전 것은 지나갔으니 보라 새 것이 되었도다"(고후 5:17)고 해설해줍니다. 이스라엘 백성들은 4백년 동안 바로의 노예였습니다. 그런데 홍해를 건넘으로 바로의 지배에서 완전히 벗어나고 요단강을 건넘으로 옛사람을 홍해에 장사지내고 새사람이 되었는데 어떻게 예전의 노예처럼 행동할 수가 있단 말이냐? 이것이 "죄에 대하여 죽은 우리가 어찌 그 가운데 더 살리요"(6:2)의 뜻입니다. 이해가 되십니까?

ⓒ 이제 세 번째 중요한 질문을 하겠습니다. 예수 그리스도께서 어찌하여 십자가에 달려 죽으셔야만 했습니까? "한 사람이 모든 사람을 대신하여 죽었다"(고후 5:14)한, 우리 죄를 위해서 대신(代身) 죽으셨다는 것입니다. 그런데 여기 중요한 요점이 있는데, "대신 죽으셨다"는 대속교리는 "내가 피를 볼 때에 너희를 넘어가리니"(출 12:13)하신 하나님의 공의(公義)와 결부된다는 점입니다.

이를 이해하기 위해서는 로마서 3:26절을 보아야 합니다. "곧 이 때에"하는데 "이때"란 자기 아들을 십자가에 내어주신 때를 가리킵니다.

왜 내어주셔야만 했는가? "자기도 의로우시며 또한 예수 믿는 자를 의롭다 하려 하심이라"고 말씀합니다. 하나님은 우리 죄를 그냥 용서하실 수도 있으십니다. 그러나 "자기도 의로우시며"한 하나님의 공의(公義)가 용납하실 수가 없는 것입니다. 그래서 자기 아들을 우리 대신 죽음에 내어주시고 우리를 의롭다고 여겨주신 것입니다. 이런 맥락에서 대속교리는 하나님의 공의와 결부가 되는 것입니다.

㉣ 이제 네 번째 질문을 하게 되는데 그러면 주님이 십자가에 달리셨을 때 형제는 그때 어디에 있었느냐 하는 질문입니다. 찬송에 "거기 너 있었는가 그 때에"라는 가사가 있는데 형제는 그 때 어디에 있었습니까? 6절을 보십시오. "우리가 알거니와 우리의 옛 사람이 예수와 함께 십자가에 못 박혔다"고 말씀합니다. 이런 논리가 어떻게 성립이 되는가?

하나님께서 형제를 택하셔서, "그리스도 예수 안에 있게"(고전 1:30)하셨기 때문이라는 것입니다. 이점을 주님은, "그들은 아버지의 것이었는데", 즉 하나님께서 택하신 아버지의 것이었는데 "내게 주셨다"(요 17:6)고 말씀합니다. 하나님이 택하신 자들의 죄를 대속하라고 자기 아들에게 주셨다는 것입니다.

그러므로 복음진리는 예수 그리스도께서 우리 대신 죽으셨다는 것이 전부가 아닙니다. "우리의 옛 사람"이 그리스도 예수 안에서 "함께 십자가에 못 박히고(6), 함께 죽고(8), 함께 장사되었다가(4), 함께 살리심"(8)을 받았다는 데까지 나아가야만 하는 것입니다. 이처럼 십자가 사건은 주님께서 우리를 대신하여 죽으신 것만이 아니라, 아담 안에 있던 우리의 옛 사람이 "반드시 죽으리라"하신 대로 집행이 된 사건이라는 것입니다.

대 못은 예수 그리스도의 두 손과 양발에 박혔고, 창은 하나님의 아들의 옆구리에 박혔습니다. 그런데 그때 우리는 그리스도 안에 있었다는 것입니다. 이렇게 해서 "반드시 죽어야"하는 우리의 옛 사람이 그리스도 안에서 처리가 된 것입니다. 우리를 구원하시기 위해서 우리의 옛 사람을 이런 방도로 "죽임을 당하도록"(7:4) 고안해내신 것은 "하나님의 지혜"였던 것입니다.

현대교회 문제가 무엇인가? 대속교리만 내세운다는 점입니다. 그리하여 "나"라는 자아가 여전히 살아서 자기중심이라는 점에 있는 것입니다. "우리의 옛 사람이 예수와 함께 십자가에 못 박혀"(6:6) 죽었다는 "연합교리"(5)를 모르는데 있는 것입니다. "네가 먹는 날에는 반드시 죽으리라"(창 2:17), 즉 "죄의 삯은 사망이라"(롬 6:23)고 선언하신 대로 아담안에 있던 우리의 옛사람은 "반드시 죽어야"하는 것입니다. "대속교리"가 하나님의 공의와 결부가 되는 것이라면 "옛사람의 죽음"은 중생(重生), 성화, 헌신과 결부가 되는 것입니다.

그러므로 오늘 본문의 결론은, "이와 같이 너희도 너희 자신을 죄에 대하여는 죽은 자요 그리스도 예수 안에서 하나님께 대하여는 살아 있는 자로 여길지어다"(11)합니다. "여길 지어다"는 "간주하다, 계산하다"는 뜻으로써 어떤 체험적으로 이루어지는 것이 아닙니다. 하나님께서 자기 아들을 통해서 이루어 놓으신 객관적인 사실을 믿음으로 받아 드리는 것을 의미합니다. 장부에다 기록을 하듯 그렇게 "간주하라"는 뜻입니다.

또한 "여길 지어다"라는 말은 그렇게 되도록 "노력하라"는 뜻도 아닙니다. 예수 그리스도 안에서 이미 성취하여주신 사실을 자신의 것으로 받아드리라는 강력한 요청인 것입니다. 주먹에 힘이 쥐어지도록 내 것으로 여기라는 말씀입니다. 그래서 사도 비울은, "내기 그리스도와 함께 십자가에 못 박혔나니 그런즉 이제는 내가 사는 것이 아니요 오직 내 안에 그리스도께서 사시는 것이라"(갈 2:20)고 고백했던 것입니다.

이 말씀에 근거하여 루터는 말하기를 누군가 자신의 마음 문을 두드리면서 "이 집에 누가 살고 있습니까? 라고 묻는 다면 전에는 마틴 루터가 살고 있었는데 그 사람은 오래 전에 죽었고 이제는 예수 그리스도께서 살고 계십니다"라고 대답하리라고 말했던 것입니다. "나는 이미 죽었다"는 이런 고백이 있는 자만이 헌신과 성화의 삶을 살아갈 수가 있는 것입니다.

　이상 말씀 드린 것이 어렵게 여겨집니까? 바울은 골로새교회를 향해서도, "너희가 세례로 그리스도와 함께 장사되고 또 죽은 자들 가운데서 그를 일으키신 하나님의 역사를 믿음으로 말미암아 그 안에서 함께 일으키심을 받았느니라"(골 2:12)고 "옛사람"이 죽었다는 점을 강조합니다. 그런데 골로새 성도들은 바울의 얼굴도 모르는 자들(2:1)입니다. 그런 자들을 향해서, "그러므로 너희가 그리스도와 함께 다시 살리심을 받았으면 위의 것을 찾으라 거기는 그리스도께서 하나님 우편에 앉아 계시느니라 위의 것을 생각하고 땅의 것을 생각하지 말라 이는 너희가 죽었고 너희 생명이 그리스도와 함께 하나님 안에 감추어졌음이라"(골 3:1-3)고 권면합니다. 이처럼 우리 "옛 사람"이 죽었다는 연합교리는 그리스도인이라면 누구를 막론하고 확신하고 있어야 할 기독교의 기본진리인 것입니다.

　이런 기본진리가 어렵게 여겨진다는 것은 한국교회가 영적인 면에서 어린아이 상태라는 증거입니다. 이처럼 현대교회의 심각한 문제는 하나님의 아들이 우리를 "대신해서 죽으셨다"는 것만을 알고 "자신이 죽었다"는 것은 모르고 있다는 점입니다. 그리하여 여전히 "자기를 사랑하며 돈을 사랑하는"(딤후 3:2) 자기중심적인 신앙이 문제인 것입니다. 심지어 어떤 분은 "믿음으로 의롭다함을 얻는다"는 교리가 성도들의 윤리의식을 약화시킨 원인이라고 말하는데 이는 "내가 그리스도와 함께 십자가에 못 박혔나니 그런즉 이제는 내가 사는 것이 아니요 오직 내 안에 그리스도께서 사시는 것이라"(갈 2:20)한 고백도 연합교리도 모르기 때문입니다.

㉤ 이제 다섯 번째이자 마지막으로 묻습니다. 이처럼 "죄에 대하여 죽은 우리"가 여전히 죄 가운데 머물러 있을 수가 있단 말입니까? 이것이 "죄에 대하여 죽고 하나님께 대하여 산 자"입니다.

> 구주와 함께 나 죽었으니 구주와 함께 나 살았도다
> 영광의 그날이 이르도록 언제나 주만 바라봅니다
> 언제나 주는 날 사랑하사 언제나 새생명주시니니
> 영광의 기약이 이르도록 언제나 주만 바라봅니다. (407장)

로마서 7:1-6절 분석도표

주제 : 율법으로 섬기는 삶과 영으로 섬기는 삶

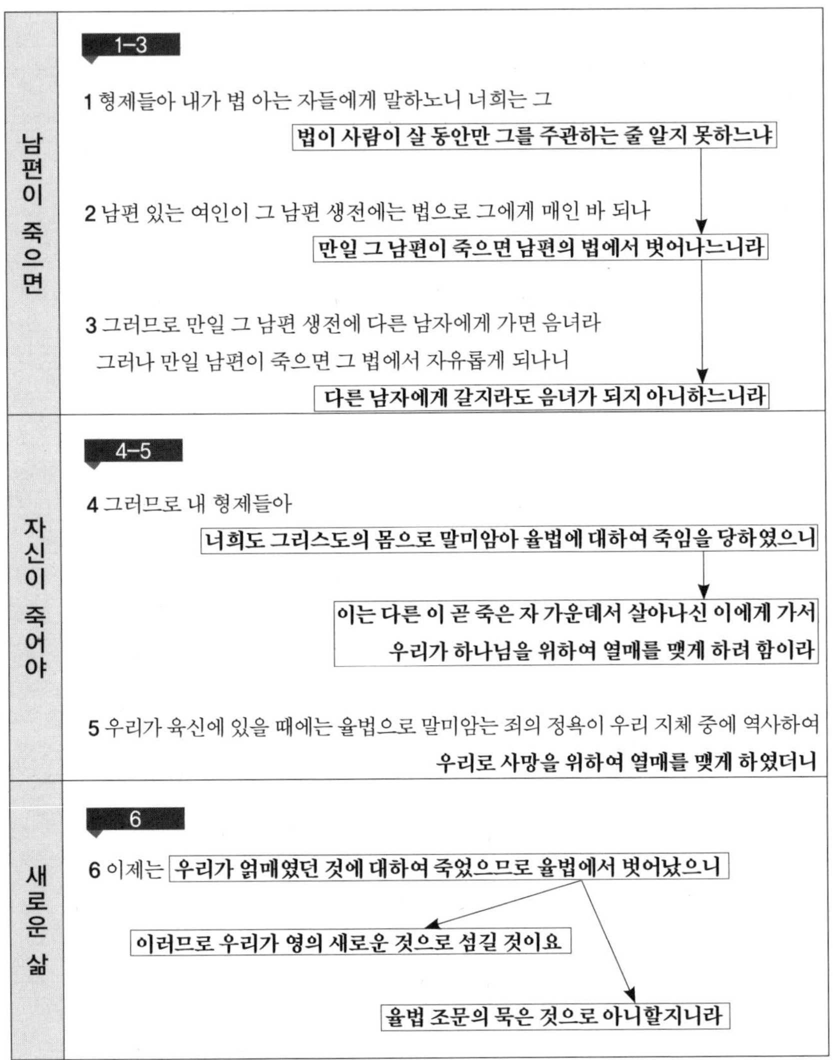

율법으로 섬기는 삶과 영으로 섬기는 삶

설교 작성 노트

어느 시대를 막론하고 "복음"은 두 극단의 위험에 직면하게 되는데 "율법주의와, 율법폐기론"이 그것이다. 6장은 "그런즉 우리가 무슨 말을 하리요 은혜를 더하게 하려고 죄에 거하겠느냐"(1), 즉 죄를 지어도 괜찮단 말이냐? 하고 율법폐기론 자들을 염두에 두고 복음을 논증한 내용이다.

그런데 7장은 "형제들아 내가 법 아는 자들에게 말하노니 너희는 그 법이 사람이 살 동안만 그를 주관하는 줄 알지 못하느냐"(7:1)고 또 다른 극단인 "율법주의자"를 염두에 둔 논증이다. 만일 율법의 주관 하에 있게 되면 어떻게 되는 줄 아느냐? "오호라 나는 곤고한 사람이로다 이 사망의 몸에서 누가 나를 건져내랴"(24)고 부르짖게 된다는 것이다.

그러면 어떻게 해야 한단 말인가? "영의 새로운 것으로 섬길 것이요 율법 조문의 묵은 것으로 아니할 지니라"(6)고 말씀한다. 이를 증언하려는 것이 내용목적이다. 그리고 어떻게 하는 것이 "영의 새로운 것으로 섬기는 것"인가 하는 여기에 적용목적이 있다 하겠다.

강론

로마서 7장은 해석상 논란이 많은 장입니다. 7장중에서도 14절 이하의 사람, 즉 "나는 육신에 속하여 죄 아래 팔렸도다… 원하는 것은 행하지 아니하고 도리어 미워하는 것을 행함이라… 오호라 나는 곤고한 사람이로다 이 사망의 몸에서 누가 나를 건져내랴"고 탄식하고 있는 "나"라는 이 사람이 누구냐 하는 점입니다.

7장의 "나"라는 사람이 바울 자신이냐 아니냐? 바울의 경험이라면 현재의 일이냐? 아니면 바리새인 당시의 상태인가? 7장의 사람은 중생한 사람이냐? 아니냐? 거듭난 사람이라면 영적으로 어린 상태냐? 성숙한 사람이냐는 등 많은 궁금증을 유발하게 합니다. 그런데 바울 사도가 7장을 통해서 말씀하고자 한 중심주제는 이런 것들이 아닌 것입니다.

어느 시대를 막론하고 "복음"은 두 가지 극단에 빠질 위험을 안고 있는데 "율법주의와, 율법폐기론"이 그것입니다. "율법 폐기론"이란 "구원은 믿음으로 받는 것이기 때문에 행함은 중요하지 않다"고 말하는 자들이요, 반면 "율법주의"는 행함을 강조함으로 믿음으로 의롭다함을 얻는다는 자유함과 복음의 영광스러움을 말살함으로 성도들을 정죄감에 빠지게 합니다.

이런 맥락에서 7장을 해석하는 열쇠는 "이제는 우리가 얽매였던 것에 대하여 죽었으므로 율법에서 벗어났으니 이러므로 우리가 영의 새로운 것으로 섬길 것이요 율법 조문의 묵은 것으로 아니 할지니라"한 6절입니다.

6절은 3마디로 되어 있는데 ㉠ 우리는 율법에 대하여 "죽었다", ㉡ 그러므로 "율법 조문의 묵은 것으로" 섬기는 것이 아니다, ㉢ "영의 새로운 것"으로 섬겨야 한다는 말씀입니다. 7장은 다름 아닌 "율법 조문의 묵은 것"으로 섬기려는 삶을 묘사하고 있고 이어지는 8장은, "영의 새로운 것으로 섬기는" 삶의 환희와 승리를 진술하고 있는 것입니다. 그러면 "율법에 대하여 죽었다"는 것이 무엇을 뜻하는 것이며, 영의 새로운 것으로 섬기는"것이 어떻게 해서 가능해졌는가 하는 점입니다.

① 먼저 "우리가 율법에 대하여 "죽었다"는 점부터 생각해보겠습니다. 7장은, "형제들아 내가 법 아는 자들에게 말하노니 너희는 그 법이 사람이 살 동안만 그를 주관하는 줄 알지 못하느냐"(1)고 시작됩니다. "법"이란 사람이 "살 동안만 주관(主管)한다"는 점을 유념하시기를 바랍니다.

이점을 알아듣기 쉽도록 예를 들기를, "남편 있는 여인이 그 남편 생전에는 법으로 그에게 매인바 되나 만일 그 남편이 죽으면 남편의 법에서 벗어나느니라"(2)고, 율법과 우리와의 관계를 부부(夫婦)관계에 비유해서 설명을 합니다.

"율법"이라는 남편을 섬기면서 살아가고 있는 한 여인이 있습니다. 율법이라는 남편은 완전무결(完全無缺)할 것을 요구합니다. 그리하여 모든 일을 법대로만 처리할 뿐, 실수에 대해서 추호도 관용할 줄을 모릅니다. 여인은 아무리 노력하고 애를 써도 남편의 요구에 100% 만족을 주지 못합니다. 그래서 늘 정죄(定罪)감과 공포 속에 살아가고 있습니다. 그러면 어떻게 하면 "율법"이라는 남편의 속박에서 자유할 수가 있단 말인가? "남편이 죽으면 그 법에서 자유(自由)롭게 되나니"(3하)합니다.

그런데 4절에 보면, "그러므로 내 형제들아 너희도 그리스도의 몸으로 말미암아 율법에 대하여 죽임을 당하였으니"(4상)하고, 죽는 것은 남편이 아니라 여인 자신임을 보게 됩니다. 왜냐하면 "율법"은 결코 죽지 아니함, 즉 폐하여지지 않기 때문입니다.

이점을 주님은 천지가 없어지기 전에는 율법(律法)의 일점일획도 폐하여지지 아니한다고 말씀하십니다. 그러므로 율법에서 자유 함을 얻으려면 나 자신(自身)이 죽는 길 밖에는 다른 방도가 없다는 것입니다. 이것이 율법 하에 있던 우리의 처지라는 것입니다.

그러면 우리가 율법에 대하여 어떤 방도로 죽었단 말인가 하는 점입니다. "그리스도의 몸으로 말미암아" 율법에 대하여 죽임을 당하였다(4중)고 대답합니다. 무슨 뜻입니까? 십자가 형틀에 달리신 분은 그리스도의 몸이요, 대못은 그리스도의 수족에 박히고 그리스도의 몸이 창에 찔림을 당하셨습니다. 그런데 형제여, 그때 형제는 그리스도 안에 있었다는 것입니다.

그러므로 6장에서 말씀한 대로, "우리의 옛 사람이 예수와 함께 십자가에 못 박히고(6:6), 함께 죽고(8), 함께 장사되었다가(4), 함께 살리심"(8)을 받았다는 것입니다. 이는 하나님이 고안해내신 최고의 지혜요, 신비인데, 이런 방도로 반드시 죽어야 할 우리의 "옛사람"을 청산하게 하신 분은 하나님이시라는 점입니다. 이것이 "그리스도의 몸으로 말미암아 죽임을 당했다"는 뜻입니다.

② 이제는 "영의 새로운 것"으로 섬기는 것이 어떻게 해서 가능해졌는가를 살펴보게 되었습니다. "율법에 대하여 죽임을 당함"(4)으로 "이제는 우리가 얽매였던 것에 대하여 죽었으므로 율법에서 벗어났으니 이러므로 율법 조문의 묵은 것으로 아니하고, 영의 새로운 것으로 섬기게"(6)되었다는 것입니다. 사도는 "율법 조문과 영(靈), 묵은 것과 새로운 것"을 대조해서 진술하고 있는데 이는 로마서만의 원리가 아닙니다. 복음서에 나타난 갈등과 저항도 "묵은 것과, 새로운 것"의 충

돌이었던 것입니다. 그래서 주님은 "새 포도주는 새 부대에 넣어야 할 것이니라"(눅 5:38)하셨습니다.

사도 바울이 가는 곳마다 무엇 때문에 유대주의자들로부터 박해를 당했습니까? 이는 "율법 조문의 묵은 것을, 영의 새로운 것"으로 개혁(改革)하려(히 9:10)했기 때문입니다. 그래서 "내가 지금까지 할례를 전하면 어찌하여 지금까지 핍박을 받으리요"(갈 5:11)한 것입니다.

이처럼 "그리스도의 몸으로 말미암아" 죽음으로 율법의 속박에서 벗어난 여인은 그 후에 어떻게 되었는가? "다른 이 곧 죽은 자 가운데서 살아나신 이에게 가서"(4중), 즉 예수 그리스도를 신랑으로 맞이하게 되었다는 것입니다.

이처럼 "주와 합하여 한 영을 이룬 자들"은 결혼한 자들이 자녀를 생산(生産)하듯이 "하나님을 위하여 열매를 맺히게 하려 함이니라"(4하)고 말씀합니다. 이는 주님께서, "나는 포도나무요 너희는 가지라 그가 내 안에, 내가 그 안에 거하면 사람이 열매를 많이 맺나니 나를 떠나서는 너희가 아무 것도 할 수 없음이라"(요 15:5)하심과 같은 뜻입니다. 무슨 열매인가? 6:22절에서 말씀하는 "거룩함에 이르는 열매", 곧 성화의 삶입니다.

③ 그런 후에 사도는 7:7-24절을 통해서 "율법 조문의 묵은 것"으로 섬기려 한다면 어떻게 되는 줄 아느냐고 율법의 주관 하에 있는 자의

상태를 진술합니다. 바울 자신도 전에는 "율법의 의로는 흠이 없는 자라"(빌 3:6)고 말했던 율법주의(律法主義)자였습니다. 그러했던 바울이 어떻게 해서 율법의 행위로는 의롭다함을 얻을 수 없다는 자력구원의 불가능성을 깨닫게 되었는가?

"전에 율법을 깨닫지 못했을 때에는 내가 살았더니 계명이 이르매 죄는 살아나고 나는 죽었도다"(9)고 말합니다. "내가 살았더니"라는 뜻은 "율법의 의로는 흠이 없는 자"인 줄로 알았다는 뜻입니다.

그런 바울에게 "계명이 이르매 죄는 살아나고 나는 죽었도다"고 진술합니다. 그러면 바울에게 "이르렀다"(照明)는 계명은 어느 계명인가? "곧 율법이 탐내지 말라 하지 아니하였더라면 내가 탐심을 알지 못하였으리라"(7)합니다. 형제는 "탐내지 말라"는 계명이 십계명 중 몇 번째 계명인지 아십니까? 마지막 계명입니다. 이를 통해서 "탐심"(貪心)을 알게 되었고, 율법의 정신이 마음의 문제임을 깨닫게 되었다는 것입니다.

그렇습니다. 주님은 "간음하지 말라 하였다는 것을 너희가 들었으나" 잘못 가르치고 잘못 배웠다고 말씀하십니다. "나는 너희에게 이르노니 음욕(淫慾)을 품고 여자를 보는 자마다 마음에 이미 간음하였느니라"(마 5:27-28)고 율법의 정신이 마음의 문제임을 지적하셨습니다.

"죄"가 마음의 문제임을 깨달은 바울은 "마음과 생각"으로도 죄를 범하지 않으려고 몸부림을 칩니다. 그런데 "내가 원하는 바 선은 행하지 아니하고 도리어 원하지 아니하는바 악을 행하는"(19) 자신을 보게 됩니다. "만일 내가 원하지 아니하는 그것을 하면 이를 행하는 자는 내가 아니요 내 속에 거하는 죄니라"(20)합니다.

23절에는 죄와 싸우는 장면이 있는데 "내 마음의 법과 싸워 내 지체 속에 있는 죄의 법으로 나를 사로잡는 것을 보는도다", 즉 죄와 싸우면 승리하는 것이 아니라 번번이 생포를 당하는 편은 자신이었다고 진술합니다.

형제도 "마음과 생각"으로도 죄를 범하지 않으려고 이처럼 처절한 싸움을 싸워본 경험이 있습니까? 그런 후에 복음을 만났습니까? 바울은 이런 경험을 통해서 자신 속의 탐심인 살인, 간음, 도적질과 같은 "죄들"만을 깨달은 것이 아니라 "자신이 "죄 아래에 팔린 자"(14)라는 죄의 본질(本質)을 깨닫게 되었던 것입니다. 그렇습니다. 죄 아래 팔린 자는 자신이 원하지 않는 일도 할 수밖에 없는 죄의 노예인 것입니다.

주님은 "우리가 아브라함의 자손이라 남의 종이 된 적이 없거늘 어찌하여 우리가 자유롭게 되리라 하느냐"는 율법주의자들을 향해서 "진실로 진실로 너희에게 이르노니 죄를 범하는 자마다 죄의 종이라"(요 8:34)고 지적하셨습니다.

결론은 "율법 조문의 묵은 것"으로 섬기려한다면, "오호라 나는 곤고한 사람이로다 이 사망의 몸에서 누가 나를 건져내랴"(24)는 절망에 빠지게 된다는 것이 7장을 통해서 말씀하려는 중심주제인 것입니다.

7장 안에는 "나 또는 내가"라는 말이 22번이나 등장하고 8장에는 "영"이 21번 등장합니다. 7장의 "나"는 자신의 힘으로 율법을 행함으로 의롭다함을 얻으려는 자요, 8장의 사람은 "영으로써 몸의 행실을 죽이면 살리니"(8:13)한 "성령"의 도우심으로 성화의 삶을 살려는 사람입니다.

형제여, 율법이라는 남편은 우리를 정죄할 뿐 의롭다고 여겨주지를 못합니다. 우리를 구원하지 못하는 것만이 아니라, "거룩함에 이르는" 성화라는 열매도 맺게 해주지를 못합니다. 칭의 뿐만 아니라 성화까지도 "영의 새로운 것", 즉 복음으로만이 가능하여진다는 점을 명심하십시다.

그러면 "영의 새로운 것으로 섬기는 삶"이란 구체적으로 어떻게 하는 것인가 하는 점입니다. 여기에는 3가지 요점이 있습니다.

㉠ 첫째 요점으로, 구약시대에는 하나님의 영광이 모세의 성막(聖幕)과, 솔로몬의 성전(聖殿)에 충만(출 40:34-35, 대하 7:1-2)했었습니다. 그런데 신약시대 오순절에 강림한 성령은 다락방에 충만한 것이 아니라, 120문도에게 충만했다는 점입니다. 어떤 차이인가? 예수 그리스도의 구속으로 말미암아 성도들의 몸이 하나님의 성전(聖殿)이 되었기 때문입니다. 그리하여 하나님의 성령이 성도들 안에 내주(內

住)하시게 된 것입니다. 그래서 영의 새로운 것으로 섬길 수가 있게 된 것입니다.

ⓛ 둘째 요점으로, 옛 언약은 돌비에 기록되었으나 새 언약은 "오직 육의 마음 판에 쓴 것이라"(고후 3:3)고 말씀합니다. "내 법을 그들의 생각에 두고 그들의 마음에 이것을 기록하리라"(히 8:10, 10:16)하십니다. 그러면 말씀을 "생각과, 마음"에 기록한다는 의도가 무엇인가? 마음과 생각이 "말씀"에 의하여 지배를 받게 하기 위해서입니다. 이것이 "영의 새로운 것으로 섬기는 삶"인 것입니다.

이점에서 "성령의 내주(內住)와, 새 언약을 마음에 기록한다"는 두 가지 요점은 불가분의 관계라는 점입니다. 왜냐하면 성경을 기록하게 하신 분도 성령님이며, 성도들의 마음 판에 새 언약을 기록하게 하시는 분도 "오직 살아 계신 하나님의 영으로 쓴 것이라"한 성령님이시기 때문입니다. 그리고 내주하시는 성령께서는 마음에 기록된 말씀을 통해서 인도하시기 때문입니다.

ⓒ 그러므로 셋째 요점은, "육신을 따르는 자는 육신의 일을, 영을 따르는 자는 영의 일을 생각하나니"(8:5)한 "생각"이 무엇에 의하여 지배를 받느냐 하는 점이 중요합니다. "육신을 따르는 자"란 거듭나지 못한 자연인이요, "영을 따르는 자"는 성령으로 거듭난 자를 가리키는데

신자와 불신자가 무엇에 의해 구별(區別)이 되는가? "생각", 즉 사상, 인생관, 가치관이 다르다는 것입니다.

그러므로 "육신의 소욕을 따르느냐? 성령의 소욕을 따르느냐"(갈 5:16)가 중요합니다. 사도는 "이 둘이 서로 대적함으로 너희가 원하는 것을 하지 못하게 하려 함이니라"(갈 5:17)합니다. 그러므로 "성령의 소욕"을 따르기 위한 중요한 비결은 "묵상"(黙想)입니다. 성령으로 거듭나고, 마음 판에 말씀이 기록이 되었다 하여도 묵상하지 않으면 별로 힘이 되지를 못합니다. 때마다 일마다 내주(內住)하시는 성령께서는 마음에 기록이 된 새 언약, 즉 하나님의 사랑, 은혜, 복음을 생각나게 하심으로 인도하십니다.

결론적으로 "마음과 생각"을 빼앗기지 아니하는 것이 "영의 새로운 것으로 섬기는" 비결(秘訣)입니다. 그래서 바울은 "그리하면 모든 지각에 뛰어난 하나님의 평강이 그리스도 예수 안에서 너희 마음과 생각을 지키시리라"(빌 4:7)고 말씀하고 잠언에서는, "모든 지킬 만한 것 중에 더욱 네 마음을 지키라 생명의 근원이 이에서 남이니라"(잠 4:23)고 권면합니다.

그러므로 "율법 조문의 묵은 것으로" 섬기는 삶은 형벌이 두려워서 마지못해 복종하는 태도라면, "영의 새로운 것"으로 섬기는 삶은 하나님의 사랑과 은혜에 대한 감사하는 마음에서 우러나오는 자원하는 순종의 삶인 것입니다. 다시 말하면 형벌이 두려워서 죄를 범하지 않는 것이 아니라, "하나님이 우리를 사랑하사 우리 죄를 속하기 위하여 화목제물로 그 아들을 보내셨음이라"(요일 4:10)한 "사랑"에 대하여 죄를 범할 수가 없기 때문인 것입니다. 다시 말해서 "그리스도의 사랑이 우리를 강권하시는도다"(고후 5:14)한, 사랑의 이끌림을 받는 이것이 영의 새로운 것으로 섬기는 원동력(原動力)인 것입니다.

㉠ 의문으로 섬기는 자는 자기 힘으로 행하려하나, 영으로 섬기는 사람은 "성령도 우리의 연약함을 도우시나니"(8:26)한 내주하시는 성령님의 도우심을 구합니다.

㉡ 의문으로 섬기는 사람은 그가 실수하고 넘어졌을 때에, 그를 용서해 주고 위로해 주며 기름으로 유하게 하며 싸매어줄 이가 없으나, 영으로 섬기는 사람은 "만일 누가 죄를 범하면 아버지 앞에서 우리에게 대언자가 있으니 곧 의로우신 예수 그리스도시라"(요일 2:1)합니다.

㉢ 의문의 사람은 형벌이 두려워서 눈가림을 하듯 법을 지키려하나, 영의 사람은 나를 위하여 죽으시고 다시 사신 주님을 기쁘시게 하고, 자기 안에 내주하시는 성령을 근심시켜 드리지 않기를 사모합니다.

㉣ 의문으로 섬기려는 자는 자신이 벌을 받고 손해가 있을까를 염

려하는 자이나, 영으로 섬기는 자는 하나님의 가문에 누를 끼치고 거룩하신 주의 이름에 모독을 돌리게 됨을 가슴 아파 합니다. 한마디로 죄가 나를 유혹할 때 하나님의 사랑과 주님의 은혜를 생각하는 것이 "영의 새로운 것으로 섬기는" 비결입니다.

형제여, 나무는 자라는 것이 보이지 않지만 성장하듯이 성화의 삶은 하루아침에 이루어지는 것이 아닙니다. 영의 새로운 것으로 섬기는 삶이란 날마다 "영으로써 몸의 행실을 죽이는"(8:13), 즉 육체의 소욕을 쳐서 복종시키는 삶이라는 점을 명심하십시다. 이것이 "율법으로 섬기는 삶과 영으로 섬기는 삶"입니다.

주 모습 내 눈에 안 보이며
그 음성 내 귀에 안 들려도
내 영혼 날마다 주를 만나
신령한 말씀 늘 배우도다
주님의 마음 본받아 살면서
그 거룩하심 나도 이루리 (455장)

로마서 8:5-9, 29-30절 분석도표

주제 : 칭의와 성화, 성화와 영화

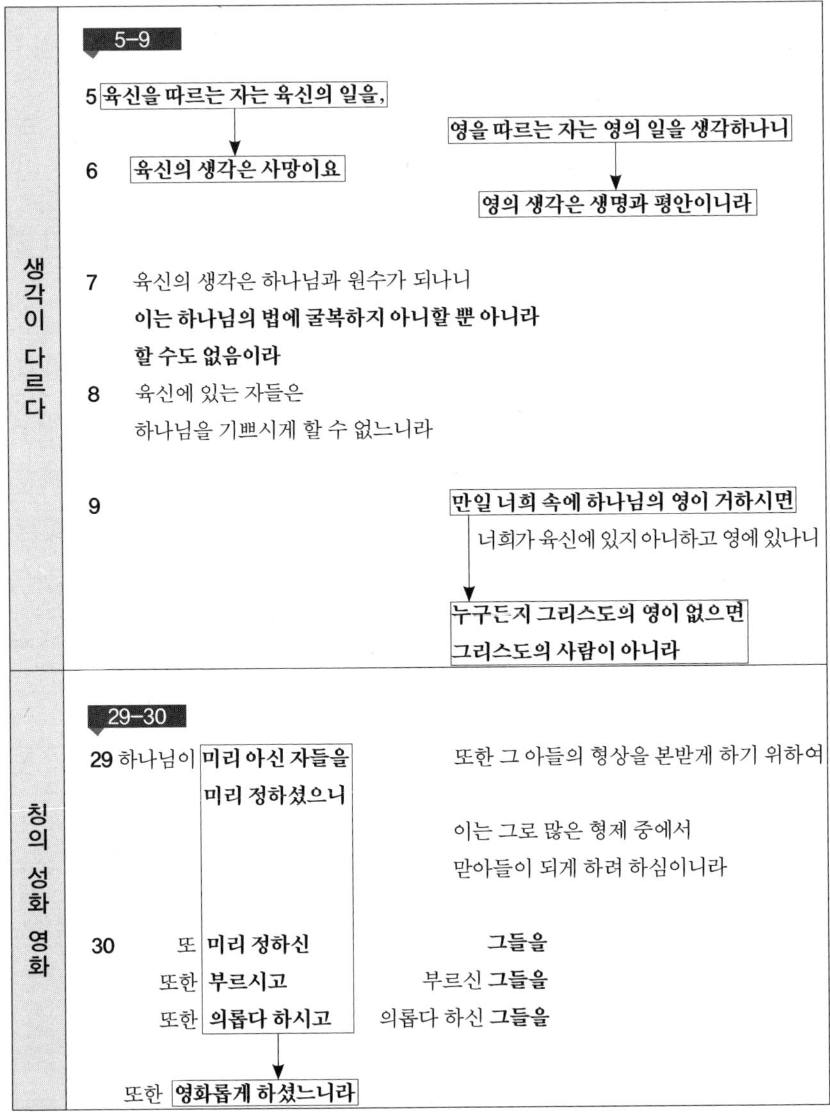

칭의와 성화, 성화와 영화

설교 작성 노트

불신 세계가 기독교를 바라보는 잣대는 교리, 즉 복음진리에는 관심이 없다. 오직 믿는 자들의 도덕성 윤리적 수준에 관심이 있을 뿐이다. 문제는 목회자들도 복음진리에는 관심이 없고 윤리, 즉 성도들의 삶이 변하지 않는다고 고민하는 것이 아닌지 의심스럽다. 그러면 믿는 자들이 "성화"되지 않는 원인이 어디에 있는가를 궁구해야 마땅하리라. 복음을 떠난 성화는 없다. 그런데 정작 황금고리라고 말하는 본문(29-30)에는 "성화"라는 고리가 없다. 그러면 "성화"는 어떻게 다루어야 하는가? 이를 증언하려는 것이 내용목적이다.

사도 바울은 성화의 비결로 "너희가 육신대로 살면 반드시 죽을 것이로되 영으로써 몸의 행실을 죽이면 살리니"(13)라고 말씀한다. 그러면 어떻게 하는 것이 "영으로써 몸의 행실을 죽이는 것"인가? 여기에 적용목적이 있다 하겠다.

강론

중국 각지를 여행하다 보면 도처에 "사회주의의 핵심가치"라는 선전 문구가 눈에 띄는데 핵심가치로 열 가지 정도를 들고 있습니다. 이를 보면서 그렇다면 "기독교의 핵심가치(價値)는 무엇인가"라고 묻게 됩니다. 태초에 하나님은, "우리의 형상을 따라 우리의 모양대로 우리가 사람을 만들고 그들로 바다의 물고기와 하늘의 새와 가축과 온 땅과 땅에 기는 모든 것을 다스리게 하자"(창 1:26)하셨습니다. "형상"이란 외면적인 것이 아니라 "의로우신 하나님, 사랑의 하나님" 등 내면적인 성품을 가리킵니다. 그런데 타락으로 말미암아 이를 상실한 것입니다.

구원이란 무엇인가? 하나님과의 관계가 회복되는 것이요, 하나님의 형상을 닮아가는 것입니다. 본문 9절에서는 "그 아들의 형상을 본받게 하기 위하여 미리 정하셨다"고 말씀합니다. 그러므로 주님은 "하늘에 계신 너희 아버지의 온전하심과 같이 너희도 온전하라"(마 5:48) 말씀하고, 사도 바울은 "그러므로 사랑을 받는 자녀 같이 너희는 하나님을 본받는 자가 되라"(엡 5:1)고 말씀합니다. 왜냐하면 "아버지와 자녀"는 닮음의 관계이기 때문입니다.

주님은 "이같이 너희 빛이 사람 앞에 비치게 하여 그들로 너희 착한 행실을 보고 하늘에 계신 너희 아버지께 영광을 돌리게 하라"(마 5:16) 하십니다. 그래서 "성도는 불신자의 성경이라"고 말하는 것입니다. 그런데 오늘의 실정은 불신자들로 하여금 믿는 우리를 통해서 하나님을 볼 수 있게 하는 것이 아니라 역기능으로, "하나님의 이름이 너희 때문에 이방인 중에서 모독을 받는다"(롬 2:24)는 것이 현실입니다.

한국교회만큼 모이기에 힘쓰고 많은 설교를 "전하고 듣는" 나라가 달리는 없을 것입니다. 그럼에도 불구하고 한국교회의 윤리수준은 본받을만한 것이 되지 못하고 있습니다. 그래서 목회자들의 공통된 고민은 "성도들이 변하지 않는다"는 것입니다. 그러면 목회자는 변하고 있는가라고 묻고 싶습니다. 그 원인이 어디에 있을까요?

본문 로마서 8:29-30절에는 "황금 고리"라 말하는 5개의 고리가 있습니다. "미리 아심, 미리 정하심, 부르심, 의롭다하심, 영화롭게 하심"이 그것입니다. 그런데 주목하게 되는 것은 그토록 관심하고 있는 "성화 고리"가 없다는 점입니다. 왜 그런가? 만일 성화 고리가 끼어 있다면 "성화"(聖化)로 하나님 앞에 옳다 인정함을 받을 사람은 한 사람도 없을 것입니다. 그리하여 구원을 얻으려고 예수를 믿는 모든 자들이 "성화 고리"에서 탈락하게 되고 말 것입니다. 그래서 황금 고리는 "끊어지는 고리"가 되어 구원에 이를 자가 한 사람도 없게 될 것입니다.

이는 무엇을 말해주느냐 하면 우리가 얼마나 타락하고 부패해졌는가 하는 죄의 사악 성을 말해줍니다. 이점을 다윗은, "내가 죄악 중에서 출생하였음이여 어머니가 죄 중에서 나를 잉태하였나이다"(시 51:5)고 고백합니다. 다윗만 "죄악 중에 출생한 자"이겠습니까? 죄를 지어서 죄인이 아니라 죄악 중에 출생했기 때문에 죄를 지을 수밖에 없는 것입니다. 이처럼 전적무능하다는 우리의 연약을 아시고 "성화 고리"를 독립적으로 두지 않으신 하나님을 찬양해야합니다.

그러나 동시에 "성화"가 숨은 그림처럼 "의롭다하심과, 영화롭게 하심" 양쪽 고리에 걸려 있다는 점을 명심해야만 합니다. 본문 30절의 구조를 주목해보시면 "미리 정하시고…부르시고…의롭다 하시고…영화롭게 하셨다", 즉 형제를 역사 이전에 택하시고 역사 속에서 부르셔서 의롭다고 여겨주셨다는 것입니다. 우리는 "의롭다 하심"까지 와 있습니다.

그러면 하나님께서 우리를 "의롭다고 여겨주시는 것"이 어떻게 해서 가능해졌는지 형제는 말해줄 수가 있습니까? 사도는 "그리스도 예수 안에 있는 속량으로 말미암아 하나님의 은혜로 값없이 의롭다 하심을 얻은 자 되었느니라"(3:24)고 말씀합니다. "속량"이란 대신 죽어주셨음을 의미합니다. 왜냐하면 "죄의 삯은 사망"이기 때문입니다. 그러면 형제의 죄를 대속해주신 분이 누구인지 아십니까?

하나님께서 "형제의 죄를 형제에게 돌리지 아니하시고", 즉 네 죄를 네가 채임을 지라 하시지 않으시고 "죄를 알지도 못하신" 자기 아들에게 우리를 대신하여 죄로 삼으셨다는 것입니다. 이것이 십자가 사건입니다. 이렇게 하시고 "하나님의 의가 되게 하려 하심이라"(고후 5:19, 21), 즉 형제를 의롭다고 여겨주셨다는 것입니다.

그래도 실감하지를 못할 것입니다. 창세기에 보면 "내가 벗었으므로 두려워하여 숨었나이다"하는 아담 하와에게 하나님께서 "아담과 그의 아내를 위하여 가죽옷을 지어 입히시니라"(창 3:21)고 말씀합니다. 죄는 아담 하와가 범했는데 그들의 벌거벗은 수치를 가려주기 위해서 죄 없는 양이 죽은 셈입니다.

이처럼 자기 아들을 십자가에 못을 박으시고 그 가죽을 벗겨 형제에게 "가죽옷", 즉 의롭다고 여겨주셨다는 것이 "그리스도 예수 안에 있는 속량으로 말미암아 의롭다 하심을 얻었다"(롬 3:24)는 칭의입니다. 이를 알고 믿는 자라면 그 "의의 옷"을 다시 더럽힐 수가 있단 말입니까?

요한복음 8장에는 이에 도움을 주는 장면이 있습니다. 서기관들과 바리새인들이 음행 중에 잡힌 여자를 끌고 와서 주님께 "이 여자가 간음하다가 현장에서 잡혔나이다 모세는 율법에 이러한 여자를 돌로 치라 명하였거니와 선생은 어떻게 말하겠나이까"(3-5)하는 장면이 있습니다.

그런데 주님은 "나도 너를 정죄하지 아니하노니 가서 다시는 죄를 범하지 말라"(11)고 말씀하시는 것이 아닌가? 누명을 쓴 여자가 아니라 명백한 현행범인데 의로우신 주님께서 어떻게 "정죄하지 아니 한다"하시는가? 주님은 모세의 율법을 폐하신단 말입니까?

아닙니다. 주님은 그 여자와 우리의 죄를 위해서 대신 정죄(定罪)를 받으러 오셨기 때문에 "정죄하지 아니하노니"가 가능한 것입니다. 이 점을 사도 바울은 "율법이 육신으로 말미암아 연약하여 할 수 없는 그것을 하나님은 하시나니 곧 죄로 말미암아 자기 아들을 죄 있는 육신의 모양으로 보내어 육신에 죄를 정하사", 즉 자기 아들에게 대신 정죄하심으로 "율법의 요구가 이루어지게 하려 하심이니라"(롬 8:3-4)고 말씀합니다.

그 여자가 주님을 만나지 못했다면 틀림없이 돌에 맞아 죽었을 것입니다. 우리도 마찬가지입니다. 주님은 "다시는 죄를 범하지 말라"하시면서 무죄 석방하셨는데 형제가 그 여자였다면 그 후의 삶이 어떻게 변화되었으리라고 여겨지십니까?

율법은 구원만 주지 못한 것이 아니라 "성화"도 주지 못한다는 점을 인식해야만 합니다. 구약의 성도들은 율법을 행함으로 의롭다함을 얻지 못했습니다. 그러면 신약의 성도들은 "교훈"(敎訓)을 지킴으로 의롭다함을 얻을 수가 있단 말입니까? 성화는 신약적인 율법인 "교훈"만으로는 불가능하다는 점을 인식해야합니다.

간음한 자, 심지어 안식일을 범한 자는 돌로 쳐서 죽이라는 율법은 두렵고 무섭습니다. 그러나 형제여, 하나님의 아들이 나 같은 죄인을 위하여 대신 죽어주셨다는 복음의 능력은 율법보다 더욱 강한 것입니다. 아가서 8:6절은 "사랑은 죽음 같이 강하다"고 말씀합니다. 그 사랑이 우리를 대신해서 십자가를 담당하게 하셨습니다. 바울은 "그리스도의 사랑이 우리를 강권하시는도다"(고후 5:14), 즉 잡아당긴다고 말씀합니다. 이 사랑의 강권만이 순교도, 성화도 가능하게 합니다.

그런데 "의롭다하심"이 끝이 아닙니다. 다시 30절을 보시면, "의롭다하시고 영화롭게 하셨나니라"고 말씀합니다. 우리는 지금 "의롭다하심"까지 와 있고 "영화롭게 하실 것"은 미래에 이루어질 일입니다. 그런데 본문은 "영화롭게 하셨나니라"고 이미 받은 과거시제로 말씀한다는 점입니다. 여기에는 두 가지 의도가 있는 것으로 여겨지는데 첫째는, 전능하신 하나님께서 이루어나가시는 것이기에 받은 것이나 다름이 없기 때문입니다.

둘째로, "영화"란 "우리의 낮은 몸을 자기 영광의 몸의 형체와 같이 변하게"(빌 3:21)하시는 것을 가리킵니다. 그러면 형제는 "영화"가 이미 이루어진 것이나 다름이 없는 기정사실로 믿고 있습니까? 이를 믿는 자는 어떤 삶을 살아야 마땅한가 하는 동기를 부여하기 위해서 "영화롭게 하셨느니라"고 말씀하는 것입니다. 요한 사도는 "주를 향하여 이 소망을 가진 자마다 그의 깨끗하심과 같이 자기를 깨끗하게 하느니라"(요일 3:3)고 말씀합니다.

구약과 신약의 차이가 무엇입니까? 옛 언약은 돌비에 기록이 되었으나 새 언약, 즉 십자가 복음은 "그들의 생각에 두고 그들의 마음에 이것을 기록하리라"(히 8:10)하십니다. 또 있습니다. "또 다른 보혜사(성령)를 너희에게 주사 영원토록 너희와 함께 있게 하시고, 또 너희 속에 계시겠음이라"(요 14: 16, 17)하십니다. 성령의 내주하심과 마음과 생각에 새 언약, 즉 복음이 기록되었느냐 이부는 성화를 위한 사활적으로 중요한 요점입니다.

본문 5절에는, "육신을 따르는 자와, 영을 따르는 자"가 있습니다. "육신을 따르는 자"란 거듭나지 못한 자연인을 가리키고 "영을 따르는 자"는 거듭난 그리스도인을 가리킵니다. 그리고 "육신에 있는 자들은 하나님을 기쁘시게 할 수 없느니라"합니다. 왜냐하면 "이는 하나님의 법에 굴복하지 아니할 뿐 아니라 할 수도 없음이라"(롬 8:8, 7), 즉 성화의 삶을 살 능력도 없기 때문이라는 것입니다.

본문 5-7절을 통해서 강조하고 있는 주제가 무엇인가를 보십시오. 세 절 속에 4번 등장하는 "생각"입니다. "마음과 생각"이 무엇에 의하여 지배를 받느냐에 성화의 성패가 달려있기 때문입니다. 그래서 새 언약은, "그들의 생각과 마음에 기록하리라"(히 8:10)하시는 것입니다.

이점에서 성경적인 "성화"가 무엇을 의미하는가를 생각하게 합니다. 선한 사람이 되는 것입니까? 양심적인 사람이 되는 것입니까? 물론 성화의 삶도 그런 결과를 산출해냅니다. 그러나 이것이 성경이 말씀하는 신학적인 "성화"는 아닌 것입니다. 성경은 말씀합니다. "너희는 너희 자신의 것이 아니라 값으로 산 것이 되었으니 그런즉 너희 몸으로 하나님께 영광을 돌리라, 그런즉 너희가 먹든지 마시든지 무엇을 하든지 다 하나님의 영광을 위하여 하라"(고전 6:19-20, 10:31), 이처럼 인생의 목적이 하나님 중심으로 바뀐 사람이 성격적인 성화인 것입니다.

한국교회가 고민하고 있는 "성화" 문제에 대한 근본적인 원인이 어디에 있는가 하는 점은 분명해진 것입니다. 강단에서 복음의 능력이 사라졌기 때문입니다. 성도들을 잡아끄는 "사랑의 강권"을 잃어버렸기 때문입니다. 성화가 먼저가 아닙니다. 최우선적인 문제는 성령으로 거듭났느냐 여부에 있다는 점을 명심하십시다. 신자와 불신자가 무엇에 의해 구별이 되는가? "누구든지 그리스도의 영이 없으면 그리스도의 사람이 아니라"(9)고 말씀합니다. 이는 조건부적인 표현으로 입으로 주여, 주여 하는 자가 모두 그리스도의 영을 소유한 것은 아니라는 경종인 것입니다.

그러므로 설교자는 교회 성장이나 성화에 앞서 성도들에게 두 가지가 이루어졌는가에 관심해야 할 것입니다. 첫째는, "성령"으로 거듭남입니다. 둘째는 "하나님의 말씀이 너희 안에 거하시며"(요일 2:14)한 복음이 마음 판에 기록이 되었는가 하는 점입니다. 그러면 거듭나는 방도와 말씀이 마음에 기록이 되는 비결이 무엇인가? "진리의 말씀 곧 너희의 구원의 복음을 듣고 그 안에서 또한 믿어 약속의 성령으로 인치심을 받았으니"(엡 1:13)한 복음을 "먼저, 더 많이, 자주자주" 전해 주는 일입니다. 왜냐하면 설교자가 구원의 복음을 선포하면 성령께서 듣는 자들에게 믿음을 주시고 거듭나게 하시고 "오직 살아 계신 하나님의 영으로, 오직 육의 마음 판에 쓴 것이라"(고후 3:3)한 말씀이 마음에 기록이 되게 하시기 때문입니다.

또 있습니다. "우리에게 주신 성령으로 말미암아 하나님의 사랑이 우리 마음이 부은바 됨이니"(롬 5:5)한, 하나님의 사랑이 성도들의 마음에 부어지게 된다는 것입니다. 이렇게 되면 "그리스도의 사랑이 우리를 강권하시는도다"(고후 5:14)한 자발적인 순종이 따르게 되는 것입니다.

이점도 선지자를 통해서, "새 영을 너희 속에 두고 새 마음을 너희에게 주되 너희 육신에서 굳은 마음을 제거하고 부드러운 마음을 줄 것이며 또 내 영을 너희 속에 두어 너희로 내 율례를 행하게 하리니 너희가 내 규례를 지켜 행할지라"(겔 36:26-27)고 예언하신 바입니다. 이는 율법이 아니라 새 언약 곧 복음시대에 이루어질 말씀인 것입니다.

이제 "성화"의 원동력이 어디서 나오는지 아셨습니까? "성도들이 변하지 않는 이유"가 어디에 있는지 깨달았습니까? 첫째는 나 같은 죄인을 "의롭다"고 여겨주심이 어떻게 해서 가능해졌는가 하는 그리스도의 대속적인 죽으심, 즉 복음을 모르기 때문입니다. 둘째는, "영화롭게 하셨나니라"는 영원한 영광에 대한 소망보다는 땅의 일을 생각하기 때문이라고 밖에는 달리는 설명할 길이 없는 것입니다.

성화의 삶은 사도 바울까지도, "내가 내 몸을 쳐 복종하게 함은 내가 남에게 전파한 후에 자신이 도리어 버림을 당할까 두려워함이로다"(고전 9:27)한, 힘들고 지속적인 싸움입니다. 이 설교를 작성하는 저 자신도 과연 권면할 자신이 있는가 하고 자문하게 합니다. 그러므로 성화의 삶을 살아가는 지름길은 없습니다. 에덴 낙원에 있던 아담 하와를 공격한 사탄은 죄악 세상을 살아가는 성도들을 밀려오는 파도처럼 공격합니다. 이를 어떻게 이길 수가 있단 말인가?

"영을 따르는 자는 영의 일을 생각하나니"(5)한 생각이 무엇에 의해서 지배를 받느냐에 승패가 달렸습니다. 마음과 생각을 빼앗기지 않도록 말씀을 자주자주 묵상하시기 바랍니다. 주님은 "내가 주는 물은 그 속에서 영생하도록 솟아나는 샘물이 되리라"(요 4:14)하십니다. 묵상을 통해서만이 "솟아나는 샘물"이 될 수가 있습니다. 권하고 싶은 우선적인 방법으로 찬송을 생활화하자는 것입니다. "항상 찬송의 제사를 하나님께 드리자 이는 그 이름을 증언하는 입술의 열매니라"(히 13:15)합니다. 찬송이 없는 생활은 열매 없는 나무와 같은 것입니다. 찬송 속에 말씀이 있습니다. 기도가 있습니다. 기뻐하게 됩니다. 감사하게 될 것입니다. 주와 동행하는 삶이 될 것입니다. 이것이 "칭의와 성화, 성화와 영화"의 원리입니다.

구속의 은혜를 저버리고 어긋난 딴 길로 가다가도
예수의 사랑만 생각하면 곧 다시 예수께 돌아오리
주께서 나를 사랑하시니 즐겁고도 즐겁도다
주께서 나를 사랑하시니 나는 참 기쁘다 (202장)

로마서 6:12-13절 분석도표

주제 : 죽을 몸 관리 (성화)

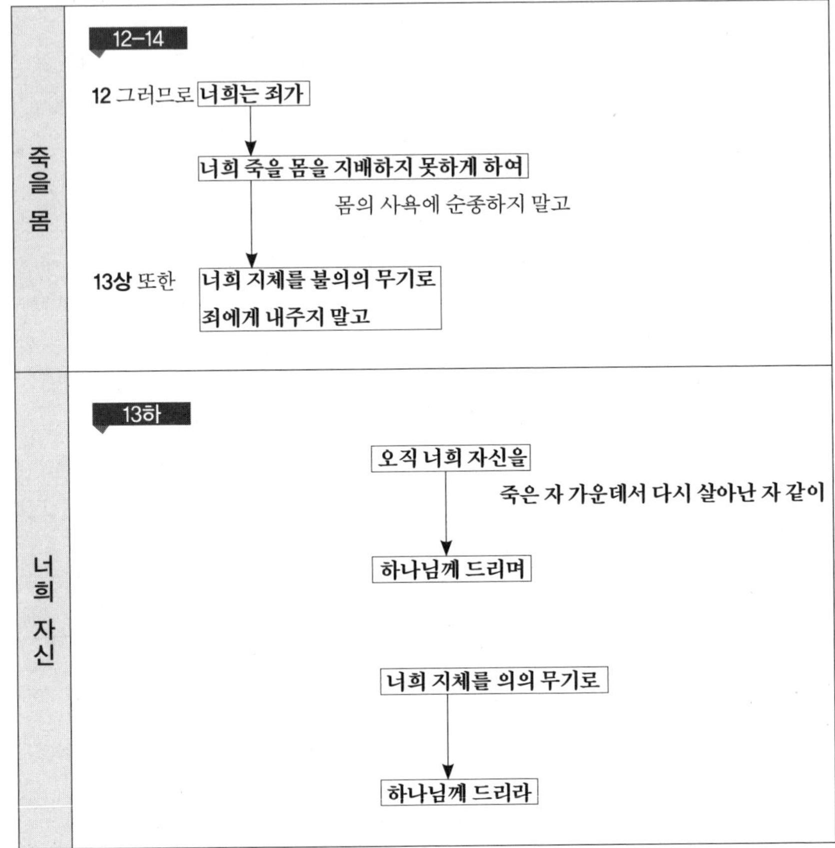

죽을 몸 관리(성화)

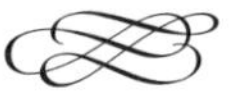

설교 작성 노트

본문에는 두 가지 중심점이 있다. 첫째는 "죄가 너희 죽을 몸을 지배하지 못하게 하라"(12)한 "죽을 몸"이고, 둘째는 "자신을…하나님께 드리라"(13)한 "자신"이다. "죽을 몸"은 육신을 가리키고, "자신"은 "허물과 죄로 죽었던 너희를 살리셨도다"(엡 2:1)한 거듭난 자신을 가리킨다.

영은 거듭났으나 몸은 "죽을 몸"을 입고 있는 것이 성도들의 현재의 상태다. 그런데 "너희 안에 거하시는 그의 영으로 말미암아 너희 죽을 몸도 살리시리라"(롬 8:11)하신다. 이는 "영화"인데 그날이 오기까지 "죽을 몸"을 어떻게 관리하느냐 하는 점이 문제다. 이를 성화라 하는데 이를 증언하려는 것이 내용목적이다.

목회자들은 한 결 같이 성도들이 변하지 않는다고 탄식한다. 변하지 않는 원인이 무엇인가? "자신"에는 관심하지 않고 "죽을 몸"만 변화시키려고 매달리기 때문이다. 다시 말하면 뿌리에는 관심이 없고 순만 자르려 하기 때문이다. 여기에 적용목적이 있다 하겠다.

강론

한국교회가 현재 직면하고 있는 가장 긴급한 문제는 목회자의 윤리의식이 신부나 승려만도 못하고 성도들의 윤리 수준도 불신자와 다를 바가 없거나 오히려 못하다는 지탄을 받고 있다는 점입니다. 오늘 설교의 주제는 그 원인이 어디에 있는가 하는 점과, 어떻게 하면 성화의 삶을 살 수가 있는가 하는 점을 살펴보고자합니다.

본문(6:12-13)은 "그러므로"로 시작이 되는 실천윤리에 관한 말씀입니다. 이 "그러므로"는 1-11절, 즉 하나님께서 행해주신 교리를 받는 접속사입니다. 사도는 성화문제를 독립적인 주제로 다루고 있는 것이 아니라 하나님께서 행해주신 복음진리에 입각해서 "그러므로" 우리는 어떻게 행해야 마땅한가하고 권면하고 있는 것입니다. 그러니까 "교리"라는 기관차가 "윤리"라는 객차를 끌고 가는 것과 같은 논리입니다.

로마서 전체의 구조도 1-11장은 하나님께서 자기 아들을 통해서 이루어주신 복음이요, 12-16장은 성도들이 행해야 할 윤리인데 역시 "그러므로 형제들아"(12:1)하는 "그러므로"로 시작이 되고 있습니다.

왜냐하면 "그러므로"를 깨닫고 이에 확고한 자만이 윤리, 즉 성화의 삶을 살 수가 있기 때문입니다. 한국교회가 어찌하여 이런 지경에 이르게 되었는가 하는 원인은 벌써 드러난 셈인데 하나님께서 자기 아들의 죽으심과 부활을 통해서 이루어주신 복음을 옆으로 밀어놓았거나 잃어버렸기 때문입니다.

본문 12-13절 안에는 "죽을 몸(12)과, 자신과, 지체"(13)가 있습니다. 성화란 "죽을 몸"을 어떻게 관리해야 하는가 하는 문제입니다. 이를 위해서는 "죽을 몸, 자신, 지체"에 대한 확고한 인식이 선행이 되어야만 합니다.

㉠ 첫째로, "죽을 몸"이란 우리가 입고 있는 육신을 가리킵니다. 그런데 어찌하여 죽을 몸이라 하는가? 현재 우리의 상태는 우리의 영은 거듭났으나 몸은 "죽을 몸"이기 때문입니다. 다시 말하면 우리가 구원을 얻었으나 아직 완성된 것은 아니라는 것입니다. 그래서 "우리의 겉사람은 낡아지나 우리의 속사람은 날로 새로워지도다"(고후 4:16)라고 말씀하는 것입니다.

㉡ 둘째로, "자신"(自身)의 정체성입니다. 이는 중생(重生)한 자신을 가리킵니다. 그래서 "오직 너희 자신을 죽은 자 가운데서 다시 살아난 자같이"(13)라고 말씀하는 것입니다.

㉢ 셋째로, "지체"(肢體)입니다. 이는 죽을 몸에 속한 모든 것을 가리킵니다. 그러니까 "입, 손, 발, 눈"등을 가리킵니다. 그런데 사도는

지켜야 할 것 중 중요한 요점으로, "너희 마음과 생각을 지키시리라"
(빌 4:7)고 말씀한다는 점입니다. 그렇다면 우리가 관리하기를 힘써야
할 "지체" 속에는 "마음과 생각"도 포함된다고 보아야만 합니다.

그러면 성화에 앞서 우리의 구원은 언제 완성이 되는가 하는 것부
터 생각해보고자 합니다. "너희 안에서 착한 일을 시작하신 이가 그리
스도 예수의 날까지 이루실 줄을 우리는 확신하노라"(빌 1:6)한 "그리
스도 예수의 날", 즉 주님의 재림 때에 완성이 되는 것입니다.

그래서 모든 피조물도 바라는 바는 "썩어짐의 종노릇 한 데서 해방
되어 하나님의 자녀들의 영광의 자유에 이르는 것이니라"(롬 8:21)고
말씀합니다. "자유"라는 말이 등장하는데 형제는 "자유"(自由)를 얻었
습니까? 그렇습니다. 우리는 "진리를 알지니 진리가 너희를 자유롭게
하리라"(요 8:32)하신 자유를 얻은 것입니다.

그런데 지금의 자유(自由)는 출애굽을 한 이스라엘처럼 사탄의 권
세에서 해방된 "영적 자유"이지 "영광(榮光)의 자유"는 아닌 것입니다.
몸이 병들어 고통을 당하고 죽어가는 지금의 상태는 온전한 자유는 아
닌 것입니다. 영광의 자유는 "우리의 낮은 몸을 자기 영광의 몸의 형체
와 같이 변하게 하시리라"(빌 3:21)한 주님의 재림의 날에야 주어지는
참자유인 것입니다.

그래서 피조물들만이 아니라 "우리 곧 성령의 처음 익은 열매를 받

은 우리까지도 속으로 탄식하여 양자 될 것 곧 우리 몸의 속량을 기다리느니라"(롬 8:23)고 말씀합니다. "몸의 속량"이란 "죽을 몸"도 구원을 얻게 될 영화를 가리킵니다.

디도서 2장에는 주님의 두 번의 나타남이 있는데, "모든 사람에게 구원을 주시는 하나님의 은혜가 나타나"(딛 2:11)합니다. 이 "은혜"는 주님의 초림으로 성취하신 복음을 가리킵니다. 그런데 13절의 "복스러운 소망과 우리의 크신 하나님 구주 예수 그리스도의 영광이 나타나심을 기다리게 하셨으니"한 "영광"의 나타나심은 재림을 가리킵니다.

우리는 지금 주님의 초림과 재림 사이를 살아가고 있는 것입니다. 그러므로 이제 대두되는 문제는 "몸의 속량", 즉 영광의 자유에 이르는 날까지 우리가 입고 있는 "죽을 몸"을 어떻게 관리해야 하는가 하는 점입니다. 이점을 성화(聖化)라고 말합니다.

그러면 "성화의 삶"이라는 주제에 대해 생각해보겠습니다. 성화의 삶을 살기 위해서는 13절에 등장하는 "불의의 무기와, 의의 무기"에 대한 확고한 인식과 각성이 필요합니다. 왜냐하면 사탄은 사망에서 생명으로 옮겨진 우리 "자신"은 지배할 수 없으나 "죽을 몸에 속한 지체"는 "불의의 무기"로 악용할 수가 있기 때문입니다.

㉠ 그래서 바울은 "너희는 죄가 너희 죽을 몸을 지배하지 못하게 하라"(12)고 경계하는 것입니다. 로마서에서 언급하는 "죄"는 단수로 되어 있는데 사탄과 동의어로 사용되고 있습니다. 그러니까 "죄" 곧 사탄이 우리의 죽을 몸은 지배(支配)할 수가 있기 때문에 "지배하지 못하게 하라고 경계한다는 점을 명심해야만 합니다. 이점을 13절에서는, "너희 지체를 불의(不義)의 무기로 죄에게 내주지 말라"(13상)고 말씀합니다.

사탄은 우리의 죽을 몸에 속해 있는 "지체"를 지배하여, 즉 악용하여 불의의 무기로 사용하려는 것입니다. "무기"(武器)라고 말씀한다는 점을 유념하시기를 바랍니다. 만일 죄로 하여금 우리의 지체를 불의의 무기로 악용하게 내어준다면 어떤 일이 일어나게 되는가? 하나님의 나라를 공격하여 파괴하는 무기로 사용이 된다는 것입니다.

속에는 "그리스도의 영"(롬 8:9)을 모셨으면서도 지체는 불의의 무기로 악용이 된다면 이는 간첩과 같은 일을 하고 있는 셈입니다. 그렇습니다. 교회 내에서 입을 잘못 놀려서 성도들을 실족시키고 주님의 피로 사신 몸 된 교회를 어지럽게 하는 일이 허다하게 일어나고 있는 것입니다.

뿐만 아니라 사회에서 "소금과 빛"의 사명을 감당하기는커녕 "하나님의 이름이 너희 때문에 이방인 중에서 모독을 받는도다"(2:24), 즉 하나님의 이름을 욕되게 하고 전도의 문을 가로막는 일이 비일비재합니다. 이점을 바울은, "그리스도께서 대신하여 죽으신 형제를 네 음식으로 망하게 하지 말라, 하나님의 사업을 무너지게 하지 말라"(롬 14:15, 20)고 엄히 경계합니다.

ⓛ 그러면 우리는 어떻게 행해야 마땅한가? "오직 너희 자신을 죽은 자 가운데서 다시 살아난 자 같이 하나님께 드리며 너희 지체를 의의 무기로 하나님께 드리라"(13하)합니다. 13절을 주목해보시면 "드리며, 드리라"고 "드리라"는 말이 두 번 등장합니다. 그러면 무엇 무엇을 드리라 하는가? 이점에서 "드리는" 순서를 유념하시기를 바랍니다.

먼저는 "자신을 드리라"합니다. 그런 후에 "너희 지체를 의의 무기로 하나님께 드리라"는 순서로 되어 있습니다. 어찌하여 "자신"을 먼저 드려야만 하는가? 사도는 "너희는 너희 자신의 것이 아니라 값으로 산 것이 되었기"(고전 6:19)때문이라고 대답합니다. 그래서 본문에서도 그냥 "너희 자신을 드리라"는 것이 아니라 "오직 너희 자신을 죽은 자 가운데서 다시 살아난 자 같이"라고 설명을 덧붙이고 있는 것입니다.

그런 후에 "너희 지체를 의의 무기로 하나님께 드리라"(13하)합니다. 고린도후서 8:5절의 순서에서도 "먼저 자신을 주께 드리고" 구제헌금도 드렸다는 순서로 되어 있습니다. 이것이 바른 순서인 것입니다.

취직, 입학, 결혼 등 감사한 일이 있을 때에 감사헌금 얼마로 의무를 다한 양 여겨서는 부족합니다. 나 자신이 주의 피로 사신 주의 소유라는 고백이 선행이 되어야 하는 것입니다.

이상의 말씀을 정리를 하면 "죄"에게는 "지체"를 내주지 말라한 반면 하나님께는, "자신+지체"를 의의 무기로 드리라고 말씀한다는 점입니다. 그러면 묻습니다. 사탄에게 "자신"을 내줄 수가 있는가 하는 점입니다. 악용을 당해서도 안 되지만 우리 자신은 지배할 수도 없는 것입니다. 사탄은 우리의 지체는 지배할 수가 있어도 우리 자신은 만지지도 못한다(요일 5:18)고 말씀합니다. 왜냐하면 홍해를 건넌, 즉 "사망에서 생명으로 옮겨진" 것이 우리의 위치이기 때문입니다.

문제는 "자신과, 지체를 의의 무기로 하나님께 드리라, 알았느냐"하는 교훈만으로는 부족하다는 것입니다. 8:5절에는 "육신을 따르는 자와, 영을 따르는 자"가 있는데 "육신을 따르는 자"란 거듭나지 못한 자를 가리킵니다. 그리고 말씀하기를 거듭나지 못한 자는, "하나님의 법에 굴복하지 아니할 뿐 아니라 할 수도 없음이라"(8:7)고 말씀하기 때문입니다.

신자와 불신자가 무엇에 의하여 구별이 됩니까? 다시 말하면 성화의 삶을 사는 것이 어떻게 가능해지는가 하는 점입니다. 그리스도인이란 불신자에게는 없는 두 가지 변화가 일어난 사람들입니다.

㉠ 그러므로 성화의 삶을 살기 위한 첫째 요점은, "거듭남"입니다. "누구든지 그리스도의 영이 없으면 그리스도의 사람이 아니라"(롬 8:9)합니다. 그러니까 성령으로 거듭난 사람만이 "성화"의 삶을 살 수가 있다는 점을 명심해야만 합니다. 왜냐하면 성령의 도우심이 없이는 성화도 불가능하기 때문입니다.

㉡ 두 번째 요점으로는 새 언약을, "그들의 생각에 두고 그들의 마음에 이것을 기록하리라"(히 8:10)하신 점입니다. 그리스도인은 마음 판에 복음이 기록이 되어 있는 사람들이라는 점입니다. 성경을 기록하게 하신 분도 성령님이시고, 하나님의 말씀을 우리 마음에 기록하시는 분도 성령님이십니다. 그러니까 들고 다니던 성경이 마음에 기록이 되어 있는 자만이 성화의 삶을 살 수가 있다는 점입니다. 그래서 "청년들아 내가 너희에게 쓴 것은 너희가 강하고 하나님의 말씀이 너희 안에 거하시며 너희가 흉악한 자를 이기었음이라"(요일 2:14)하는 것입니다.

어찌하여 새 언약을 우리의 "생각과 마음"에 기록한다 하시는가? "마음과 생각"이 복음에 의해서 지배를 받는 자만이 성화의 삶을 살 수가 있기 때문입니다. 이는 선지자를 통해서도 예언하신 바인데, "또 새 영을 너희 속에 두고 새 마음을 너희에게 주되 너희 육신에서 굳은 마음을 제거하고 부드러운 마음을 줄 것이며 또 내 영을 너희 속에 두어 너희로 내 율례를 행하게 하리니 너희가 내 규례를 지켜 행할지라"(겔

36:26-27)하셨습니다. 이처럼 "중생과, 진리의 말씀"이 성화를 위한 중요한 두 가지 요점인 것입니다.

ⓒ 성화의 삶을 살기 위한 세 번째이자 마지막 요점이 있는데, "복 있는 사람은 악인들의 꾀를 따르지 아니하며 죄인들의 길에 서지 아니하며 오만한 자들의 자리에 앉지 아니하고 오직 여호와의 율법을 즐거워하여 그의 율법을 주야로 묵상하는도다"(시 1:1-2)한 "묵상"입니다. "중생하고, 마음에 말씀이 기록"이 되기만 하면 자동적으로 성화가 가능해지는 것이 아닙니다.

로마서 8:5절을 보겠습니다. "육신을 따르는 자는 육신의 일을, 영을 따르는 자는 영의 일을 생각하나니"(롬 8:5)합니다. "생각"이 무엇에 의하여 지배를 받고 있느냐에 성화의 승패가 달려 있는 것입니다. 영적 싸움이란 인간의 마음을 소유하려는 두 세력 간의 싸움인 것입니다. 그런데 주님은, "이 백성이 입술로는 나를 공경하되 마음은 내게서 멀도다"(마 15:8)고 탄식하십니다.

성화에는 비결도, 지름길도 없습니다. 모든 행위는 마음과 생각의 산물입니다. "성화"의 삶이란 마음과 생각을 빼앗기지 않는 일로부터 시작이 됩니다. 어떻게 하면 마음과 생각을 빼앗기지 않을 수가 있는가? 마음은 진공상태로 있는 것이 아닙니다. "죄의 둥지도, 성령의 보좌"도 여러분의 마음인 것입니다. 그러므로 마음 판에 기록이 된 하나님의 말씀을 묵상함으로 채워야 하는 것입니다.

바울은 "하나님의 영으로 인도함을 받는 사람은 곧 하나님의 아들이라"(롬 8:14)합니다. 모든 그리스도인들은 성령의 인도를 받기를 사모합니다. 그러면 어디에 계신 성령께서 어떤 방법으로 인도하시는가? 성도들 속에 내주(內住)하시는 성령께서 마음에 기록이 된 말씀을 통해서 인도하시는 것입니다.

주님은, "보혜사 곧 아버지께서 내 이름으로 보내실 성령 그가 너희에게 모든 것을 가르치고 내가 너희에게 말한 모든 것을 생각나게 하리라"(요 14:26)하십니다. 성도들 속에 내주하시는 성령께서는 성도들 마음과 생각에 기록이 된 말씀을 "생각나게 하심"으로 인도하신다는 것입니다.

그러므로 성도들의 내면에서는 때마다 일마다, "육체의 소욕은 성령을 거스르고 성령은 육체를 거스르나니 이 둘이 서로 대적함으로 너희가 원하는 것을 하지 못하게 하려 함이니라"(갈 5:17)한 격전이 일어나게 되는 것입니다. 이는 "죽을 몸"에 뿌리 깊이 박혀 있는 "육체의 소욕"과, 내주하시는 "성령의 소욕"의 충돌인 것입니다. 이를 극복하는 비결은 "성령의 검" 곧 한님의 말씀을 묵상하는 것입니다.

말씀 묵상이 어려우면 찬송을 부르는 것으로부터 시작하시기를 추천합니다. 찬송가 가사는 성경에 근거를 두고 있습니다. 그러므로 찬송은, "마음의 묵상이요, 입술의 열매"요 곡조 있는 기도입니다. 이것마저 귓등으로 듣고 육신의 일만을 생각하는 사람에게 성화를 기대한다는 것은 나무에서 물고기를 잡으려는 것과 같은 것입니다.

한국교회의 문제가 무엇인가? 성화가 먼저가 아닙니다. 근본적인 원인으로 첫째는 성도들 속에 성령을 모셨는가? 즉 교회 안에 거듭난 자의 비율에 관심을 기울려야만 합니다. 둘째는 성도들 마음 판에 새 언약, 즉 복음이 기록이 되어 있는가 하는 점입니다. 거듭나지 못했다면, 그리고 복음을 듣지도 못하여 묵상할 복음이 마음에 기록이 되어 있지 않다면 성화의 삶은 불가능한 것입니다.

성화는 하루아침에 이루어지는 것이 아닙니다. 경건에 이르기를 연습하라한 대로 고되고 지속적인 싸움인 것입니다. 그러므로 사도 바울까지도, "내가 내 몸을 쳐 복종하게 함은 내가 남에게 전파한 후에 자신이 도리어 버림을 당할까 두려워함이로다"(고전 9:27)고 진술합니다.

이점에서 또다시 성경적인 "성화"가 무엇을 의미하는가를 상기시켜야만 하겠습니다. 선한 사람이 되는 것이 아닙니다. 양심적인 사람이 되는 것도 아닙니다. 물론 성화의 삶도 그런 결과를 산출해냅니다. 그러나 이것이 성경이 말씀하는 신학적인 "성화"는 아니라는 점입니다.

성경이 말씀하는 성화는, "너희는 너희 자신의 것이 아니라 값으로 산 것이 되었으니 그런즉 너희 몸으로 하나님께 영광을 돌리라, 그런즉 너희가 먹든지 마시든지 무엇을 하든지 다 하나님의 영광을 위하여 하라"(고전 6:19-20, 10:31)하신, 인생의 목적과 가치관이 하나님중심으로 바뀐 사람이 성경적인 성화인 것입니다.

그러므로 성화는 "그리스도의 사랑이 우리를 강권하시는도다"(고후 5:14)한 사랑이 이끄는 삶입니다. 그러므로 성화도 복음의 능력, 하나님의 사랑이 이끄는 힘으로만이 가능해지는 것입니다. 이것이 "죽을 몸 관리" 곧 성화의 삶입니다.

구속의 은혜를 저버리고 어긋난 딴 길로 가다가도

예수의 사랑만 생각하면 곧다시 예수께 돌아오리

주께서 나를 사랑하니 즐겁고도 즐겁도다

주께서 나를 사랑하니 나는 참 기쁘다 (202장)

요한일서 4:7-18절 분석도표

주제 : 우리가 알고 믿었노니

나타난 사랑

7-15

7 사랑하는 자들아 우리가 서로 사랑하자　　　**사랑은 하나님께 속한 것이니**
　사랑하는 자마다 하나님으로부터 나서 하나님을 알고

8 사랑하지 아니하는 자는 하나님을 알지 못하나니　　**이는 하나님은 사랑이심이라**

9 하나님의 사랑이 우리에게 이렇게 나타난바 되었으니
　하나님이 자기의 자기의 독생자를 세상에 보내심은

　　　　　　　　그로 말미암아 우리를 살리려 하심이라

10 사랑은 여기 있으니　　　　　우리가 하나님을 사랑한 것이 아니요
　　　　　　하나님이 우리를 사랑하사 우리 죄를 속하기 위하여

화목제물로 그 아들을 보내셨음이라

11 사랑하는 자들아 하나님이 이같이 우리를 사랑하셨은즉 우리도 서로 사랑하는 것이 마땅하도다

12 어느 때나 하나님을 본 사람이 없으되 만일 우리가 서로 사랑하면
　　　　하나님이 우리 안에 거하시고 그의 사랑이 우리 안에 온전히 이루어지느니라

13 그의 성령을 우리에게 주시므로 우리가 그 안에 거하고 그가 우리 안에 거하시는 줄을 아느니라

14 아버지가 아들을 세상의 구주로 보내신 것을 우리가 보았고 또 증언하노니

15 누구든지 예수를 하나님의 아들이라 시인하면 하나님이 그의 안에 거하시고
　　　　　　　　　그도 하나님 안에 거하느니라

이루어진 사랑

16-18

16 하나님이 우리를 사랑하시는
　　사랑을 우리가 알고 믿었노니　하나님은 사랑이시라
　　사랑 안에 거하는 자는　　　하나님 안에 거하고 하나님도 그의 안에 거하시느니라

17 이로써 사랑이 우리에게 온전히 이루어진 것은 우리로 심판 날에 담대함을 가지게
　　하려 함이니 주께서 그러하심과 같이 우리도 이 세상에서 그러하니라

18 사랑 안에 두려움이 없고 온전한 사랑이 두려움을 내쫓나니 두려움에는 형벌이 있음이라 두려워하는 자는 사랑 안에서 온전히 이루지 못하였느니라

우리가 알고 믿었노니

설교 작성노트

본문(요일 4:7-18) 안에 "사랑"이 몇 번 등장하는지 관찰해 보기 바란다. 이 "사랑"의 본질(本質)은 무엇인가? 빅뱅의 먼지 속에서 발생한 것인가? 사도 요한은 "사랑은 하나님께 속한 것이라(7)고 말씀한다. 그리고 하나님의 사랑이 우리에게 이렇게 나타난바 되었다(9), 사랑은 여기 있으니"(10)하면서 "하나님이 우리를 사랑하시는 사랑을 우리가 알고 믿었노니"(16)라고 말씀한다. 그러면 하나님의 사랑을 "아는 것과 믿는 것"이 어떻게 다른 것인가? 이를 중언하려는 것이 내용목적이다.

그리고 "사랑 안에 두려움이 없고 온전한 사랑이 두려움을 내쫓나니 두려움에는 형벌이 있음이라 두려워하는 자는 사랑 안에서 온전히 이루지 못하였느니라"(18)고 말씀한다. 그렇다면 오늘의 그리스도인들이 작은 시련에도 낙망하고 두려워하는 원인이 어디에 있는가? 여기에 적용목적이 있는 것이다.

강론

오늘 본문 중 핵심 단어는 "사랑"입니다. 본문 열 두절 안에 "사랑"이라는 말이 무려 23번이나 등장합니다. 그러면 "사랑"의 본질은 무엇인가 하는 점입니다. 진화론자들의 주장대로 우연의 산물이겠습니까? 대폭발이 일어났다는 빅뱅의 먼지 속에서 생겨난 것이 사랑이겠습니까?

여러분은 모성애 뿐 아니라 심지어 "어미 새의 사랑, 암탉의 사랑, 연어의 사랑" 등을 아실 것입니다. 그러면 사랑의 본질은 아디서 온 것인가? 본문은 "사랑은 하나님께 속한 것이라"(7)고 증언합니다. "love comes from God"(NIV), 즉 사랑은 하나님으로부터 나온 것이라고 말씀합니다.

"네리 사랑"이라는 말이 있는데 그 "사랑"을 더듬어 올라가면 "사랑은 하나님께로부터 흘러내려온 것"이라는 뜻입니다. 자연계에 나타난 사랑은 만물을 창조하신 하나님으로부터 흘러나온 것이라는 말씀입니다. 왜냐하면 "하나님은 사랑이시기" 때문입니다. 그런데 타락하여 심령이 죽은 인간은 자연계시를 통해서 하나님의 사랑을 인식하는데 실패하고 말았습니다. 이점을 사도 바울은, "창세로부터 그의 보이지 아니하는 것들 곧 그의 영원하신 능력과 신성이 그가 만드신 만물에 분명히 보여 알려졌나니 그러므로 그들이 핑계하지 못할지니라"(롬 1:20)고 말씀합니다.

본문 9절을 보시겠습니다. "하나님의 사랑이 우리에게 이렇게 나타난바 되었다"고 말씀합니다. 자연계시를 통해서 하나님을 아는데 실패한 인간에게 하나님께서 또다시 사랑을 나타내셨다는 것입니다. 어떻게 나타내셨는가? "하나님이 자기의 독생자를 세상에 보내심은"합니다. 이점을 요한복음에서는, "하나님이 세상을 이처럼 사랑하사 독생자를 주셨으니"(요 3:16)라고 말씀합니다.

그런데 10절을 보시면, "사랑은 여기 있으니"합니다. 무슨 뜻이냐하면 "이것이 사랑의 결정체다"라는 뜻입니다. "우리가 하나님을 사랑한 것이 아니요 하나님이 우리를 사랑하사" 독생자를 주신 것만이 아니라 "우리 죄를 속하기 위하여 화목제물로 그 아들을 보내셨음이라"합니다. 다시 간추려 보겠습니다.

㉠ "우리 죄를 속하기 위하여",

㉡ "자기 아들을",

㉢ "화목제물로 보내셨다"는 것입니다. 이것이 십자가 사건인데, "사랑은 여기 있으니", 즉 "이것이 하나님 사랑의 절정이다, 이 이상의 사랑은 없다"는 뜻입니다.

바울은 "생각하건대(롬 8:18, 고후 5:14, 엡 2:11)하고, 생각해 보라고 우리의 생각에 호소합니다. "의인을 위하여 죽는 자가 쉽지 않고 선인을 위하여 용감히 죽는 자가 혹 있거니와"(롬 5:7)합니다. 형제를 위해서 죽는 것은 고사하고 "간이나, 심장"을 떼어줄 자가 있습니까? 그런데 하나님께서는, "우리가 아직 죄인 되었을 때에 그리스도께서 우리를 위하여 죽으심으로 하나님께서 우리에 대한 자기의 사랑을 확증하셨느니라"(롬 5:8)즉, 우리를 얼마나 어디까지 사랑하시는지 확실하게 증명(確證)하셨다고 말씀합니다. 로마서 5:10절에서는, "곧 우리가 원수 되었을 때에 그의 아들의 죽으심으로 말미암아 하나님과 화목하게 되었다"고 말씀합니다. 8절과 10절의 변화를 주목해보셨습니까? 8절에서는 "그리스도"께서 우리를 위하여 죽으셨다 했는데 10절에서는 "그의 아들의 죽으심"이라고 표현을 바꾸고 있다는 점입니다.

왜냐하면 "원수"라는 말 때문입니다. 하나님께로 돌아오라고 복음을 전하면 대번에 적대감을 나타내는 마음으로 원수 된 자들(골 1:21)을 위해서 하나님께서는 자기 아들을 화목제물로 죽음에 내어주셨다는 것입니다. 이점을 본문에서는 "우리 죄를 속하기 위하여 화목제물로 그 아들을 보내셨음이라"(10)고 말씀하는 것입니다.

이제 16절을 보겠습니다. "하나님이 우리를 사랑하시는 사랑을 우리가 알고 믿었노니"합니다. 신앙은 맹목이 아닙니다. 먼저는 하나님의 사랑이 어떻게 "나타났는지", 나타나신 것만이 아니라 "우리 죄를 속하기 위하여 화목제물"이 되어주셨다는 점을 "알아야"만 합니다. 그리고 아는 것은 머리로 아는 지적(知的)인 작용입니다. 그런데 여기에 머물러서는 안 됩니다. "알고 믿었노니"까지 나아가야만 하는 것입니다. "믿었노니"하는 것은 마음으로 믿는 정서적인 작용입니다. 그래서 어떤 분은 머리로 "알고 마음으로 믿는" 머리에서 가슴까지의 거리를 "30cm의 여행"이라고 표현을 했습니다.

자, 이제 17절을 보시겠습니다. "이로써 사랑이 우리에게 온전히 이루어진 것은"합니다. 예수 그리스도를 믿는다는 것은 머리로 "아는" 것만이 아니라 믿는 것이요, "믿음"이란 하나님의 사랑이 마음에 "온전히 이루어지는" 것이라고 말씀합니다. 이점을 로마서에서는 "하나님의 사랑이 우리 마음에 부은바 됨이니"(롬 5:5)라고 말씀합니다.

"믿음=마음에 하나님의 사랑이 부어짐"이라고 표현할 수가 있는 것입니다. 성도들의 마음에 하나님의 사랑이 부어지게 되면, "그리스도의 사랑이 우리를 강권하시는도다"(14)한 사랑에 이끌림을 받는 삶을 살게 되는 것입니다. 호세아서에서도, "내가 사람의 줄 곧 사랑의 줄로 그들을 이끌었다"(호 11:4)고 말씀합니다. 이렇게만 된다면 더 바랄 것이 무엇이 있겠습니까?

그러면 하나님의 사랑이 성도들의 마음에 부어지게 하려면 어떻게 해야만 하는가 하는 문제가 대두됩니다. 설교자가 하나님의 사랑을 성도들의 마음사 부어주는 것이 아닙니다. "우리에게 주신 성령으로 말미암아"(롬 5:5), 성령이 부어주신다는 것입니다. 설교자의 책임은 하나님의 사랑이 "이렇게 나타났다, 사랑은 여기 있으니"한 십자가 복음을 전해주는 것이 비결입니다.

"우리가 아직 죄인 되었을 때에 그리스도께서 우리를 위하여 죽으심으로 하나님께서 우리에 대한 자기의 사랑을 확증하셨느니라"(롬 5:8)한 확증된 복음을 "먼저, 더 많이, 자주자주" 전해줄 때에 "성령"께서 듣는 자들에게 믿음을 주시고 마음에 하나님의 사랑을 부어주신다는 것입니다.

그러니까 설교자가 성도들의 마음에 하나님의 사랑을 직접 부어주지는 못하지만 사랑이 부어질 수 있도록 기회(機會)는 제공해줄 수가 있는 것입니다. 그래서 사도는 "우리는 하나님의 동역자들이요(고전 3:9), 우리가 하나님과 함께 일하는 자"(고후 6:1)라고 말씀했던 것입니다.

그렇다고 복음을 한두 번 전해주는 것으로 하나님의 사랑이 "마음에 부어지는 것"도 아닙니다. 왜냐하면 첫째는 심령이 "길바닥, 돌밭, 가시떨기"같은 묵은 땅이 되었기 때문이요, 둘째는 "이 세상의 신", 즉 사탄이 "믿지 아니하는 자들의 마음을 혼미하게 하여 그리스도의 영광의 복음의 광채가 비치지 못하게"(고후 4:4)대적하기 때문입니다. 그러므로 "설교"는 곧 영적 전투인 것입니다.

그러면 "하나님의 사랑이 성도들의 마음에 부어진다"는 것이 구체적으로 무엇을 의미하는가 하는 점입니다. 이는 새 언약, 즉 복음을 "그들의 생각에 두고 그들의 마음에 이것을 기록하리라"(히 8:10)하신 것과 불가분(不可分)의 관계입니다. 다시 말하면 "하나님의 사랑이 부어지는 것과, 복음이 마음 판에 기록이 되는 것"은 같은 의미의 다른 표현인 것입니다. 왜냐하면 성령께서는 "말씀"이라는 매개를 통해서 하나님의 사랑을 부어주시기 때문입니다.

그러면 하나님의 사랑이 성도들의 "마음에 부어져야"하는 점이 어째서 중요한가 하는 점입니다. 본문 17절은 "우리로 심판 날에 담대함을 가지게 하려 함이라"(17)고 대답합니다. "심판 날"은 어떤 날인가? "땅의 임금들과 왕족들과 장군들과 부자들과 강한 자들과 모든 종과 자유인이 굴과 산들의 바위틈에 숨어 산들과 바위에게 말하되 우리 위에 떨어져 보좌에 앉으신 이의 얼굴에서와 그 어린 양의 진노에서 우리를 가리라"(계 6:15-16)하는 역사상 최대로 두려운 날인 것입니다.

그런데 심판 날과는 비교도 되지 않는 작은 시련의 날, 환난의 날에 담대하지 못하고 두려워한다면 임종의 날에, 심판의 날에 어찌 담대함을 가질 수가 있단 말입니까? 본문 18절에서는, "사랑 안에 두려움이 없고 온전한 사랑이 두려움을 내쫓나니 두려움에는 형벌이 있음이라 두려워하는 자는 사랑 안에서 온전히 이루지 못하였느니라"고 말씀합니다.

인간이 본능적으로 "죽음"을 두려워하는 것은 "형벌의 염려", 즉 심판이 있다는 증거인 것입니다. 조그만 시험에도 두려워하는 우리는 변명의 여지가 없이 하나님의 사랑이 우리의 마음에 부어지지 않았다는 증거요, 온전히 이루어지지 않았다는 점을 드러내는 것입니다. 이 말씀을 듣는 여러분의 마음은 어떠합니까? 우리의 정곡(the main point)을 찌르는 것 같지 않습니까?

이제 한국교회의 문제가 어디에 있는가를 생각하게 합니다. 주님은 "열매로 나무를 안다"고 말씀하십니다. 오늘의 성도는 해방 이후로 행한 기복적인 설교, 감성에 호소하는 설교, 교양적인 설교의 "열매"라 할 수가 있습니다. 그 결과로 맺어진 열매가 들 포도와 같다면 그 원인과 책임은 변명의 여지가 없이 하나님의 사랑의 결정체인 십자가복음을 전해주지 않은 설교자들에 있다는 것이 됩니다.

성도들의 마음에 새 언약이 기록이 되어 있는가? 그리하여 마음에 하나님의 사랑이 부어졌는가? 믿는 형제를 만나 몇 마디 대화를 주고 받다 보면 그들이 빈 깡통과 같다는 점이 대번에 드러나게 되고 이를 대하는 전도자는 자괴감에 빠지게 됩니다.

"세월호" 사건에 믿는 우리 학생들도 희생을 당했습니다. 그 부모는 목회자들이 모인 자리에서 "하나님이 우리를 버리셨다, 신앙이란 교회 안에서만 필요했지 밖에서는 아무런 도움이 되지 못하더라"고 말했다 합니다. 얼마나 기가 막히면 이렇게 말했겠습니까? 당사자 외에는 어찌 그 마음을 헤아릴 수가 있겠습니까?

사도 바울은, "우리는 마땅히 기도할 바를 알지 못하나"(롬 8:26)합니다. 무슨 뜻인가? "세월호"사건과 같은 시련에 직면하게 되면 왜 이런 시련을 당해야 하는지 그 이유를 "알지 못한다"는 그런 뜻입니다. 그런데 28절에서는 "우리가 알거니와"합니다. 무엇을 안다는 말입니까? "하나님을 사랑하는 자 곧 그의 뜻대로 부르심을 입은 자들에게는 모든 것이 합력하여 선을 이루어주실"(롬 8:28)것만은 안다는 것입니다. 그리고 믿는다는 것입니다.

오늘 본문 말씀대로 하면, "하나님의 사랑이 우리에게 이렇게 나타난바 되었다"(요일 4:9)는 이것만은 안다는 것입니다. 고난의 이유는 알지 못하나, "우리가 아직 죄인 되었을 때에 그리스도께서 우리를 위하여 죽으심으로 하나님께서 우리에 대한 자기의 사랑을 확증해주셨다"(롬 5:8)는 이것만은 확신한다는 것입니다.

그래서 로마서 5장에는 "더욱"이라는 말이 5번(9, 10, 15, 17, 20)이나 강조되어 있습니다. "더욱"을 이처럼 강조하는 이유는 "큰 것이 사실이라면 보다 작은 것은 더욱 확실하다"는 확신(確信)을 주기 위해서입니다. "자기 아들을 아끼지 아니하시고 우리 모든 사람을 위하여 내주신 것"(롬 8:32)이 사실이라면, 이에 비교도 되지 않는 현재의 고난도 "더욱" 합력하여 선을 이루어주실 것을 믿고 맡길 수가 있지 않느냐는 뜻입니다.

이것이 본문 16절에서 말씀하는 "사랑 안에 거하는 자"인 것입니다. 사랑 안에 거하는 것이 하나님 품안에 거하는 것입니다. "주 안에 있는 나에게 딴 근심 있으랴"라는 찬송을 "사랑 안에 있는 나에게 딴 근심 있으랴"로 불러보십시오.

형제여, 그리스도인들은 목석(木石)과 같은 사람들이 아닙니다. 믿음이란 나침반과 같아서 한 때 흔들렸다가도 정북(正北)을 가리키기 마련입니다. 그 어머니의 상한 마음을 치료해주는 유일한 비결은 하나님의 사랑이 그의 마음에 부어지게 하는 일 외에는 그 무슨 말로도 위로할 길이 없는 것입니다.

그의 마음에 하나님의 사랑이 부어진 그리스도인은 "내가 왜 이런 고난을 당해야 하는가"라고 묻기 전에, 어찌하여 하나님의 아들이 육신을 입고 이 땅에 오셔서 십자가라는 극한적인 고난을 당해야만 했는가를 생각하는 사람들입니다.

그러므로 "방언과 천사의 말을 할지라도, 예언하는 능력이 있어도, 모든 성경지식을 알아도, 산을 옮길 만한 믿음이 있다"해도 마음에 하나님의 사랑이 부어지지 않으면 아무 것도 아니요, 그래서 예수를 믿어도 그 믿음이 환난 날에 아무런 도움이 되지 못한다는 말을 하게 된다는 점을 명심하십시다.

"사람이 친구를 위하여 자기 목숨을 버리면 이보다 더 큰 사랑이 없나니"(요 15:13)하십니다. "사랑은 죽음 같이 강한"(아 8:6)것입니다. 그 사랑이 독생자를 화목제물로 내어주셨습니다. 그 사랑이 나 같은 죄인을 위해서 대신 죽어주셨습니다. 그러므로 "누가 우리를 그리스도의 사랑에서 끊으리요 환난이나 곤고나 박해나 기근이나 적신이나 위험이나 칼이랴, 그러나 이 모든 일에 우리를 사랑하시는 이로 말미암아 우리가 넉넉히 이기느니라"(롬 8:35, 37),

"내가 확신하노니 사망이나 생명이나 천사들이나 권세자들이나 현재 일이나 장래 일이나 능력이나 높음이나 깊음이나 다른 어떤 피조물이라도 우리를 우리 주 그리스도 예수 안에 있는 하나님의 사랑에서 끊을 수 없으리라"(롬 8:38-39)고, 고백하는 자들이 그리스도인들이요,

"하나님의 사랑이 마음에 부어진 자요, 사랑 안에 거하는 자"요, 세상을 이기는 믿음입니다. 이것이 "우리가 알고 믿었노니"의 뜻입니다.

> 주님 약속하신 말씀 위에서
>
> 영원하신 주의 사랑 힘입고
>
> 성령으로 힘써 싸워 이기며
>
> 약속 믿고 굳게 서리라
>
> 굳게 서리 영원하신 말씀 위에 굳게 서리
>
> 굳게 서리 그 말씀 위에 굳게 서리라 (546장)

고린도전서 13:1-7절 분석도표

주제 : 사랑이 없으면 아무 것도 아니요

<table>
<tr><td rowspan="1">사
랑
이
없
으
면</td><td>

1-3

1 내가 사람의 방언과 천사의 말을 할지라도

사랑이 없으면 소리 나는 구리와 울리는 꽹과리가 되고

2 내가 예언하는 능력이 있어 모든 비밀과 모든 지식을 알고
　또 산을 옮길 만한 모든 믿음이 있을지라도

사랑이 없으면 내가 아무 것도 아니요

3 내가 내게 있는 모든 것으로 구제하고
　또 내 몸을 불사르게 내줄지라도　**사랑이 없으면 내게 아무 유익이 없느니라**

</td></tr>
<tr><td>신
앙
인
격</td><td>

4-7

4 사랑은 오래 참고
　사랑은 온유하며

	시기하지	아니하며
사랑은	자랑하지	아니하며
	교만하지	아니하며
5	무례히 행하지	아니하며
	자기의 유익을 구하지	아니하며
	성내지	아니하며
	악한 것을 생각하지	아니하며
6	불의를 기뻐하지	아니하며
	진리와 함께	기뻐하고
7	모든 것을	참으며
	모든 것을	믿으며
	모든 것을	바라며
	모든 것을	견디느니라

13 그런즉 믿음, 소망, 사랑, 이 세 가지는 항상 있을 것인데

그 중의 제일은 사랑이라

</td></tr>
</table>

사랑이 없으면 아무 것도 아니요

설교 작성 노트

고린도전서 13장을 "사랑의 송가"라고 말한다. 그런데 문맥적으로 보면 은사와 지식이 있노라고 자랑하는 고린도교회를 향해서 "너희는 더욱 큰 은사를 사모하라 내가 또한 가장 좋은 길을 너희에게 보이리라"(12:31)한 다음에 "내가 사람의 방언과 천사의 말을 할지라도 사랑이 없으면 소리 나는 구리와 울리는 꽹과리가 된다"(13:1)고 말씀하는 문맥이다. 이런 맥락에서 본문은 사랑의 송가가 아니라 성숙한 그리스도인의 신앙인격을 말씀하는 것이다. 이를 증언하려는 것이 내용목적이다.

사도는 "유대인은 표적을 구하고 헬라인은 지혜를 찾는다"(1:22)고 말한다. 거짓된 인간은 오늘날도 동일하다. 그런데 "방언도, 천사의 말"도 사랑이 없으면 울리는 꽹과리, 즉 소음이 된다고 말씀한다. 여기에 적용목적이 있다 하겠다.

강론

고린도전서 13장을 흔히 "사랑의 송가"라 부릅니다. 그리하여 아름다운 말을 다 동원하여 찬사를 아끼지 않고 있습니다. 그런데 이를 기록한 바울의 의도는 전연 다른 것입니다. 바울은 결코 "사랑" 자체를 예찬하고 있는 것이 아닙니다. "천사 같은 말"을 하는 설교자를 향해, "거룩 거룩"하면서 기도하는 장로에게, "불로, 불로"하고 외치는 부흥 강사에게, "봉사"를 많이 하는 권사에게, "믿습니다, 믿습니다"하는 집사에게, "방언"을 말하는 신령한 채 하는 자를 향해서, "네게 사랑이 있느냐"고 엄숙히 묻고 있는 것입니다.

㉠ 그러므로 첫째로 확고해야 할 점은 사도가 말하는 "사랑"은 어떤 사랑인가 하는 점입니다. 이점을 안심이 될 정도로 자세히 살펴보고자 합니다. 본문이 말씀하는 사랑은 아가페 사랑으로 이는 타고나는 생래적(生來的)인 성품이 아닙니다. 사도 요한은 "사랑은 하나님께 속한 것이니, 하나님은 사랑이시라"(요일 4:7, 8)고 말씀합니다. 사랑이 "하나님께 속한 것"이라는 뜻은 "love comes from God"(NIV), 즉 사랑의 발원(發源)은 하나님으로부터 나온다는 뜻입니다.

사랑은 내리 사랑이라고 말하는데, 예를 들어 암탉이 병아리를 나래 아래 모으고, 제비가 새끼에게 먹이를 물어다 먹이는 것은 언제 누구로부터 배운 것입니까? 창조주 하나님의 사랑이 피조물에게까지도 미쳤기 때문(자연계시)이라고 밖에는 달리는 설명할 길이 없는 것입니다.

이처럼 "창세로부터 그의 보이지 아니하는 것들 곧 그의 영원하신 능력과 신성이 그가 만드신 만물에 분명히 보여 알려졌음에도, 썩어지지 아니하는 하나님의 영광을 썩어질 사람과 새와 짐승과 기어 다니는 동물 모양의 우상으로 바꾸었나니라"(롬 1:20, 23)합니다.

그런 배은망덕한 자들에게 하나님의 "사랑이 우리에게 이렇게 나타난바 되었다"(나타난 계시)는 것입니다. 어떻게 나타났는가? "하나님이 자기의 독생자를 세상에 보내심은 그로 말미암아 우리를 살리려 하심이라"(요일 4:9)고 말씀합니다. "독생자"를 보내주셨다는 것은 하나님이 친히 우리를 찾아오셨다는 "임마누엘"로 자연계시에 비할 수 없는 최대의 사랑인 것입니다.

그런데 하나님의 사랑이 나타난 것만이 아니라 "사랑은 여기 있으니"합니다. 달리 표현하면 "사랑은 이것이다"!!! 라는 뜻입니다. "우리가 하나님을 사랑한 것이 아니요 하나님이 우리를 사랑하사 우리 죄를 속하기 위하여 화목제물로 그 아들을 보내셨음이라"(요일 4:10)합니다. "독생자"를 보내주신 것만이 아니라 "대속제물"로 내어주신 이것이 "사랑"이라는 말씀입니다. 십자가사건은 하나님 사랑의 결정체(結

晶體)요 절정(絶頂)인 것입니다. 그 이상의 사랑은 없습니다.

그런 후에 요한은 "하나님이 우리를 사랑하시는 사랑을 우리가 알고 믿었노니"(요일 4:16)합니다. "알고"는 머리로 아는 지적인 작용이요, "믿었노니"는 마음으로 믿는 것을 의미합니다. "나타난 사랑을, 알고 믿음"으로 받을 때 나의 것이 되는 것입니다. 그래서 "사랑이 우리에게 온전히 이루어지는 것"(요일 4:17)은 하는 것입니다. 이점을 바울은 "하나님의 사랑이 우리 마음에 부은바 되었다"(롬 5:5)고 말씀합니다.

ⓛ 그러면 둘째로 제기되는 문제는 하나님의 "사랑이 우리에게 온전히 이루어지고, 우리 마음에 부은바"되어야 하는데 그러면 언제 어떤 방도로 성도들의 마음에 부어지느냐 하는 점입니다. 바울은, "듣지도 못한 이를 어찌 믿으리요 전파하는 자가 없이 어찌 들으리요"(롬 10:14)하고 하나님의 사랑을 전해주지를 않는데 어떻게 "하나님의 사랑이 부어질 수가 있단 말이냐"고 반문합니다. 그러니까 설교자가 "나타난 사랑, 확증된 하나님의 사랑"을 전해주어야만 한다는 것입니다. 이때 성령께서 듣는 자들에게 믿음을 주시고 그 마음에 하나님의 사랑을 부어주신다는 것입니다.

그러므로 바울이 본문을 통해서 말씀하려는 것은, "무엇을 행했느냐? 행하지 않았느냐"는 문제가 아닙니다. 1-3절에 7번이나 강조하고 있는 "나 자신"을 점검하게 합니다. 이 "나"를 간과하기 때문에 13장을 "사랑의 송가"라고 곡해하는 것입니다. 그러므로 1-3절이 모두 "나"라는 인칭으로 시작하는 자신을 점검하게 하는 체크리스트라는 점을 놓친다면 13장은 그야말로 "내게 아무 유익이 없게" 된다는 점을 유념하시기 바랍니다. 바울은 본문에서 "사랑"을 예찬하고 있는 것이 아니라 우리가 어떤 사람이 되어야 마땅한가 하는 그리스도인의 신앙인격을 말씀하고 있는 것입니다.

그러므로 본문을 보시면 사도는 "사랑이 없으면"이라는 점을 3번(1, 2, 3)이나 강조하고 있습니다.

㉠ "방언"을 말해도 사랑이 없으면, "아무 것도 아니요",

㉡ "천사의 말"을 해도 사랑이 없으면, "아무 것도 아니요",

㉢ "예언하는 능이 있어도" 사랑이 없으면, "아무 것도 아니요",

㉣ "산을 옮길 만한 믿음이 있을지라도" 사랑이 없으면, "아무 것도 아니요"(1-2)합니다.

우리를 심각하게 하는 것은, "사랑이 없으면 내가 아무 것도 아니요"(2하)라고 말씀한다는 점입니다. 이는 "은사나 말씀"이 아무 것도 아니라는 뜻이 아닙니다. 바울이 찌르고 있는 핵심은 목사인 "내가", 장로인 "내가", 권사인 "내가" 아무 것도 아니라는 말입니다.

바울이 거론하고 있는 "방언, 천사의 말, 예언, 믿음" 등은 12장에서 언급한 성령의 은사들(12:8-10)이요, 고린도교회 성도들이 선호하고 자랑하는 은사들임을 유념해야만 합니다. "방언과 천사의 말"을 결부시키고 있는 것은 자신이 말하는 방언이 "천사의 말"이라고 여겼기 때문일 것입니다. 오늘날도, "사람의 말로 기도하면 사탄의 방해를 받지만 방언으로 말하면 천사의 말이기 때문에 방해를 받지 않고 직통으로 상달이 된다"고 주장는 사람들이 있습니다.

이런 은사들이 "사랑이 없으면" 아무 것도 아니라고 말씀한 후에 바울은 우리가 할 수 있는 최대한의 선행을 예로 듭니다. "내가 내게 있는 모든 것으로 구제하고 또 내 몸을 불사르게 내줄지라도 사랑이 없으면 내게 아무 유익이 없느니라"(3)합니다.

㉠ "내게 있는 모든 것으로 구제"를 해도 사랑이 없으면, "아무 유익이 없고",

㉡ 심지어 "내 몸을 불사르게 내어줄지라도" 사랑이 없으면 내게 아무 유익이 없느니라(3) 합니다. 학자들은 "몸을 불사르게 내어준다"는 것이 무슨 뜻인가 하고 고심하지만 바울의 의도는 사람이 할 수 있는 최대한의 봉사를 말하고자 했을 뿐일 것입니다.

교회 안에 1-3절의 사람, 즉 "방언, 예언, 믿음"의 은사가 있고, "구제, 내 몸을 불사름" 등의 봉사와 헌신을 하는 성도가 있다면 최상의 그리스도인이라 할 것입니다. 그런데 사도는 "내가 아무 것도 아니요, 내게 아무 유익이 없느니라"고 말씀합니다.

은사가 아닙니다. 능력도 아닙니다. 지식도 아닙니다. 그렇다고 선행도 아닙니다. 문제는 하나님의 자녀라고 말하는 "내가", 목사인 "내가", "하나님은 사랑이시라"는 하나님 아버지를 닮았느냐 하는 신앙인격이 문제인 것입니다. 그러므로 이어지는 말씀(4-7)은 사랑의 특성이 아니라, 그리스도인의 "신앙인격"인 것이 됩니다.

4-7절의 성품은 예수 그리스도를 염두에 두고 한 말씀일 것입니다. 왜냐하면 선생과 제자의 관계, 아버지와 자녀의 관계는 닮음의 관계이기 때문입니다. 그러니까 1-3절에서 7번이나 강조한 "나 자신"이 이런 신앙인격자인가를 묻고 있는 셈입니다. 그러므로 4-7절을 이렇게 읽으면 의미가 더욱 분명해질 것입니다.

㉠ 하나님의 사랑이 마음에 부어진 사람은 "오래 참고",

㉡ 하나님의 사랑이 마음에 부어진 사람은 "온유하며"(4상),

㉢ 하나님의 사랑이 마음에 부어진 사람은 "시기하지 아니하며",

㉣ 하나님의 사랑이 마음에 부어진 사람은 "자랑하지 아니하며",

㉤ 하나님의 사랑이 마음에 부어진 사람은 "교만하지 아니하며"(4),

㉥ 하나님의 사랑이 마음에 부어진 사람은 "무례히 행하지 아니하며",

ⓧ 하나님의 사랑이 마음에 부어진 사람은 "자기의 유익을 구하지 아니하며",

ⓞ 하나님의 사랑이 마음에 부어진 사람은 "성내지 아니하며",

ⓩ 하나님의 사랑이 온전히 이루어진 사람은 "악한 것을 생각지 아니하며",(5)

ⓒ 하나님의 사랑이 온전히 이루어진 사람은 "불의를 기뻐하지 아니하며",

ⓚ 하나님의 사랑이 온전히 이루어진 사람은 "모든 것을 참으며"

ⓣ 하나님의 사랑이 온전히 이루어진 사람은 "모든 것을 믿으며"

ⓟ 하나님의 사랑이 온전히 이루어진 사람은 "모든 것을 바라며"

ⓗ 하나님의 사랑이 온전히 이루어진 사람은 "모든 것을 견디느니라".

바울은 에베소교회를 향해, "그러므로 사랑을 받는 자녀 같이 너희는 하나님을 본받는 자가 되라"(엡5:1)고 말씀합니다. 그런데 고린도교회를 향해서는, "내가 그리스도를 본받는 자가 된 것 같이 너희는 나를 본받는 자가 되라"(고전 11:1)고 말씀합니다. "하나님을 본받는 자가 되라"는 것과, "나를 본받는 자가 되라"는 것에는 어떤 차이가 있을까요? 은사와 지식을 자랑하는 고린도교회 성도들의 영성이 에베소교회에 비해 못 미치기 때문이 아니겠습니까?

그렇다면 한국교회를 향해서, 그리고 우리교회를 향해서는 무엇이라고 말씀할 것인가? 대답과 결단은 형제의 몫입니다.

오늘날은 예수 믿는 사람이 없는 것이 문제가 아닙니다. 저 자신을 포함해서 "하나님을 본받는 자, 그리스도를 본받는 자"가 "예루살렘 거리로 빨리 다니며 그 넓은 거리에서 찾아보아도"(렘 5:1) 만날 수 없다는 이것이 문제입니다. 예수를 믿는다는 사람이 천만이 "있을지라도 사랑이 없으면 내가 아무 것도 아니라"(2)는 것이 문제인 것입니다. 이것이 "그리스도인의 신앙인격"입니다.

천사의 말을 하는 사람도 사랑 없으면 소용이 없고

심오한 진리 깨달은 자도 울리는 징과 같네.

하나님 말씀 전한다 해도 그 무슨 소용 있나

사랑 없으면 소용이 없고 아무 것도 아닙니다.

마태복음 4:23-5:1-10절 분석도표

주제 : 하나님나라 헌장

4:23-25

23 예수께서 온 갈릴리에 두루 다니사 그들의 회당에서 가르치시며

천국 복음을 전파하시며

백성 중의 모든 병과 모든 약한 것을 고치시니

24 그의 소문이 온 수리아에 퍼진지라

사람들이 모든 앓는 자 곧 각종 병에 걸려서 고통당하는 자,

귀신 들린 자, 간질하는 자, 중풍병자들을 데려오니 그들을 고치시더라

25 갈릴리와 데가볼리와 예루살렘과 유대와 요단 강 건너편에서

수많은 무리가 따르니라

5:1-10

1 예수께서 무리를 보시고 산에 올라가 앉으시니

제자들이 나아온지라

2 입을 열어 가르쳐 이르시되

천국이 그들의 것임이요

3 심령이 가난한 자는	복이 있나니	
4 애통하는 자는	복이 있나니	그들이 위로를 받을 것임이요
5 온유한 자는	복이 있나니	그들이 땅을 기업으로 받을 것임이요
6 의에 주리고		
목마른 자는	복이 있나니	그들이 배부를 것임이요
7 긍휼히 여기는 자는	복이 있나니	그들이 긍휼히 여김을 받을 것임이요
8 마음이 청결한 자는	복이 있나니	그들이 하나님을 볼 것임이요
9 화평하게 하는 자는	복이 있나니	그들이 하나님의 아들이라 일컬음을 받을 것임이요
10 의를 위하여		
박해를 받은 자는	복이 있나니	

천국이 그들의 것임이라

하나님나라 헌장

설교 작성 노트

유대인들이 예수님에게 물었다. "우리가 어떻게 하여야 하나님의 일을 하오리이까?", 주님은 "하나님께서 보내신 이를 믿는 것이 하나님의 일이니라"(요 6:28-29)고 대답하신다. 우리가 주님께 "제가 무엇을 하기를 원하십니까"라고 묻는다면 주님은, "8복의 사람이 되라"고 말씀하실 것이다. 이것이 본 설교의 내용 목적이다. 다윗처럼 큰일과 많은 업적을 남긴 왕도 드물 것이다. 그런데 정작 그는 말한다.

여호와여 내 마음이 교만하지 아니하고

내 눈이 오만하지 아니하오며

내가 큰일과

감당하지 못할 놀라운 일을 하려고 힘쓰지 아니하나이다

실로 내가 내 영혼으로 고요하고 평온하게 하기를

젖 뗀 아이가 그의 어머니 품에 있음 같게 하였나니

내 영혼이 젖 뗀 아이와 같도다

이스라엘아 지금부터 영원까지 여호와를 바랄지어다 (시 131편)

"무슨 일"을 하는 것이 먼저가 아니라 우리의 "심령"이 어떠한가에 관심하신다. 형제의 심령이 "가난한가? 젖 뗀 아이가 어머니 품에 있음 같은 평안이 있는가?" 여기에 본 설교의 적용목적이 있다 하겠다.

강론

우리가 오해하고 있는 것 중 하나가 교회에 나가면, 예수를 믿으면 "무엇인가를 행해야하는 것이라"는 인식이라 하겠습니다. 예를 들면 "선을 행해야 한다, 전도를 해야 한다, 헌금을 해야 한다"는 식이지요. 그래서 부자 청년은, "선한 선생님이여 내가 무엇을 하여야 영생을 얻으리이까"(막 10:17)라고 물었고, 유대인들도 "우리가 어떻게 하여야 하나님의 일을 하오리이까"라고 물었던 것입니다.

본문은, "예수께서 무리를 보시고 산에 올라가 앉으시니 제자들이 나아온지라 입을 열어 가르쳐 이르시되"(1-2)하고 시작이 됩니다. 4장 마지막 절을 보면 "갈릴리와 데가볼리와 예루살렘과 유대와 요단 강 건너편에서 수많은 무리"가 주님 곁으로 모여왔습니다.

이들을 향해 주님은, "이렇게 하라, 저렇게 하라"고 말씀하시지 않으셨습니다. 본문에는 "…자(者)"라는 말이 8번이나 반복적으로 강조되어 있는데 이는 천국 백성은 어떤 사람인가를 말씀함입니다. 왜냐하면 우선적으로 중요한 것은 "일"이 아니라 "사람"이기 때문입니다. 주님은 먼저 어떤 사람이 되어야 마땅한가 하는 신앙인격을 말씀하시는 것입니다. 그러므로 8복의 사람은 나 자신의 신앙인격을 점검하게 하는 체크리스트라 할 수가 있습니다. 8복을 두 번에 나누어 살펴보겠습니다.

주님은 "우리가 어떻게 하여야 하나님의 일을 하오리이까"라고 묻는 자들에게 의외라 싶게, "하나님께서 보내신 이를 믿는 것이 하나님의 일이니라"(요 6:28-29)고, 행함이 아니라 "믿으라"고 대답하십니다. 그러면 하나님의 보내신 자 곧 예수 그리스도를 믿는 자는 어떤 사람인가 하고 묻게 됩니다. 첫째로, "심령이 가난한 자는 복이 있나니"(3상)하십니다. 주님의 관심은 무엇을 행했느냐? 또는 행하지 않았느냐 하는 "일"이 아니라 "사람" 자체에 관심하고 계십니다.

그것도 외모가 아니라 "심령"(心靈), 즉 마음과 영혼에 관심하십니다. 이점이 주님을 찾아온 니고데모에게, "진실로 진실로 네게 이르노니 사람이 거듭나지 아니하면 하나님의 나라를 볼 수 없느니라"(요 33)고 말씀하신 데서도 드러납니다. 왜냐하면 하나님의 형상대로 지음을 받았다는 것은 외모가 아니라 심령이요, 인류의 시조가 죄를 범함으로 이 "심령"이 타락했기 때문입니다.

첫 말씀이 "심령이 가난한 자는"하십니다. 물질적인 가난이 아니라 "심령이 가난한 자"라 하십니다. 그런데 "가난" 중에도 정도의 차이가 있기 마련인데 주님이 말씀하신 "가난"은 원어로 푸트코스로 가진 것이라고는 아무 것도 없는 극빈자를 의미합니다. 이 말씀은 우리를 대번에, "모세야, 모세야 네가 선 곳은 거룩한 땅이니 네 발에서 신을 벗으라"(출 3:5)하신 하나님 존전(尊前)으로 인도합니다. 왜냐하면 "심령이 가난한 자"라 하심은 사람 앞에서가 아니라 하나님 앞에서 내 놓을 것이라고는 아무 것도 없는 극빈자를 의미하기 때문입니다.

두 사람이 기도하러 성전에 올라갔습니다. 한 사람은 바리새인이요, 한 사람은 세리였습니다. 바리새인은 하나님 앞에서 시종일관 이렇게, 이렇게 행했노라고 자신이 행한 자랑을 늘어놓았습니다. 그러나 세리는 "멀리 서서 감히 눈을 들어 하늘을 쳐다보지도 못하고 다만 가슴을 치며, 하나님이여 불쌍히 여기소서 나는 죄인이로소이다", 한 마디뿐이었습니다.

주님은 "저 바리새인이 아니고 이 사람이 의롭다 하심을 받고 그의 집으로 내려갔느니라"(눅 18:13-14)고 말씀하십니다. 이것이 주님이 말씀하시는 "심령이 가난한 자"입니다. 인간의 윤리기준으로 본다면 바리새인과 세리 중 누가 더 의로운 사람이라 하겠습니까? 그러나 하나님 앞에서 세리는 "심령이 가난했고", 바리새인은 자랑거리가 많은 "심령이 부한 자"였던 것입니다.

그러므로 "심령이 가난한 자는 복이 있나니"하신 말씀은 인간의 행위로는 구원에 이를 수 없다는 자력구원의 불가능성을 나타냅니다. 이 말씀은 우리를, "건강한 자에게는 의사가 쓸데없고 병든 자에게 라야 쓸데 있느니라, 나는 의인을 부르러 온 것이 아니요 죄인을 부르러 왔노라"(마 9:12-13)하신 그리스도에게로 인도해 줍니다.

그래서 "천국이 그들의 것임이요"(3하)하십니다. 부귀영화가 그들의 것이라 하시는 것이 아닙니다. "천국"이 그들의 것이라 하십니다. 이처럼 8복은 "천국"(3)으로 시작하여, "천국"(10)으로 마치고 있음을 주목해야만합니다. 왜냐하면 "생명이 그 소유의 넉넉한 데 있지 아니하기"(눅 12:15) 때문입니다. 하나님께서 아브라함에게, "네 씨로 말미암아 천하 만민이 복을 받으리라"(창 22:18)하신 복은 지상의 복이 아니라 천국의 복이었던 것입니다. "심령이 가난한 자는 복이 있습니다. 천국이 그들의 것입니다"(3).

둘째로, "애통하는 자는 복이 있나니"(4상)하십니다. 어떤 사람이

"애통"(哀痛)하게 되는가? 심령의 가난함을 깨달은 사람만이 애통하게 되는 것입니다. 사울이 바울 되기 전에는 결코 심령이 가난한 사람도 아니었고, 애통하는 사람도 아니었습니다. "주의 제자들에 대하여 여전히 위협과 살기가 등등하던"(행 9:1)자였습니다. 그러했던 그가 해보다 더 밝은 빛 앞에 서게 되었을 때에, "죄인 중에 내가 괴수"라고 깨어졌고, "오호라 나는 곤고한 사람이로다 이 사망의 몸에서 누가 나를 건져내랴"(롬 7:24)고 비로소 애통하기에 이르렀던 것입니다.

성경은 말씀합니다. "하나님께서 구하시는 제사는 상한 심령이라 하나님이여 상하고 통해하는 마음을 주께서 멸시치 아니하시리이다"(시 51:17). 그러므로 선지자들은, "여호와의 말씀에 너희는 이제라도 금식하고 울며 애통하고 마음을 다하여 내게로 돌아오라 하셨나니 너희는 옷을 찢지 말고 마음을 찢고 너희 하나님 여호와께로 돌아올지어다"(욜 2:12-13)고 외쳤던 것입니다. 이것이 "애통하는 자는 복이 있다"는 의미입니다.

오늘날은 "스마일"이 인기가 있습니다. 설교자들을 보십시요. 모두가 "스마일"입니다. 그러나 오늘의 형편은 "들으라 부한 자들아, 너희에게 임할 고생으로 말미암아 울고 통곡하라"(약 5:1)고 외쳐야 할 상황인 것입니다.

"그들이 위로를 받을 것임이요"(4하)하십니다. 세상은 "가난, 애통"

을 좋아하지 않습니다. 그러나 심령의 가난함을 인하여 애통하는 자만이 위로를 필요로 하고, 하나님은 그런 자를 위로해주시는 것입니다. 그런데 주님이 말씀하시는 "위로"는 세상적인 위로가 아닙니다.

사도 바울은 "찬송하리로다 그는 우리 주 예수 그리스도의 하나님이시요 자비의 아버지시요 모든 위로의 하나님이시며 우리의 모든 환난 중에서 우리를 위로하사 우리로 하여금 하나님께 받는 위로로써 모든 환난 중에 있는 자들을 능히 위로하게 하시는 이시로다 그리스도의 고난이 우리에게 넘친 것 같이 우리가 받는 위로도 그리스도로 말미암아 넘치는도다"(고후 1:3-5)고 말씀합니다.

이런 위로는 성령의 감화로 주어지는 것입니다. 왜냐하면 성령(聖靈)님이 바로 "위로 자"(요 14: 16, 눅 2:25, 행 9:31)이시기 때문입니다. "애통하는 자는 복이 있습니다. 그들이 위로를 받을 것입니다"(4).

셋째로, "온유한 자는 복이 있나니"(5상)하십니다. 어떤 사람이 온유한 자인가? "심령의 가난함"을 깨닫고, "애통"한 자만이 비로소 온유해질 수가 있는 것입니다. 여러분은 조약돌을 아실 것입니다. 그것은 본래부터 동굴동굴 한 것이 아니었습니다. 삐죽 삐죽한 다치기 쉬운 돌이었는데 오랜 세월 풍랑에 마모되어 동굴동굴 한 조약돌이 된 것입니다. 이처럼 "온유와 겸손"은 "심령의 가난함과 애통"의 과정을 거쳐서만이 형성이 되는 것입니다.

"심령의 가난함과, 애통"이 하나님 앞에서 자신의 전적타락, 전적무능을 고백하는 것이라면, "온유"는 이웃과의 관계에서 나타나지는 성품이라 하겠습니다. 우리는 하나님 앞에 심령의 가난함을 인정하면서 애통해할 수가 있습니다. 그러나 이웃에 대해서는 많은 사람을 다치게 하는 "삐죽 삐죽한 돌, 걸려 넘어지게 하는 돌"이 될 수가 있습니다. 이럴 경우 그의 애통이 진정한 애통이었는가의 시금석이 되는 것입니다. "너희는 의인을 정죄하고 죽였으나 그는 너희에게 대항하지 아니하였느니라"(약 5:6). 그렇습니다. "온유와 겸손"은 주님의 성품입니다. 온유한 자는 주님의 속성을 닮은 자인 것입니다.

그렇다고 "온유한 자"란 결코 나약한 자를 가리키는 말이 아닙니다. 숫돌이 쇠를 갈 듯이 온유한 자란 진정으로 강한 자를 의미합니다. 그래서 "그들이 땅을 기업으로 받을 것임이요"(5하)하시는 것입니다. 폭군들이 무력으로 한 때 세계를 제패하는 듯하지만, 그들의 말로는 비참한 패배자가 된다는 점을 역사가 증언합니다.

그러나 "그는 죄를 범하지 아니하시고 그 입에 거짓도 없으시며 욕을 당하시되 맞대어 욕하지 아니하시고 고난을 당하시되 위협하지 아니하신"(벧전 2:22-23) 나사렛 사람은 사랑으로 세계를 정복하셨습니다. "온유한 자는 복이 있습니다. 그들이 땅을 기업으로 받을 것입니다."(5).

넷째로, "의에 주리고 목마른 자는 복이 있나니"(6상)하십니다. 어떤 사람이 "의에 주리고 목마른 자"인가? 심령의 가난함을 깨닫고, 그래서 애통하고, 온유 겸손해진 자만이 그 영혼이 의에 주리고 목말라 하게 되는 것입니다. 시편에는 "의에 주리고 목말라" 하는 자들의 갈급함으로 가득합니다.

> 하나님이여
>
> 사슴이 시냇물을 찾기에 갈급함 같이
>
> 내 영혼이 주를 찾기에 갈급하니이다
>
> 내 영혼이 하나님 곧 살아 계시는 하나님을 갈망하나니
>
> 내가 어느 때에 나아가서 하나님의 얼굴을 뵈올까(시 42:1-2).
>
> 내가 주의 계명들을 사모하므로 내가 입을 열고 헐떡였나이다.
>
> 주의 말씀을 조용히 읊조리려고 내가 새벽녘에 눈을 떴나이다
>
> (119:131, 148).

얼마나 갈급 했으면 "헐떡였다"고 말하고 있을까요? 현대교회의 문제가 어디에 있다고 여겨지십니까? 심령의 가난함을 모릅니다. 그리하여 애통과 온유가 없습니다. 그들에게 "의에 주리고 목마름"이 있겠습니까? 사도 바울은 성령의 통찰력으로, "너는 이것을 알라 말세에 고통하는 때가 이르러 사람들이 자기를 사랑하며 돈을 사랑하며"(딤후

3:1-2)라고 경계했습니다. 현대인들은 "자기 자신"에 목말라 있고, 돈에 목말라 있습니다. 그리하여 축복에 목이 말라" 있는 것입니다.

어찌하여 "의에 주리고 목마른 자"가 되어야 합니까? 이는 하나님과의 관계성, 즉 하나님과 바른 관계를 유지하기 위해서는 반드시 "의롭다함"을 얻어야만 하기 때문입니다. 죄로 말미암아 하나님의 존전에서 추방당한 아담의 후예들의 절체절명의 소원이 무엇이겠습니까? "내가 어느 때에 나아가서 하나님 앞에 뵈올꼬"(시 42:2)하는 소원입니다. 이런 맥락에서 "심령의 가난함, 애통, 온유"는 우리를 "의에 주리고 목마른 자"가 되도록 인도해주기 위한 초등교사와 같은 것입니다.

그러므로 구원계획에 있어서 최대의 난제(難題)와 해답은, "사람이 의롭게 되는 것이" 어떻게 가능해지는가에 있는 것입니다. 8복의 핵심도 "의에 목마름"에 있습니다. 그런데 "율법(인간)의 행위로 그의 앞에 의롭다함을 얻을 육체가 없다"(롬 3:20)고 단언합니다. 사람이 의롭게 되는 것은 "율법의 행위로 말미암음이 아니요 오직 예수 그리스도를 믿음으로 말미암는 줄 알므로 우리도 그리스도 예수를 믿나니"(갈 2:16)합니다.

그러므로 8복의 구조는 시내산을 오르는 모세처럼 한 단계 한 단계 오르듯 하는 구조입니다. 먼저 "심령이 가난함"을 깨닫는 단계, "애통하는” 단계, “온유”해지는 단계, 그리하여 “의에 주리고 목말라”하는 지점에까지 이르게 됩니다. 드디어 “그들이 배부를 것임이요”(6하)하는 정상(頂上)에 이르게 되는 것입니다. 그렇습니다. “심령의 가난함, 애통, 온유”는 비우는 단계입니다. 비운 자만이 “배부를 것임이요”하는 채우심을 받게 되는 것입니다.

베드로는, “신의 성품에 참여”하는 단계를 8단계로 말씀합니다. “믿음”으로 시작하여, “믿음에 덕을, 덕에 지식을, 지식에 절제를, 절제에 인내를, 인내에 경건을, 경건에 형제 우애를, 형제 우애에 사랑을 공급하라”(벧후 1:4- 7)고, 그 정점(頂點)을 “사랑”으로 마치고 있습니다. 왜냐하면 “하나님은 사랑이시라”, 여기가 정상이기 때문입니다. “그곳은 빛과 사랑이 언제나 넘치옵니다”한 “사랑”의 경지, 이것이 “의에 주리고 목마른 자들이 배부름을 얻는” 경지이기도 합니다.

주님은 승천하시면서 교회에 “목사와 교사”를 주셨습니다. “이는 성도를 온전하게 하여 봉사의 일을 하게하며 그리스도의 몸을 세우기”(엡 4:12) 위해서라고 말씀합니다. 한 사람이 천국백성으로 태어날 때는 어린애로 태어나게 됩니다. 그런 “성도를 온전하게”, 즉 성숙(成熟)한 그리스도인이 되도록 양육해야 하는 것입니다. 이 성숙이 바로 “8복”의 사람인 것입니다. 그런 후에 “봉사의 일”을 감당하게 되어 “그리스도의 몸", 즉 교회를 세워나가게 되는 것입니다. 형제는 지금 어느 단계에 도달해 있습니까?

현대교회의 문제가 어디에 있는가? 바로가 "감독들을 그들 위에 세우고 그들에게 무거운 짐을 지워 괴롭게 하여 그들에게 바로를 위하여 국고성 비돔과 라암셋을 건축하게"(출 1:11)함과 같이 예배당 건물을 짓되 크게 짓고, 단시일에 교인 숫자를 늘리려는 성장에만 관심하고 "심령"을 등한히 여기는데 있는 것은 아닌지요? 그러나 나아오는 무리들을 향한 주님의 관심은, "심령이 가난한 자는 복이 있나니 천국이 그들의 것임이요 애통하는 자는 복이 있나니 그들이 위로를 받을 것임이요 온유한 자는 복이 있나니 그들이 땅을 기업으로 받을 것임이요 의에 주리고 목마른 자는 복이 있나니 그들이 배부를 것임이요"(3-6)하십니다. 이것이 "하나님의 나라와 1-4복의 사람"입니다.

> 이 죄인을 완전케 하옵시고 내 맘 속에 영원히 거하소서
> 죄 가운데 빠졌던 몸과 맘을 희 눈보다 더 희게 하옵소서
> 눈보다 더욱 희어지게 곧 씻어서 정결케 하옵소서 (426장)

마태복음 5:1-10절 분석도표

주제 : 8복의 사람이 하나님나라 백성이다

가난함과 배부름	**1-6**		
	1 예수께서 무리를 보시고 산에 올라가 앉으시니 제자들이 나아온지라		
	2 입을 열어 가르쳐 이르시되		
	3 심령이 가난한 자는	복이 있나니	**천국이 그들의 것임이요**
	4 애통하는 자는	복이 있나니	그들이 위로를 받을 것임이요
	5 온유한 자는	복이 있나니	그들이 땅을 기업으로 받을 것임이요
	6 의에 주리고 목마른 자는	복이 있나니	그들이 배부를 것임이요

나눠줌	**7-10**		
	7 긍휼히 여기는 자는	복이 있나니	그들이 긍휼히 여김을 받을 것임이요
	8 마음이 청결한 자는	복이 있나니	그들이 하나님을 볼 것임이요
	9 화평하게 하는 자는	복이 있나니	그들이 하나님의 아들이라 일컬음을 받을 것임이요
	10 의를 위하여 박해를 받은 자는	복이 있나니	**천국이 그들의 것임이라**

8복의 사람이 하나님나라 백성이다

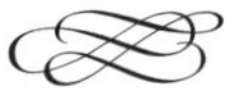

설교 작성노트

시편에는 "성전에 올라가는 노래"라는 표제가 있는 시들이 있다. 8복 중 1-4째의 복은 "올라가는 자의 복"이라 할 수가 있고, 5-8째의 복은 "내려오는 자", 즉 세상으로 보냄을 받는 자의 복이라 할 수가 있다. 여기에 본 설교의 내용목적이 있다.

주님은 율법을 하나님 사랑과 이웃 사랑이라는 두 가지로 요약해주셨는데, 1-4복이 하나님 사랑이라면 5-8복인 "긍휼히 여기는 자, 마음이 청결한 자, 화평하게 하는 자, 의를 위하여 박해를 받는 자"란 이웃과의 관계에서 나타나지는 특성들이다. 여기에 적용목적이 있다 하겠다.

강론

지난 시간에는 8복 중 1-4복의 사람에 대해서 살펴보았습니다. 오늘은 5-8복의 사람은 어떤 사람인가를 살펴보도록 하겠습니다. 주님께서 말씀하신 8복은 각각 동떨어진 단편적인 복이 아닙니다. 죄를 깨닫는 회개(심령 가난, 애통)와, 거듭남(의에 주리고 목마름)으로 시작하여 세상에 보냄을 받아 "긍휼과 화평"을 베풀면서 "의를 위하여 박해를 받는" 영적 군사로 성장해 가는 점진(漸進)성을 나타내는 복인 것입니다. 그러니까 성숙되어 가는 그리스도인의 신앙인격을 말씀함입니다.

지난 시간에 상고한 1-4복은 "가난함"으로 시작하여 "배부름"(8)으로 마치고 있는데 이는 마치 "저 높은 곳을 향하여 날마다 나아갑니다"(찬송)하는 "올라가는" 여정입니다. 그러면 "배부름"을 받은 후에는 어떤 삶을 살아야만 하는가? 자신만 배부르면 되는 것이 아니라 5-8복으로 나아가야만 하는 것입니다. 이는 세상으로 보냄을 받는 "내려가는" 과정인 것입니다.

이점에서 주님을 따라 변화산상에 오른 제자들을 생각하게 합니다. "변형"되시는 주님의 모습을 목격한 제자들은 무엇이라고 말했습니까? "주여 우리가 여기 있는 것이 좋사오니"(마 17:2-4), 즉 "여기서 초막 셋을 짓고 천년만년 사십시다"한 셈입니다.

그러나 주님은 문제가 기다리고 있는 산 아래로 내려오셨습니다.

그렇습니다. "그들이 배부를 것임이요"(6하)를 맛본 자는, "밤 깊도록 동산 안에 주와 하게 있으려 하나 괴론 세상에 할 일 많아서 날 가라 명하신다"(찬송 442장)한 찬송같이 "가서 제자 삼으라"고 명하십니다. 이처럼 1-4째의 복이 마치 올라가는 모습이라면 5-8째 복은 내려오는 것과 같은 내용입니다.

주님은 다섯 번째로, "긍휼히 여기는 자는 복이 있나니"(7상)하십니다. 어떤 사람이 "긍휼히 여기는 자"가 되겠습니까? "심령의 가난함을 깨닫고, 애통하고, 온유해지며, 의에 주리고 목말랐다가 배부름을 얻은 자"입니다. 주님은 잡히시던 날 밤 제자들의 발을 씻어주시면서, "내가 주와 또는 선생이 되어 너희 발을 씻었으니 너희도 서로 발을 씻어 주는 것이 옳으니라"(요 13:14)고 말씀하셨습니다. 발 씻음을 받은 자만이 형제의 발을 씻어줄 수가 있기 때문입니다.

그러므로 "심령의 가난, 애통, 온유, 목마름"을 통해서 "배부름", 즉 긍휼히 여김을 받은 자만이 긍휼을 베풀 수가 있는 것입니다. 그리고 또다시 긍휼을 베풀 수 있도록 "그들이 긍휼히 여김을 받을 것임이요"(7)하십니다. 이처럼 "긍휼히 여기는 자"란, 다른 말로 표현하면, "너희가 거저 받았으니 거저 주어라"(10:8)는 뜻이 되는 것입니다.

주님은, "악한 종아 네가 빌기에 내가 네 빚을 전부 탕감하여 주었거늘 내가 너를 불쌍히 여김과 같이 너도 네 동료를 불쌍히 여김이 마땅하지 아니하냐"(18:32-33)하십니다. 그리고 성경은, "긍휼을 행하지 아니하는 자에게는 긍휼 없는 심판이 있으리라"(약 2:13)고 경고하십니다. "긍휼히 여기는 자는 복이 있습니다. 그들이 긍휼히 여김을 받을 것입니다"(7).

주님은 여섯 번째로, "마음이 청결(淸潔)한 자는 복이 있나니"(8상)하십니다. "마음이 청결하다"는 것은 자기중심(自己中心)에서 하나님 중심이 되어 "자기의 유익을 구하지 아니하는"(고전 13:5) 이타적인 마음을 의미합니다. "사람의 마음에서 나오는 것은 악한 생각 곧 음란과 도둑질과 살인과 간음과 탐욕과 악독과 속임과 음탕과 질투와 비방과 교만과 우매함이라"(막 7:21-22)하신 것은 "청결"한 마음과는 반대되는 혼탁한 상태입니다.

그러면 어떤 사람이 마음이 청결한 자가 될 수가 있겠습니까? "심령의 가난함, 애통, 온유"를 통해서 마음을 비우고, "의에 주리고 목마름"을 통해서 채움을 받은 사람, 그리하여 "긍휼히 여기는 자"만이 "마음이 청결한 자"가 될 수가 있는 것입니다.

유대인들은 외식적인 "청결"을 중요시했습니다. 그 한 예로 바리새인이, "당신의 제자들이 어찌하여 장로들의 전통을 범하나이까 떡을 먹을 때에 손을 씻지 아니하나이다"라고 비난한 데서 볼 수가 있습니다. 그런데 주님은, "입으로 들어가는 것이 사람을 더럽게 하는 것이 아니라 입에서 나오는 그것이 사람을 더럽게 하는 것이니라"(15:1-2, 11)고, "마음"이 청결해야함을 지적하셨습니다. 그러므로 "마음이 청결한 자"란 "너희 안에 이 마음을 품으라 곧 그리스도 예수의 마음이니"(빌 2:5)한 그리스도 예수의 마음을 품은 자인 것입니다.

"그들이 하나님을 볼 것임이요"(8하)하십니다. 하나님을 볼 자가 있단 말인가? 형제는 맑은 호수에 주변의 아름다운 경치가 비치는 아름다운 광경을 본 적이 있으시겠지요? "주여 우리가 어느 때에 주께서 주리신 것을 보고 음식을 대접하였으며 목마르신 것을 보고 마시게 하였나이까"하자 주님은 "여기 내 형제 중에 지극히 작은 자 하나에게 한 것이 곧 내게 한 것이니라"(25:37, 40)고, 지극히 작은 자와 자신을 동일시하셨습니다.

그렇다면 가난한 작은 형제에게서 주님을 볼 수 있어야 하지 않겠습니까? 그리고 결국에는, "우리가 다 수건을 벗은 얼굴로 거울을 보는 것 같이 주의 영광을 보매 그와 같은 형상으로 변화하여 영광에서 영광에 이르니 곧 주의 영으로 말미암음이니라"(고후 3:18)한 영광을 볼 날이 이르게 될 것입니다. "마음이 청결한 자는 복이 있습니다. 그들이 하나님을 볼 것입니다."

일곱 번째로, "화평하게 하는 자는 복이 있나니"(9상)하십니다. 어떤 사람이 화평하게 하는 자이겠습니까? "심령의 가난함, 애통, 온유, 의에 주리고 목마름, 긍휼, 마음 청결함"을 거친 자라면 필연적으로 "화평(和平)하게 하는 자"의 사명을 감당하게 될 것입니다.

화평하게 하는 자가 되기 위해서는 이처럼 희생이 따르는 법입니다. 그러므로 화평하게 하는 자에게는 놀라운 축복이 따르게 되는데, "하나님의 아들이라 일컬음을 받을 것임이요"(9하)하십니다.

왜냐하면, "사랑은 여기 있으니 우리가 하나님을 사랑한 것이 아니요 하나님이 우리를 사랑하사 우리 죄를 속하기 위하여 화목(和睦)제물로 그 아들을 보내셨음이라"고 "화평"하게 하는 사역이 바로 하나님의 아들이신 그리스도의 사역이기 때문입니다.

"천국"(天國)하면 "왕과 백성"(百姓)을 생각하게 합니다. 그런데 "천당"(天堂)하면 "아버지와 자녀"를 생각하게 합니다. 주님은 천국 백성이라 일컬음을 받을 것임이요 하시는 것이 아니라, "하나님의 아들이라 일컬음을 받을 것이라"고 말씀하십니다. 그렇다면 하나님이 바로 "네 아버지"시라는 뜻이 됩니다. 누구의 아버지란 말씀인가? "화평하게 하는 자" 곧 형제의 아버지이십니다. 이것이 "천당"(天堂)의 개념입니다.

산상설교 중에는 하나님을 "너희(네) 아버지"라고 말씀하시는 것이 14번 이상이나 나옵니다. 그렇다면 "심령이 가난한 자"는 "하나님의 아들"이 아니란 말인가? 다시 상기시킵니다만 8복의 사람은 여덟 부류

(部類)의 사람이 아니라, 한 사람 안에 성숙되어 가는 신앙인격을 말씀하고 있다는 점입니다.

이런 맥락에서, "화평하게 하는 자"란 복음 전도와 결부가 되는 것입니다. 왜냐하면 하나님께서, "그리스도로 말미암아 우리를 자기와 화목하게 하시고 또 우리에게 화목(和睦)하게 하는 직분을 주셨고, 화목하게 하는 말씀을 우리에게 부탁하셨기"(고후 5:18-19) 때문입니다. 복음을 전해주어 "화평하게 하는 자는 복이 있습니다. 그들이 하나님의 아들이라 일컬음을 받을 것입니다"(9).

여덟 번째로, "의를 위하여 박해를 받은 자는 복이 있나니"(10상)하십니다. 주님이 말씀하는 "의를 위하여"는, "너희는 먼저 그의 나라와 그의 의를 구하라"(6:33)하신 말씀과 결부되는 "의"인 것입니다. 그러므로 성경이 말씀하는 "의와, 선"은 날카롭게 대조(對照)가 됩니다. 그러니까 불신자는 "선"(善)을 행할 수는 있어도 그의 나라를 위한 "의"(義)를 행하는 자는 아닌 것입니다. 왜냐하면 선을 행하되 하나님의 영광을 위해서가 아니라 자신의 명예를 위해서 행하기 때문입니다.

둘째로 유념할 점은, "의를 위한 박해"라 하신다는 점입니다. 목회 경험상 자신이 덕을 세우지 못함으로 인해서 고난을 당하는 경우가 많은 것을 대하게 되기 때문입니다. 성경은 "죄가 있어 매를 맞고 참으면 무슨 칭찬이 있으리요"(벧전 2:20), 그것은 의를 위한 핍박이 아닌 것입니다.

그러므로 10절에서 "의를 위하여"라 하신 주님은, 11절에서는 "나로 말미암아 너희를 욕하고 박해하고"라고 의를 자신과 동의어로 말씀하십니다. 이는 주님께서 "그의 나라와 그의 의"를 이루기 위하여 오셨기 때문입니다.

그러므로 "먼저 그의 나라와 그의 의"를 구하는 자가 박해를 받게 된다는 것은 불가피한 일입니다. 왜냐하면, "너희가 세상에 속하였으면 세상이 자기의 것을 사랑할 것이나 너희는 세상에 속한 자가 아니요 도리어 내가 너희를 세상에서 택하였기 때문에 세상이 너희를 미워하느니라"(요 15:19)하십니다.

이상에서 살펴본 8복의 사람을 세상은 환영할 것인가? 아닙니다. "이러므로 너희가 그들과 함께 그런 극한 방탕에 달음질하지 아니하는 것을 그들이 이상히 여겨 비방"(벧전 4:4)한다고 말씀합니다. "너희가 그리스도의 이름으로 치욕을 당하면 복 있는 자로다 영광의 영 곧 하나님의 영이 너희 위에 계심이라"(벧전 4:14)고 말씀합니다. "하나님의 영이 너희 위에 계심이라"는 말은 신분과 소속과 영이 다르기 때문에 박해를 받게 된다는 뜻입니다. 그렇다면 우리에게 박해가 없다는 것은 세상과 타협을 했기 때문인지도 모릅니다.

8복의 사람은 "심령이 가난한 자"로 시작하여, "의를 위하여 핍박을 받는 자", 즉 하나님의 나라를 위하여 선한 싸움을 싸우는 당당한 군사로 성장한 것입니다. "천국이 그들의 것임이요"(10하)하십니다. 이처럼 8복은 천국으로 시작하여, 천국으로 마치고 있습니다. 하나님의 구원계획이 무엇인가?

죄로 말미암아 잃어버렸던 자기 백성들을 자기 아들의 대속을 통해서 다시 찾으셔서, "내가 들으니 보좌에서 큰 음성이 나서 이르되 보라 하나님의 장막이 사람들과 함께 있으매 하나님이 그들과 함께 계시리니 그들은 하나님의 백성이 되고 하나님은 친히 그들과 함께 계셔서"(계 21:3)한 하나님과 함께 사는 것을 이루시는 것입니다. 그래서 8복은 "천국으로 시작하여 천국"으로 마치고 있는 것입니다. "의를 위하여 박해를 받은 자는 복이 있습니다. 천국이 그들의 것입니다"(10).

끝으로 11-12절을 보겠습니다. "나로 말미암아 너희를 욕하고 박해하고 거짓으로 너희를 거슬러 모든 악한 말을 할 때에는 너희에게 복이 있나니 기뻐하고 즐거워하라 하늘에서 너희의 상이 큼이라 너희 전에 있던 선지자들도 이같이 박해하였느니라"하십니다. 이 말씀을 독립된 복으로 보아 9복으로 볼 것인가? 아니면 여덟 번째 복의 설명으로 볼 것인가 하는 점은 중요하지 않습니다.

결정적으로 중요한 점은, "전에 있던 선지자들도 이같이 박해하였느니라"고, 마지막에 이르러 "선지자"(先知者)를 언급하심으로 8복의 사람이 특히 목회자들에게 요청되는 신앙인격임을 나타내신다는 점입니다. 목회자가 주님을 닮는다면 성도들도 주님을 닮을 것이기 때문입니다.

그가 진정한 그리스도인이라면 그의 신앙인격 속에는 "8복의 사람"이 어느 부분 형성되어 가고 있다 하겠습니다. 문제는 "온전한 사람을 이루어 그리스도의 장성한 분량이 충만한 데까지 이르기를"(엡 4:13) 사모해야 한다는 점입니다. 그러므로 8복의 사이클은 반복되기 마련입니다.

우리는 이제도 "심령이 가난하고, 그래서 계속적으로 애통하고, 그러므로 이제도 의에 주리고 목말라" 헐떡이는 자들입니다. 그러면서 신앙인격이 점점 예수 그리스도를 닮아가는 자들인 것입니다. 8복의 사람! 그 사람은 천국백성인 바로 당신입니다. 이것이 "하나님나라 헌장"입니다.

주 예수 세상에 다시 오실 그 날엔 뭇 성도 변화하여

주님의 빛나는 그 형상을 다 함께 보며 주 찬양하리

주님의 마음 본 받아 살면서 그 거룩하심 나도 이루리 (455장)

빌레몬서 1:8-19절 분석도표

주제 : 빌레몬서에 등장하는 세 관계성

<table>
<tr><td rowspan="2">돌려보내노니</td><td colspan="2">8-14</td></tr>
<tr><td colspan="2">

8 이러므로 내가 그리스도 안에서 아주 담대하게 네게 마땅한 일로 **명할 수도 있으나**

9 도리어 사랑으로써 **간구하노라** 나이가 많은 나 바울은 지금 또 예수 그리스도를 위하여 갇힌 자 되어

10 **갇힌 중에서 낳은 아들 오네시모를 위하여 네게 간구하노라**

11 그가 전에는 네게 무익하였으나 **이제는 나와 네게 유익하므로**

12 **네게 그를 돌려보내노니**

그는 내 심복이라

13 그를 내게 머물러 있게 하여 **내 복음을 위하여 갇힌 중에서 네 대신 나를 섬기게 하고자 하나**

14 다만 네 승낙이 없이는 내가 아무 것도 하기를 원하지 아니하노니 이는 너의 선한 일이 억지 같이 되지 아니하고 자의로 되게 하려 함이라

</td></tr>
<tr><td rowspan="2">내가 갚겠다</td><td colspan="2">15-19</td></tr>
<tr><td colspan="2">

15 아마 그가 잠시 떠나게 된 것은 너로 하여금 **그를 영원히 두게 함이리니**

16 이 후로는 종과 같이 대하지 아니하고 종 이상으로 곧 **사랑 받는 형제로 둘 자라** 내게 특별히 그러하거든 하물며 육신과 주 안에서 상관된 네게랴

17 그러므로 네가 나를 동역자로 알진대 **그를 영접하기를 내게 하듯 하고**

18 그가 만일 네게 불의를 하였거나 네게 빚진 것이 있으면 **그것을 내 앞으로 계산하라**

19 나 바울이 **친필로 쓰노니 내가 갚으려니와** 네가 이 외에 네 자신이 내게 빚진 것은 내가 말하지 아니하노라

</td></tr>
</table>

빌레몬서에 등장하는 세 관계성

설교 작성노트

빌레몬서에는 중요한 세 인물이 등장하는데 "바울, 빌레몬, 오네시모"다. 그리고 11번 등장하는 또 한 분에 계시는데 그 분은 세 사람을 하나로 묶어주고 있는 예수 그리스도시다. 빌레몬서는 세 가지 물음을 제기하고 있다. ① 바울은 왜 오네시모를 돌려보내야만 하는가? ② 오네시모는 왜 빌레몬에게 돌아가야만 하는가? ③ 빌레몬은 왜 오네시모를 형제로 영접해야만 하는가? 이 세 가지 질문에 빌레몬서의 주제가 있다. 이를 증언하려는 것이 내용목적이다.

반면 바울이 오네시모를 돌려보내지 않는다면? 오네시모가 빌레몬에게 돌아가지 않는다면? 빌레몬이 오네시모를 형제로 영접하기를 거부한다면 어떻게 되는가? 여기에 적용목적이 있는 것이다.

강론

빌레몬서에는 중요한 세 인물이 등장합니다. 첫째는 빌레몬서의 송신자(送信者)인 바울입니다. 그는 기독교를 박해하다가 주님을 만나 사도가 되어 복음을 증언하던 중 현재 로마옥중에 갇혀있는 몸입니다. 둘째는 본 서신의 수신자(受信者)인 빌레몬입니다. 그는 바울을 통해서 그리스도인이 되었고, 현재는 골로새교회 성도로서 노예들을 거느리고 있는 상전입니다. 마지막으로 오네시모입니다. 그는 도망 나온 빌레몬의 노예인데 바울을 만나서 그리스도인이 되었고, 현재는 바울과 함께 로마에 있습니다. 빌레몬서는 바울이 오네시모를 빌레몬에게 돌려보내면서 "그를 사랑 받는 형제로 영접해 달라"고 간곡하게 부탁하는 내용입니다.

이점에서 세 가지 물음이 제기될 수가 있습니다. ㉠ 바울은 오네시모를 왜 돌려보내야만 하는가? ㉡ 오네시모는 왜 빌레몬에게 돌아가야만 하는가? ㉢ 빌레몬은 왜 오네시모를 형제로 영접해야만 하는가? 이 세 가지 질문에 빌레몬서를 통해서 말씀하시려는 중심주제가 있는 것입니다.

본론에 들어가기 전에 등장하는 세 사람의 관계성을 생각하게 됩니다. 바울은 유대인이고 빌레몬은 이방인이요, 오네시모는 노예입니다. 그런데 이 세 사람을 하나로 묶어주고 있는 공통분모(共通分母)와 같은 또 한 분이 등장한다는 점을 놓치지 말아야만 합니다. 그 분은 모두가 25절 밖에 안 되는 짧은 서신에서 11번이나 강조되어 있는 "예수 그리스도"이십니다. 그러므로 빌레몬서의 주인공(主人公)은 바울이 아닙니다. 빌레몬도, 더욱 오네시모가 아닌 것입니다.

빌레몬서를 통해서도 증언되어야 할 주인공은 바로 예수 그리스도 이십니다. 세 사람은 모두가 "그리스도 안에, 주 안에"(8, 20, 20, 23) 있는 사람들입니다. 만일 등장(登場)하는 세 사람 중 어느 한 사람이라도 "그리스도 예수 안에" 있지 않았다면 빌레몬서는 기록되지 않았을 것입니다.

그들은 전에는 남남이었으며 타인(他人)이었습니다. 그들 상호간의 관계만이 그러했던 것이 아니라 하나님과의 관계도, "그 때에 너희는 그리스도 밖에 있었고 이스라엘 나라 밖의 사람이라 약속의 언약들에 대하여는 외인이요 세상에서 소망이 없고 하나님도 없는 자이더니"(엡 2:12)한 분리된 상태에 있었습니다.

그런데 전에는 박해자였던 바울이 이제는, "그리스도 예수를 위하여 갇힌 자"(1, 9)가 되었고, 이방인으로 피차 모르던 처지였던 빌레몬은 "사랑을 받는 동역자"(1하)요, 상품처럼 팔려가는 노예 신세였던 오네시모는 "이제는 나와 네게 유익한 심복"(11-12)이라고 말씀합니다.

이것을 가능하게 한 것은 빌레몬서에 11번이나 강조되어 있는 "예수 그리스도"로 말미암아 가능해진 변화요 관계인 것입니다.

본문에는 "그리스도 안에서"가 두 번(8, 20), "주 안에서"가 두 번(16, 20), "그리스도 예수 안에서"가 한 번(23), "엔 그리스도"가 5번이나 등장합니다. 이런 경이로운 변화가 "그리스도 안에서", 다시 말하면 "우리 주 예수 그리스도의 은혜"(25) 안에서 가능하게 되었기 때문입니다.

그래서 바울은, "거기에는 헬라인이나 유대인이나 할례파나 무할례파나 야만인이나 스구디아인이나 종이나 자유인이 차별이 있을 수 없나니 오직 그리스도는 만유시오 만유 안에 계시니라"(골 3:11)고 선언했던 것입니다. 하나님과의 관계가 회복된 성도들은 이웃과의 관계성을 어떻게 유지해야만 하는가? 이것이 빌레몬서가 우리에게 던지는 화두(話頭)인 것입니다.

그러므로 빌레몬서를 해석하는 열쇠는 멀리 갈 것도 없이, "하나님 우리 아버지와 주 예수 그리스도로부터 은혜와 평강이 너희에게 있을 지어다"(3)한 인사말에서 찾을 수가 있는 것입니다. 첫째로 하나님을, "한 마음과 한 입으로"(롬 15:6) "우리 아버지"라 부르게 되었다면, 우리의 관계성은 분명 사랑 받는 형제들이요,

둘째로 예수님을 "주 예수 그리스도"로 고백하는 자들이라면 "너희

는 너희 자신의 것이 아니라 값으로 산 것이 되었다"(고전 6:19-20)는 동일한 주의 종(노예)들인 것입니다. 그리고 셋째로 이를 가능하게 해 준 것은, "은혜와 평강이 너희에게 있을지어다"한 "은혜"를 입었기 때문입니다.

만일 "바울, 빌레몬, 오네시모"가 그리스도의 은혜를 입지 않았다면, 그리하여 예수님을 "주"로 고백하고 있지 않고, 하나님을 "우리 아버지"라고 부르는 자들이 아니었다면, 바울이 오네시모를 돌려보내면서 "이 후로는 사랑 받는 형제로 둘 자라"(16)고 부탁하지도 아니했을 것이요, 빌레몬도 이를 용납하지 않았을 것이요, 도망친 노예 오네시모가 빌레몬에게로 돌아가지도 않았을 것입니다.

이런 의미에서 본 서신은 빌레몬 개인에게 보낸 사신(私信)이 아니라, "네 집에 있는 교회에 편지하노니"(2)한 교회에 보내진 서신이라는 점을 유념해야만 합니다. 그러므로 빌레몬서도, "성령이 교회들에게 하시는 말씀"(계 2:7)이요, 빌레몬서를 통해서도 "에베소(네 집에 있는 교회) 교회의 사자(빌레몬)에게 편지하라"(계 2:1)고 명하시는 그리스도를 만날 수 있어야만 하는 것입니다.

그러므로 빌레몬서에 묘사된 바울의 모습에서 주님의 모습을 대하게 된다는 것은 결코 비약이 아닙니다. 백전노장의 존귀한 사도가 도망친 한 노예의 영혼을 위해서 지하 감방의 희미한 불빛 아래서 사슬에 매인 불편한 손에 붓을 들고 중보의 편지를 쓰고 있는 그의 모습에서 영광을 떠나 종의 형체를 입으시고 이 땅에 오사 죽기까지 복종하신 주님을 봅니다.

그러므로 사도 바울은 오네시모를 돌려보내기만 하는 것이 아니라, "그가 만일 네게 불의를 하였거나 네게 빚진 것이 있으면 그것을 내 앞으로 계산하라 나 바울이 친필로 쓰노니 내가 갚겠다"고 말씀하는 것입니다.

이 장면은 "자기를 대속물"(속전贖錢)(딤전 2:5-6)로 내어주신 우리 주 예수 그리스도의 십자가를 바라보게 합니다. "친필로 쓰노니"하는 말은 이것이 내 말에 대한 보증서(保證書)라는 뜻입니다. 빌레몬서에 이 대목이 없었다면 "소리 나는 구리와 울리는 꽹과리"가 되고 말았을 것입니다.

복음이 무엇인가? "그들의 죄를 그들에게 돌리지 아니하시고, 죄를 알지도 못하신 이를 우리를 대신하여 죄로 삼으신 것"(고후 5:19, 21)이 복음인 것입니다. 만일 빌레몬서에서 "그것을 내 앞으로 계산하라"는 언급이 빠졌다면 오네시모는 자유할 수도 없고 돌아갈 수도 없었을 것입니다.

이런 맥락에서 빌레몬서에서 바울은 우리 죄를 대신 갚아주신 예수 그리스도의 대리자(代理者)로 등장하고, 빌레몬은 모든 사람을 받아 주어야 하는 교회(敎會)를 예표하는 자로, 오네시모는 하나님께로 돌아가야 할 모든 죄인(罪人)을 대표하는 자로 등장하고 있는 것입니다.

그러므로 사형에 처해져야 마땅한 도망친 노예 오네시모를 "용서해 주라"고만 말하는 것이 아니라 놀랍게도, "이 후로는 종과 같이 대하지 아니하고 종 이상으로 곧 사랑 받는 형제로 둘 자라"(16)고 말씀하는 것입니다. 또한 사도는 "형제로 둘 자라"고만 말하는 것이 아니라, "네가 나를 동역자로 알진대 그를 영접하기를 내게 하듯 하라"(17)고 오네시모와 자신을 일체화(一體化), 내지는 동일시(同一視)하고 있는 것을 보게 됩니다.

그러므로 우리는 한 걸음 더 나아가야만 합니다. 왜냐하면 오네시모를 영접하는 것이 바울을 영접하는 것만이 아니라, "그리스도를 영접하는 것"이라는 사실입니다. 주님은, "내가 진실로 너희에게 이르노니 너희가 여기 내 형제 중에 지극히 작은 자 하나에게 한 것이 곧 내게 한 것이니라"(마 25:40)고 말씀하시기 때문입니다.

바울이 빌레몬에게, "네 자신이 내게 빚진 것"이 있다고 말씀하는 "빚"이 물질적인 빚을 가리키는 것이겠습니까? 이렇게 말씀하는 바울 자신도, "헬라인이나 야만인이나 지혜 있는 자나 어리석은 자에게 다 내가 빚진 자"(롬 1:14)라고 고백하고 있습니다. 주님은 "악한 종아 네가 빌기에 내가 네 빚을 전부 탕감하여 주었거늘 내가 너를 불쌍히 여김과 같이 너도 네 동료를 불쌍히 여김이 마땅하지 아니하냐"(마 18:32-33)하십니다. 우리 모두는 갚을 길이 없는 빚을 탕감 받은 자들인 것입니다.

바울 사도는 빌레몬에게, "주 예수와 및 모든 성도에 대한 사랑과 믿음이 있음을 들었다"(5)고 말씀합니다. 에베소 형제들을 향해서도, "너희 믿음과 모든 성도를 향한 사랑을 듣고"(엡 1:15) 감사하기를 마지 아니 한다고 말씀합니다. 골로새 형제들에게도, "이는 그리스도 예수 안에 너희의 믿음과 모든 성도에 대한 사랑을 들음이요"(골 1:4)라고 동일하게 말씀합니다.

"믿음과 사랑", 이 둘은 그리스도인의 표지(標識), 즉 신분증명서와도 같은 요소인 것입니다. 왜냐하면 "믿음"은 하나님과의 관계를 회복시켜주고, "사랑"은 형제 상호간의 유대를 이어주는 연결고리이기 때문입니다. 그러므로 "믿음과 사랑"이 없다면 하나님과의 관계성도, 성도와의 관계성도 성립이 되지 않는 것입니다. 엄격히 말해서 그리스도인이 아닌 것입니다. 바울은 빌레몬에게 "믿음과 사랑"이 있음을 믿기에 오네시모를 돌려보내고 있는 것입니다.

이제 앞에서 제기했던 세 가지 문제에 대한 해답을 생각해보아야만 하겠습니다. ㉠ 만일 빌레몬이, "그를 영접하기를 내게 하듯 하라"(17)는 바울의 간구를 거절한다면 그의 "믿음"은 거짓이요, 만일, "이후로는 종과 같이 대하지 아니하고 종 이상으로 곧 사랑 받는 형제로 둘 자라"(16)는 요청을 거부한다면 그의 "사랑"은 헛것임이 판명이 되고 마는 것입니다.

㉡ 반면 오네시모가 신변의 위험을 염려하여 상전과의 불화한 관계를 회복시켜주기 위해서 돌려보내는 바울의 의도를 거부했다면 그의 "회개"(悔改)가 거짓 회개임이 입증이 되고 마는 것입니다.

㉢ 이뿐 아니라 바울이 만일 주인의 물건을 도적하여 도망친 명백한 죄인인 오네시모를 자신의 편의를 위해서 돌려보내지 않고 끼고 있다면 바울에게 걸려 있는 하나님의 의로우신 이름과 그가 증언하는 복음의 영광스러움에 누를 끼치게 되었을 것입니다.

이점이 "그를 내게 머물러 있게 하여 내 복음을 위하여 갇힌 중에서 네 대신 나를 섬기게 하고자 하나 다만 네 승낙이 없이는 내가 아무 것도 하기를 원하지 아니하노니"(13-14)한 언급에 분명히 나타납니다. 생각하건대 빌레몬은 오네시모를 용납하고 자신 대신 바울을 섬기도록 되 돌려보냈을 것입니다.

끝으로 한마디 첨부할 점은 바울은 "오직 너는 나를 위하여 숙소를 마련하라"(22)고 부탁하고 있다는 점입니다. 얼른 보면 중심주제와는 동떨어진 엉뚱한 부탁처럼 여겨질 수도 있습니다. 그렇지가 않습니다. 이는 본 서신의 주제(主題)와 절묘하게 연계가 되는 말씀인 것입니다. 만에 하나라도 빌레몬이 사도 바울의 간곡한 부탁을 거절한다면 훗날 골로새교회를 방문한 바울을 그 날에 무슨 면목으로 만날 수가 있단 말입니까?

이런 뜻에서 22절 말씀은 우리로 하여금 주님께서 부탁하신 바, "충성되고 지혜 있는 종이 되어 주인에게 그 집 사람들을 맡아 때를 따라 양식을 나눠 줄 자가 누구냐 주인이 올 때에 그 종이 이렇게 하는 것을 보면 그 종이 복이 있으리로다"(마 24:45-46)하신 말씀을 상기하게 만듭니다. 주님의 분부를 이행하지 않는다면 주님 다시 오시는 날 어떻게 만나 뵐 수가 있단 말입니까?

이제 말씀을 마쳐야 하겠습니다. 형제여, 빌레몬서를 통해서 나 자신이 하나님의 영광을 도적질해 가지고 도망쳤던 오네시모라는 고백이 있습니까? 도망쳤다가 회개하고 돌아가고 있는 오네시모의 모습은 탕자의 모습이요, 바로 나 자신의 모습인 것입니다.

그렇다면 이제 형제가 그리스도의 사랑으로 용서해주고 받아주어야 할 형제에게 있는 오네시모는 누구입니까? 빌레몬서를 통해서 누군가를 받아주지 못하고 갈등을 하고 있는 또 다른 나 자신의 모습을 보게 되는 것입니다. "그를 영접하기를 내게 하듯 하라"(17)고 주님은 빌레몬서를 통해서 지금도 말씀하고 계십니다.

빌레몬서는 모든 죄인들을 하나님께로 돌려보내면서 우리의 죄 값을 "내 앞으로 계산하라 내가 갚겠다"고 말씀하시는 주님의 보증서인 것입니다. 이것이 "빌레몬서에 등장하는 세 관계성"입니다.

어둔 죄악 길에서 목자 없는 양같이 모든 사람 길 찾아 헤맨다

자비하신 하나님 독생자를 보내사 너를 지금 부르니 나오라

이 때라 이 때라 주의 긍휼 얻을 때가 이 때라

지금 주께 나아와 겸손하게 아뢰라 구원함을 얻으리 얻으리 (523장)

마태복음 6:5-13절 분석도표

주제 : 우리는 이렇게 기도하고 있는가?

기도하는 자세	**5-8**

5 또 너희는 기도할 때에 　　　　**외식하는 자와 같이 하지 말라**
그들은 사람에게 보이려고
회당과 큰 거리 어귀에 서서 기도하기를 좋아하느니라
내가 진실로 너희에게 이르노니 　　　**그들은 자기 상을 이미 받았느니라**

6 너는 기도할 때에 네 골방에 들어가 문을 닫고

은밀한 중에 계신 네 아버지께 기도하라

은밀한 중에 보시는 네 아버지께서 갚으시리라
7 　　　　　　또 기도할 때에 이방인과 같이 　　　**중언부언하지 말라**
그들은 말을 많이 하여야 들으실 줄 생각하느니라

8 그러므로 그들을 본받지 말라

**구하기 전에 너희에게 있어야 할 것을
하나님 너희 아버지께서 아시느니라**

기도하는 내용	**9-15**

9 그러므로 너희는 이렇게 기도하라

하늘에 계신 우리 아버지여

이름이 거룩히 여김을 받으시오며
10 나라가 임하시오며
뜻이 하늘에서 이루어진 것 같이 땅에서도 이루어지이다

11 오늘 우리에게 일용할 양식을 주시옵고

12 우리가 우리에게 죄 지은 자를 사하여 준 것 같이 우리 죄를 사하여 주시옵고
13 우리를 시험에 들게 하지 마시옵고
다만 악에서 구하시옵소서
(나라와 권세와 영광이 아버지께 영원히 있사옵나이다 아멘)

우리는 이렇게 기도하고 있는가?

설교 작성 노트

본문은 "산상수훈" 중에 언급하신 "기도"에 관한 주제이다. 신앙생활에서 기도만큼 중요한 것이 있을까? 왜냐하면 기도는 하늘에 계신 하나님 아버지와의 교제와 교통이기 때문이다. 그래서 기도를 영적 호흡이라고 말하는 것이다. 이처럼 중요한 기도를 사탄이 방관할 리가 있겠는가? 그러므로 기도만큼 오염이 되고 있는 것도 없다 하겠다. 말씀이 "혼잡"(고후 2:17)되게 되면 필연적으로 기도가 오염이 되는 것이다.

그러면 어떻게 하는 것이 바른 기도인가? 주님은 "그러므로 너희는 이렇게 기도하라"하시면서, "먼저 그의 나라와 그의 의를 구하라"하신다. 이것이 기도의 우선순위다. 이를 증언하고자 하는 것이 내용목적이다.

사탄은 "너희가 먹으면, 하나님 같이 되리라"고 말했다. 그 후로 인간은 하나님중심에서 자기중심으로 타락했다. 오늘의 기도, 무엇이 문제인가? 기도를 안 해서가 아니라 자기중심이 되었다는 것이 문제다. 그래서 자기 뜻을 관철시키려는 것이 믿음의 기도요, 뜻대로 되지 않으면 하나님을 부정하는 데까지 이른다. 그런 기도에 감사, 기쁨, 평안이 있겠는가? 성화의 삶을 살 수가 있겠는가? 여기에 적용목적이 있다 하겠다.

강론

본문은 산상수훈 중에 언급하신 기도에 관한 교훈입니다. 주님은 산상수훈에서만이 아니라 잡히시던 날 밤에 11제자에게 행하신 "다락방 강화"에서도 기도에 대해 말씀하셨습니다. 요한복음 14장-16장을 다락방 강화라고 말하는데 주님의 유훈(遺訓)과 같은 중요한 말씀입니다. 그러므로 본문으로 직행하기 전에 다락방 강화부터 살펴보도록 하겠습니다. 다락방 강화에는 기둥과 같은 두 주제가 등장하는데 첫째는, "성령"을 보내주시겠다(요 14:16, 15:26, 16:13)는 것이고, 다른 하나는 주님의 이름으로 기도하면 주시리라(요 14:13, 15:16, 16:24)는 "기도"입니다.

"지금까지는 너희가 내 이름으로 아무 것도 구하지 아니하였으나 구하라 그리하면 받으리니 너희 기쁨이 충만하리라"(요 16:24)하십니다. 지금까지는 주님이 곁에 계셨으니까 구하지 아니하였지만 승천하신 후에는 주님의 이름으로 구하라 하십니다. 그러니까 주님이 승천하신 후에는 "기도"를 통해서 교제와 교통을 지속해나가자는 그런 의미가 있다 하겠습니다.

그러면 다락방 강화의 두 주제, 즉 "성령과, 기도"가 어떤 연관이 있는가를 생각하게 합니다. 사도 바울은, "이와 같이 성령도 우리의 연약함을 도우시나니"(롬 8:26)합니다. 성령님은 우리의 연약함을 도우시기 위한 "보혜사"로 오셨습니다. 저는 언젠가 제 자신의 "연약함" 때문에 탄식하는 기도를 드린 적이 있습니다. 그러다가 문득 깨달은 것이 "성령도 우리의 연약함을 도우시나니"한 말씀입니다. 하나님은 제 심중에 "너는 자신의 연약을 이제야 깨달았느냐? 나는 네 연약을 알고 너를 도우려고 성령을 보내주었다"고 말씀하시는 것이었습니다.

그러면 우리의 연약함이 많은 중에서 성령께서 첫째로 도우시는 것이 무엇인지 아십니까? "우리는 마땅히 기도할 바를 알지 못하나, 성령이 하나님의 뜻대로 성도를 위하여 간구하심이라"(롬 8:26-27)한 "기도"인 것입니다. 왜냐하면 기도에 있어서 중요하고 어려운 점은 "하나님의 뜻대로" 구하는 것이기 때문입니다. 그러므로 "하나님의 뜻대로" 간구한다는 것은 성령의 도우심이 없이는 불가능한 것입니다. 그래서 "우리는 마땅히 기도할 바를 알지 못하나"하는 것입니다.

이점을 사도 요한은, "그를 향하여 우리가 가진 바 담대함이 이것이니 그의 뜻대로 무엇을 구하면 들으심이라 우리가 무엇이든지 구하는 바를 들으시는 줄을 안즉 우리가 그에게 구한 그것을 얻은 줄을 또한 아느니라"(요일 5:14-15)고 말씀합니다.

그러면 어떻게 하면 하나님의 뜻대로 기도할 수가 있는가 하고 묻게 됩니다. 이에 빛을 비춰주는 말씀이, "모든 기도와 간구를 하되 항상 성령 안에서 기도하라"(엡 6:18)한 "성령 안에서"하는 기도입니다. 그러면 "성령 안에서"하는 기도는 어떻게 하는 것인가 하고 묻게 됩니다. 이는 성령의 감동으로 기록한 성경 말씀에 입각해서 드리는 것이라 할 수가 있습니다. 왜냐하면 이렇게 하는 것이 "하나님의 뜻대로"하는 기도이기 때문입니다.

그렇습니다. 기도는 자신의 요구(要求)를 떼를 써서 관철시키는 것이 아닙니다. 하나님은 말씀하시기를, "나 여호와가 말하였으니 이루리라 주 여호와께서 이같이 말씀하셨느니라 그래도 이스라엘 족속이 이같이 자기들에게 이루어 주기를 내게 구하여야 할지라"(겔 36:36-37)하십니다.

이제 본문을 살펴볼 준비가 되었습니다. 주님은 "그러므로 너희는 이렇게 기도하라"고 기도의 본으로 "주기도문"을 주셨습니다. ㉠ 첫 말씀이, "하늘에 계신 우리 아버지여"(9중)라고 부르라고 가르쳐주십니다. 이는 누구에게 기도를 드리고 있는가 하는 기도의 대상을 말씀함입니다. 그런데 "하늘에 계신 하나님"이라 부르라하시는 것이 아니라 "우리 아버지"라 부르라 하십니다.

창조주 하나님, 천지의 대 주재자가 되시는 하나님을 아버지라 부르는 나는 누구며 이것이 어떻게 해서 가능해졌단 말입니까? 그러므로 "하늘에 계신 우리 아버지여"라는 부름은 기도의 대상을 가리키는 단순한 의미가 아니라 신앙고백인 것입니다.

6장에서 주님은 하나님을 "너희 아버지, 네 아버지, 하늘 아버지"라 하시기를 13번(1, 4, 6, 6, 8, 9, 13, 14, 15, 18, 18, 26, 32)이나 말씀하십니다. 주님은 하나님이 "너희 아버지, 네 아버지시다"고 가르쳐주십니다. 말씀만 하신 것이 아니라 육신을 입으시고 이 땅에 오셔서 대속제물이 되어주신 것은 우리에게 하나님을 "아버지"라 부를 수 있게 해주시기 위해서라 해도 과언이 아닌 것입니다. 그러므로 하나님을 아바 아버지라 부를 수 있는 자는 천하를 다 소유한 것이나 다름이 없는 것입니다.

저는 전에 붓으로 "하늘에 계신 우리 아버지"하고 크게 써서 부쳐놓은 때가 있었습니다. 왜냐하면 이 말씀이 너무나 감격스럽기 때문이었습니다. 생각해보면 이 한 말씀 안에 모든 문제와 기도 응답이 다 들어 있다 하겠습니다. "기도할 수 있는데 왜 걱정하십니까"가 아니라,

"하나님을 아버지라 부를 수 있는데 왜 걱정을 하십니까"라고 말하는 것이 더 성경적이라 하겠습니다. 베드로는 "너희 염려를 다 주께 맡기라 이는 그가 너희를 돌보심이라"(벧전 5:7)고 말씀하지 않는가?

기도에는 접촉점이 중요합니다. 첫 단추를 잘못 꿰면 옷이 뒤틀리듯이 기도에 있어서도 중언부언하게 됩니다. 우리 한 목소리로, "하늘에 계신 우리 아버지여"하고 불러보십시다. 이처럼 하나님을 "아버지"라 부른 후에 여기서 잠간 멈추고 하나님은 어떤 분이시고, "나는 누구인가?" 그런 내가 지금 하나님의 보좌 앞에 나아와 하나님을 아버지라 부르면서 기도를 드리고 있다니 이를 묵상하노라면, 그리고 이에 대한 확신이 있다면 더 이상 무슨 말이 필요하겠습니까? "주여! 감사합니다"하는 감사가 터져 나오게 될 것입니다.

오늘날은 기도를 많이 하는 사람, 금식하며 철야기도하는 것을 자랑으로 여깁니다. 오랜 기도, 금식기도를 부정하거나 잘못이라는 말이 아닙니다. 다만 주님께서 기도할 때에, "사람에게 보이려고 하지 말라, 이방인과 같이 중언부언하지 말라"(7)하시면서 "구하기 전에 너희에게 있어야 할 것을 하나님 너희 아버지께서 아시느니라, 이는 다 이방인들이 구하는 것이라"(8, 32)한 말씀을 명심하자는 것입니다. 여기서 기도에 우선순위가 등장하게 되는 것입니다.

ⓒ 주님은 첫째 기도제목으로, "(아버지의) 이름이 거룩히 여김을 받으시오며"(9하)라고 기도하라고 가르쳐주십니다. 최우선 순위가 하나님 아버지의 이름, 명예입니다. 인류의 시조는 하나님의 말씀을 따르지 않고 유혹하는 자의 말을 좇음으로 하나님의 이름과 영예를 더럽혔습니다. 구약교회도 자기중심적이 되어 우상을 통해 복을 받으려고 숭배하다가 바벨론으로 추방을 당함으로 하나님의 이름과 명예를 더럽혔던 것입니다. 이것이 우리의 경계가 됩니다.

바울은 "종들아 두려워하고 떨며 성실한 마음으로 육체의 상전에게 순종하기를 그리스도께 하듯 하라"(엡 6:5)고 권면합니다. 그렇지 않아도 종(노예)들은 "두려움에 떠는"자들인데 "두려워하고 떨며 성실한 마음으로 육체의 상전에게 순종"하라니 무슨 뜻인가? 자신을 값을 주고 사신 "영적인 상전"의 명예에 욕을 돌리게 될까보아서 "두려워하며 떨라"는 말씀입니다.

"나 같은 죄인을 자녀로 삼아주신 하나님 아버지의 이름이, 나를 통해서 거룩히 여기심을 받으시게 되기를 바라나이다", 이것이 주님께서 가르쳐주신 최우선의 기도제목인 것입니다. 그러므로 혹시 실수하고 넘어졌을 때에도 나로 말미암아 더럽힘을 받게 된 하나님 아버지의 이름과 명예를 생각하고 애통해 하는 것이 하나님의 자녀들인 것입니다. 욥과 같은 시련을 당한다 해도 하나님 아버지의 거룩하신 이름과 영예를 생각하여 자세를 흐트러뜨림이 없이 "입술로 범죄하지 않는 자"가 그리스도인들인 것입니다. 만일 첫 기도제목을 명심하지 않는다면 그는 하나님을 "아버지"라 부를 자격이 없는 자이거나 아주 어린 아이라 할 것입니다.

ⓒ 둘째로, "(아버지의) 나라가 임하옵시며"라고 기도하라고 가르쳐주십니다. 주님이 말씀하는 "나라"는 장소를 가리는 것이 아니라 하나님의 "통치"(統治)를 뜻합니다. 하나님의 통치가 시행이 되는 곳에 하나님의 나라가 임하기 때문입니다. 그러므로 삶의 현장인 가정, 직장, 교회에 하나님의 나라가 임하게 해야 한다는 것은 사활적으로 중요한 요점입니다. 이는 저절로 되는 것이 아니라 우리의 "마음, 생각, 행동"이 하나님의 통치에 순복하는 삶을 살아야만 가능해지는 것입니다.

만일 사탄의 말을 쫓는다면 그곳이 사탄의 왕국이 되는 셈입니다. 그러므로 "나라가 임하옵시며"하는 기도는, "세상 나라가 우리 주와 그의 그리스도의 나라가 되어 그가 세세토록 왕 노릇 하시리로다"(계 11:15)할 그 날에야 완성이 될 기도인 것입니다.

ⓔ 셋째로, "(아버지의) 뜻이 하늘에서 이루어진 것 같이 땅에서도 이루어지이다"고 기도하라고 가르쳐주십니다. 먼저 생각해야 할 점은 "뜻이 하늘에서 이루어진 것 같이"가 무엇을 의미하는가 하는 점입니

다. 구원계획은 "영원부터 만물을 창조하신 하나님 속에 감추어졌던 비밀의 경륜"(엡 3:9)입니다. 그리고 이 경륜은 성 삼위 하나님께서 이루시기로 약속하신 계획입니다. 이 "경륜"(經綸)이 땅에서도 이루어지기를 구하라는 말씀입니다.

그리하여 주님이시라도, "내가 하늘로서 내려온 것은 내 뜻을 행하려 함이 아니요 나를 보내신 이의 뜻을 행하려 함이니라"(요 6:38-39)고 말씀하십니다. 그러면 주님께서 행하신 아버지의 뜻은 무엇인가? "여호와께서 그에게 상함을 받게 하시기를 원하사 질고를 당하게 하셨은즉"(사 53:10)한 대속제물이 되시는 것입니다. 그러므로 주님은 결정적인 순간에 "나의 원대로 마옵시고 아버지의 원대로 하옵소서"(마 26:39)하고 전적으로 아버지의 뜻에 복종하셨던 것입니다

"뜻이 하늘에서 이루어진 것 같이 땅에서도 이루어지이다"의 완성은 "내가 들으니 보좌에서 큰 음성이 나서 이르되 보라 하나님의 장막이 사람들과 함께 있으매 하나님이 그들과 함께 계시리니 그들은 하나님의 백성이 되고 하나님은 친히 그들과 함께 계셔서 모든 눈물을 그 눈에서 닦아 주시니 다시는 사망이 없고 애통하는 것이나 곡하는 것이나 아픈 것이 다시 있지 아니하리니 처음 것들이 다 지나갔음이러라"(계 21:3-4)에서 완성이 될 하나님의 나라건설인 것입니다.

그런데 주님은 바리새인들이, "하나님의 나라가 어느 때에 임하나이까"라고 묻자, "하나님의 나라는 볼 수 있게 임하는 것이 아니요 또 여기 있다 저기 있다고도 못하리니 하나님의 나라는 너희 안에 있느니라"(눅 17:20-21)고 대답하셨습니다. 이는 하나님의 나라가 현재적(現在的)으로 우리의 "마음, 가정, 교회"에 이루어져야 한다는 의미입니다. 하나님의 나라가 현재적으로 이루어지지 못한다면 장래에 임할 하나님의 나라가 나와 무슨 상관이 있겠느냐고 고민하게 되는 것입니다. 그래서 주님은 "땅에서도 이루어지기를" 기도하라 하십니다.

이상에서 말씀한 세 가지 기도, 즉 "아버지 이름이 거룩히 여김을 받으시고, 나라가 임하시고, 뜻이 땅에서도 이루어지이다"는 동떨어진 주제가 아니라 불가분의 관계이고 결국 하나라는 점입니다. 왜냐하면 하나님의 백성인 우리의 삶의 현장에 "하나님의 나라가 임해야만, 아버지의 이름이 거룩히 여김을 받으시게 되고, 뜻을 이루어 드리는 것"이 되기 때문입니다.

저는 어느 가을 대 심방 때 "주기도문 심방"이라는 주제를 내건 적이 있습니다. 무슨 뜻이냐 하면 심방하는 가정 가정마다 "하나님의 나라가 임하는 가정, 하나님의 뜻을 이루어 드리는 가정, 하나님의 이름이 거룩히 여김을 받으시게 하는 가정"이 되기를 구하자는 뜻에서였습니다. 그러므로 우리 기도의 우선순위와 중심도 주님께서 결론적으

로 말씀하신 "그의 나라와 그의 의"(33)가 되어야 한다는 점은 너무나
도 당연한 귀결인 것입니다.

이제 기도를 드릴 때 유념해야 할 점을 몇 말씀 드려야 하겠습니다.
6장에는 "구제, 기도, 금식"이라는 3가지 주제가 등장하는데 이와 결부
해 공통적인 원리를 말씀하십니다. ㉠ 첫째로, "외식하는 자와 같이 하
지 말라"(2, 5, 16)하십니다. 외식에 빠지기 쉬운 기도가 대표기도나,
소위 말하는 축복기도라 하겠습니다. 듣기 좋은 말만을 느러놓으려는
유혹을 받게 되기 때문입니다.

㉡ 둘째로 "은밀한 중에 계신 네 아버지께 기도하라"(4, 6, 18)하십
니다. 이는 사람에게 보이려는 외식과는 정반대를 나타냅니다. "은밀
한 중에 보시는 네 아버지께서 갚으시리라"하십니다. 이점에서 "갚아
주신다"하심을 주목하시기를 바랍니다. 이는 그가 행한 "구제, 기도,
금식"이 하나님 나라건설을 위해서 벽돌 한 장 만큼이라도 이바지했
기 때문입니다.

그런데 "내가 진실로 너희에게 이르노니 그들은 자기 상을 이미 받
았느니라"(2, 5, 16)하시는 말씀도 있다는 점을 명심해야 하겠습니다.
무슨 뜻이겠습니까? 외식하는 기도, 구제, 금식은 사람들로부터 칭찬
을 받을 뿐 하나님께 인정을 받지 못한다는 말씀입니다. 그러므로 자

기중심적인 기도를 드린다면 갚아주실 것이 없을 것입니다.

ⓒ 셋째로, "중언부언하지 말라"(7)하십니다. 우상을 숭배하는 자들도 기도나 치성(致誠)을 드립니다. 그런데 "그들은 말을 많이 하여야 들을 줄로 생각한다"는 것입니다. "그러므로 그들을 본받지 말라", 왜냐하면 하늘 아버지는, "구하기 전에 너희에게 있어야 할 것을 아신다"고 말씀하십니다.

출애굽기 3장에 보면 하나님께서, "내가 애굽에 있는 내 백성의 고통을 분명히 〈보고〉 그들이 그들의 감독자로 말미암아 부르짖음을 〈듣고〉 그 근심을 〈안다〉"(출 3:7)고 말씀하십니다. 하나님은 "구하기 전에 우리에게 있어야 할 것을 아시나", 우리의 우둔함은 "하나님의 선하시고 기뻐하시고 온전하신 뜻이 무엇인지 분별"(롬 12:2)하지를 못하고 잘못 구하는 일입니다. 이상이 "기도"에 있어서 유의해야 할 점입니다.

주님께서 제자들에게, "너희는 이렇게 기도하라"(9)고 바른 기도를 가르쳐주셨다면 우리도 성도들에게 "기도하라"고만 강조할 것이 아니라 하나님의 뜻대로 하는 바른 기도를 가르쳐야 마땅할 것입니다. 그런데 오늘날의 기도는 자신의 뜻을 관철시키려고 떼를 쓰는 것이 믿음의 기도인 양 곡해되고 있는 것은 아닌지 우려스럽습니다.

어느 교회에 초청을 받아 설교할 기회가 주어지게 되면 우선적인 어려움이 그 교회의 영적 수준을 인식하는 일입니다. 왜냐하면 이를 알아야만 그 눈높이에 맞춰서 말씀을 준비할 수가 있기 때문입니다. 이럴 경우 대표기도를 들어보면 가늠할 수가 있습니다. 이처럼 기도는 그 사람의 신앙 성숙을 측정하는 바로미터라 할 수가 있습니다. 그러면 한국교회의 영적수준은 어느 정도라고 말할 수가 있는가 하고 묻게 됩니다.

이제 우리의 기도도 성숙해져야만 하겠습니다. 그것은 자기중심이 아닌, "그런즉 너희는 먼저 그의 나라와 그의 의를 구하라"(33)하신 "하나님의 나라" 중심의 기도입니다. 왜냐하면 "그의 나라"가 장차 우리들이 주님과 함께 영원히 거하게 될 나라이기 때문입니다. 이것이 "이렇게 기도하라"입니다.

> 내 주의 나라와 주 계신 성전과
> 피 흘려 사신 교회를 늘 사랑합니다.
>
> 이 교회 위하여 눈물과 기도로
> 내 생명 다하기까지 늘 봉사합니다. (208장)

시편 116:9-15, 고린도후서 4:13-15절 분석도표

주제 : 우리도 믿는 고로 말하노라

시 116:9-15

나는 믿었다

8 주께서 내 영혼을 사망에서, 내 눈을 눈물에서, 내 발을 넘어짐에서 건지셨나이다
9 내가 생명이 있는 땅에서 여호와 앞에 행하리로다
10 　　　　　　　내가 크게 고통을 당하였다고 말할 때에도
　　　　　　　　　　　나는 믿었도다
11 　　　　　내가 놀라서 이르기를 모든 사람이 거짓말쟁이라 하였도다
12 내게 주신 모든 은혜를 　내가 여호와께 무엇으로 보답할까
13 내가 구원의 잔을 들고 　여호와의 이름을 부르며
14 　　　여호와의 모든 백성 앞에서 나는 나의 서원을 여호와께 갚으리로다
15 그의 경건한 자들의 죽음은 여호와께서 보시기에 귀중한 것이로다

고후 4:8-15

우리도 믿는다

8 우리가 사방으로 우겨쌈을 당하여도 　싸이지 아니하며
　　답답한 일을 당하여도 　　　낙심하지 아니하며
9 　박해를 받아도 　　　　　　버린 바 되지 아니하며
　　거꾸러뜨림을 당하여도 　　망하지 아니하고

10 우리가 항상 예수의 죽음을 몸에 짊어짐은 예수의 생명이 또한 우리 몸에 나타나게 하려 함이라
11 우리 살아 있는 자가 항상 예수를 위하여 죽음에 넘겨짐은
　예수의 생명이 또한 우리 죽을 육체에 나타나게 하려 함이라
12 그런즉 　　　　　　　　사망은 우리 안에서 　역사하고
　　　　　　　　　　　　생명은 너희 안에서 　역사하느니라

13 기록된바
　　　내가 믿었으므로 말하였다 한 것 같이
　　　우리가 같은 믿음의 마음을 가졌으니
　　　우리도 믿었으므로 또한 말하노라

14 주 예수를 다시 살리신 이가 예수와 함께 　우리도 다시 살리사 너희와 함께
　그 앞에 서게 하실 줄을 아노라
15 이는 모든 것이 너희를 위함이니 많은
　사람의 감사로 말미암아 은혜가 더하여 넘쳐서 하나님께 영광을 돌리게 하려 함이라

우리도 믿는 고로 말하노라

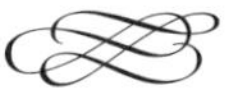

설교 작성노트

시편 116편의 성도는 "큰 고통을 당했을 때에도"(시 116:10) "나는 믿었도다"고 말한다. 바울도 "박해를 받고, 꺼꾸러뜨림을 당하는"(고후 4:9) 상황에서도 "우리가 같은 믿음의 마음을 가졌으니 우리도 믿었으므로 또한 말하노라"(13)고 선언한다. 그리스도인이란 어떤 환경, 어떤 절망적인 상황에서도 "우리도 믿었으므로 또한 말하노라"고 고백하는 자들이다. 이를 증언하려는 것이 내용목적이다.

그러면 시편의 성도나 바울은 무엇을 믿었기에 큰 고통을 당하는 상황에서도 낙심하지 않고 "믿는 고로 말하노라"고 담대할 수가 있었는가? 우리도 그러한가? 여기에 적용목적이 있다 하겠다.

강론

여기 모인 우리는 예수 그리스도를 믿는 "믿음"이 있는 사람들입니다. 그런데 본문의 중심점도 시편의 성도가 "나는 믿었도다"(시 116:13)한 "믿음"이요, 바울도 시편 성도의 고백을 인용하여 "우리가 같은 믿음의 마음을 가졌으니 우리도 믿었으므로 또한 말하노라"(고후 4:13)한 "믿음"에 있습니다. 우리 모두는 "같은 믿음의 마음을 가진" 그리스도인들입니다. 그러면 불신자들은 낙망하는 상황에서도 시편 성도와 사도 바울과 오늘의 그리스도인들은 어떻게 해서 "우리도 믿었으므로 또한 말하노라"고 고백할 수가 있는 것입니까?

먼저 시편 성도가 어떤 상황에서 "나는 믿었도다"(10)고 선언하고 있는 가부터 살펴보겠습니다. "사망의 줄이 나를 두르고 스올의 고통이 내게 이르므로 내가 환난과 슬픔을 만났을 때에"(시 116:3)라고 진술합니다. "사망의 줄, 음부(스올)의 고통"이란 표현으로 미루어 볼 때 회복할 가망이 없는 중병(重病)에 걸린 것으로 여겨집니다. 이런 처지, 즉 "내가 크게 고통을 당하였다고 말할 때에도", 시편 성도는 "나는 믿었도다"(10)고 말하고 있는 것입니다.

그런데 이어지는 말은, "내가 놀라서 이르기를 모든 사람이 거짓말쟁이라 하였도다"(11)합니다. 무슨 뜻일까요? 루터는 로마서 주석 서문에서, "시편 116편은 모든 사람들이 다 거짓말쟁이라고 선언하고 있다. 왜냐하면 아무도 자신의 마음으로부터 하나님의 율법을 지키고 있지 않기 때문이다"라고 말하고 있습니다. 그렇습니다. "큰 환난의 날"에는 사람을 의지하는 것은 별 도움이 되지 못한다는 뜻입니다. "내가 환난과 슬픔을 만났을 때에 내가 여호와의 이름으로 기도하기를"(3-4)한, 하나님을 바라는 기도 외에는 다른 방법이 없다는 것입니다.

이사야 선지자로 부터 "네 집에 유언하라 네가 죽고 살지 못하리라"는 선고를 받은 히스기야 왕도, "얼굴을 벽으로 향하고 여호와께 기도했다"(사 38:1-2)는 것이 이를 말해줍니다. 죽음의 언덕을 넘는 일은 친구는 물론 부모, 남편이나 아내까지도 함께 동행해줄 수 없는 단독적으로 믿음을 고백해야 하는 순간인 것입니다. 환난의 날에 사람을 의지하는 것은 불신자의 태도입니다.

그러면 시편의 성도는 "내가 크게 고통을 당하였다고 말할 때에도 나는 믿었도다"(10)고 진술하고 있는데 그러면 무엇을 믿었다는 것일까요? 15절에서 "그의 경건한 자들의 죽음은 여호와께서 보시기에 귀중한 것이로다"고 말하는 것으로 보아 죽고 사는 문제를 전적으로 하나님께 맡긴 "믿음"으로 여겨집니다. 이처럼 전적으로 의뢰하고 의탁하자 "주께서 내 영혼을 사망에서, 내 눈을 눈물에서, 내 발을 넘어짐에서 건지셨나이다"(8)고, 중병에서 구원하여주셨다 합니다.

그리하여 "내게 주신 모든 은혜를 내가 여호와께 무엇으로 보답할까 내가 구원의 잔을 들고 여호와의 이름을 부르며 여호와의 모든 백성 앞에서 나는 나의 서원을 여호와께 갚으리로다"(12-14)고 진술합니다. "서원을 갚겠다"는 말은 이제부터 하나님만을 위해 살겠노라는 다짐이 아니겠습니까? 이점이 "내가 생명이 있는 땅에서 여호와 앞에 행하리로다"(9)하는 진술에 나타납니다.

그러면 다음으로 사도 바울은 어떤 상황에서 "우리가 (시편의 성도와) 같은 믿음의 마음을 가졌으니 우리도 믿었으므로 또한 말하노라"(고후 4:13)고 고백하고 있는가를 살펴보겠습니다. 이점이 8-9절에 나타나는데 "사방으로 우겨쌈을 당하고, 답답한 일을 당하고, 박해를 받고, 거꾸러뜨림을 당하는" 상황에서 "우리도 믿었으므로 또한 말하노라"고 선언하고 있는 것입니다.

그러면 바울은 그런 극한 상황에서도 무엇을 "믿는 고로 말한다"고 하는 것일까요? 이점이 14절에 나타나는데 "주 예수를 다시 살리신 이가 예수와 함께 우리도 다시 살리사 너희와 함께 그 앞에 서게 하실 줄을 아노라"한 믿음입니다. 이를 풀어서 말씀을 드린다면 ㉠ 첫째는 예수 그리스도께서 우리 죄를 위하여 죽으시고 다시 사신 것을 믿는다는

믿음이요,

ⓛ 둘째는 "주 예수를 다시 살리신 이가 예수와 함께 우리도 다시 살리실 것", 즉 순교를 당해도 살리실 것을 믿는다는 믿음이요, ⓒ 셋째는 "너희와 함께 그 앞에 서게 하실 줄을" 믿는다는 구원의 확신입니다. 믿음의 경주자들의 궁극적인 목적지가 어디입니까? "그 앞에", 즉 하나님 앞에 "서는" 것이기 때문입니다.

이점에서 구약의 성도와 신약의 성도 간에는 "믿음의 마음"은 같으면서도, "믿음의 내용"에는 진보(進步)를 보이고 있다는 점입니다. 왜냐하면 시편 성도의 "나는 믿었다"는 믿음은 자신의 죽고 사는 문제와 결부가 되어 있으나, 바울이 "우리도 믿었으므로 또한 말하노라"(13) 한 믿음은 주 예수를 죽은 자 가운데서 다시 살리신, "주님의 부활"에 근거한 믿음이요, 주님의 부활을 믿음으로 "예수와 함께 우리도 다시 살리실 것"을 믿는다는 믿음이기 때문입니다.

그러므로 시편의 성도가 "내게 주신 모든 은혜를 내가 여호와께 무엇으로 보답할까 내가 구원의 잔을 들고 여호와의 이름을 부르며"(12-13)한 "은혜와, 구원의 잔"은 문맥적으로 보면 죽을병에서 고쳐주신 "은혜와 구원의 잔"일 수가 있습니다.

그런데 신약의 성도들이 고백하는 "은혜"는 "그리스도 안에서 그의 은혜의 풍성함을 따라 그의 피로 말미암아 속량 곧 죄 사함을 받은"(엡 1:7) 은혜요, 신약의 성도들이 들고 찬양하는 "구원의 잔"은 주님께서 내 대신 진노의 잔을 받으심으로 받게 된 "구원의 잔"인 것입니다. 이런 "은혜와, 구원의 잔"을 받은 자만이 "믿는 고로 말하리라"고 고백할 수 있는 것입니다.

누가복음 8장에는 주님께서 제자들과 함께 배를 타고 갈릴리 바다를 건너가는 기사가 있습니다. 주님은 곤하여 잠이 드셨는데 마침 광풍이 일어나 배에 물이 가득하게 되어 위태한 지경에 이르렀습니다. 그러자 제자들은 어떻게 반응했는가? 주님을 깨우면서 "주여 주여 우리가 죽겠나이다"고 두려워했습니다. 그러자 "예수께서 잠을 깨사 바람과 물결을 꾸짖으시니 이에 그쳐 잔잔하여 지더라"합니다.

그런 후에 하신 말씀이 중요한데 주님은 제자들에게, "너희 믿음이 어디 있느냐"하셨습니다. 다른 말로 표현하면 "믿음"은 이런 경우를 위해서 예비하는 것이라는 뜻이 됩니다. 제자들은 두려워하고 놀랍게 여기면서, "그가 누구이기에 바람과 물을 명하매 순종하는가"(눅 8:22-25)했다는 것입니다.

어찌하여 제자들은 주님과 함께 있으면서도 두려워한 것일까요? 예수님이 누구신지 확실히 몰랐기 때문입니다. 이점에서 유념해야 할 점은 "믿음" 자체에 어떤 능력이 있는 것이 아니라, 누구의 무엇을 믿는 믿음인가 하는 내용이 중요하다는 점입니다. 그러므로 성경은 이제도 우리를 향해서 너희를 위하여 죽으시고 다시 사신 "예수를 누구라 하느냐? 너희 믿음이 어디 있느냐"고 묻고 있는 것입니다.

시편 성도와 사도 바울은 다 같이 평안이 아니라 어려운 상황에서 "나는 믿었도다"고 고백하고 있습니다. 바로 이것입니다. 성도들도 시련, 환난, 고난을 당합니다. 그럴 경우 믿는 자와 불신자 간에는 다른 점이 없는 것입니까? 바로 그럴 경우에 신자와 불신자의 다른 점이 드러나야 하는 것이 아닙니까? 어찌하여 다르게 나타나야만 하는 것일까요?

결론은 누구의 무엇을 위해서 "내가 믿는 고로 말하리라"고 선언해야 하느냐로 모아집니다. 어찌하여 구약의 제사장은 "머리를 풀거나 옷을 찢어서는 안 되고", 어찌하여 그리스도인들은 낙심해서는 안 되고 불신자들 앞에 약한 모습을 보여서는 안 되는 것입니까? 어찌하여 불신자들이 몸부림을 치는 상황에서도 그리스도인들은, "내가 믿는 고로 말하리라"고 선언해야만 합니까?

바울은 "하나님께 영광(榮光)을 돌리게 하려 함이라"(15)고 대답합니다. 나를 사랑하사 독생자를 내어주신 하나님, 나의 죄를 위하여 대신 죽어주신 주님의 이름과 명예를 위해서 "내가 믿는 고로 말하리라"고 선언해야만 하는 것입니다. 과연 오늘의 그리스도인들은 "고난"을 당할 때에 "우리가 같은 믿음의 마음을 가졌으니 우리도 믿었으므로 또한 말하노라"고 고백하고 있는 것입니까? 만일 이렇게 말할 수 없다면 우리의 "믿음"에 진실성이 없다는 증거요, 엄밀히 말하면 믿는 것이 아닌 것입니다.

자, "믿음"이 모래 위에 지은 믿음이냐? 반석 위에 지은 믿음이냐의 여부가 언제 드러나게 됩니까? "비가 내리고 창수가 나고 바람이 불어 그 집에 부딪칠 때"(마 7:27)입니다. 편안할 때가 아니라 인간의 힘으로는 어찌할 수 없는 극한상황에 처했을 때 "믿음"은 진가를 발휘하게 되는 것입니다.

평안할 때 "믿는 고로 말하리라"하기는 쉽습니다. 그러나 "환난, 박해, 순교"를 당할 상황에서, "내가 믿는 고로 말하리라"할 수 있는 것은 아무나 할 수 있는 것은 아닙니다. 위의 문맥으로는 "우리가 이 보배를 질그릇에 가졌으니 이는 심히 큰 능력은 하나님께 있고 우리에게 있지 아니함을 알게 하려 함이라"(4:7)합니다. 질그릇과 같은 자신 속에 "보배", 즉 복음, 은혜, 주 성령을 모셨다는 확신이 있는 자만이 "믿는 고로 말하리라"고 고백할 수가 있는 것입니다.

아래 문맥으로는 "우리가 잠시 받는 환난의 경한 것이 지극히 크고 영원한 영광의 중한 것을 우리에게 이루게 함이니 우리가 주목하는 것은 보이는 것이 아니요 보이지 않는 것이니 보이는 것은 잠깐이요 보이지 않는 것은 영원하다"(17-18)는 확고한 소망이 있는 자만이 "우리가 같은 믿음의 마음을 가졌으니 우리도 믿었으므로 또한 말하노라"

고 선언할 수가 있는 것입니다.

그러므로 순교를 앞에 둔 바울은, "미쁘다 이 말이여 우리가 주와 함께 죽었으면 또한 함께 살 것이요 참으면 또한 함께 왕 노릇 할 것이요 우리가 주를 부인하면 주도 우리를 부인하실 것이라 우리는 미쁨이 없을지라도 주는 항상 미쁘시니 자기를 부인하실 수 없으시리라"(딤후 2:11-13)고 고백할 수가 있었던 것입니다.

어떤 상황, 어떤 형편에서도 "믿는 고로 또한 말하노라"(개역)고 고백할 수 있는 사람은 참으로 행복한 사람입니다. 불신자들은 우리들을 향해서 "네가 무얼 믿고 이렇게 큰 소리를 치느냐"할 것입니다. 이에 대해 "믿음 장"에서는 "이런 사람은 세상이 감당하지 못하느니라"(히 11:38)고 대답합니다. 왜냐하면 이 믿음이 세상을 이기는 믿음이기 때문입니다.

돌이켜보면 성경역사(歷史)는, "내가 믿는 고로 말하리라"한 믿음의 역사이기도 합니다.

㉮ "믿음으로 아벨은 가인보다 더 나은 제사를 하나님께 드림으로…저가 죽었으나 그 믿음으로써 오히려 말하느니라"(히 11:4)합니다. 아벨은 무엇이라 말하고 있을까요? "내가 믿는 고로 말하리라"할

것입니다.

㉯ 다니엘도 "같은 믿음"을 가졌기에 사자의 밥이 될 것을 알면서도 예루살렘으로 향한 창문을 열어놓고 하루에 세 번씩 기도했으며, 그의 세 친구들도 "같은 믿음"을 가졌기에 "그리 아니하실지라도" 하면서 불가마 속에 던짐을 받는 쪽을 택한 것이 아니겠습니까?

㉰ 사도 바울도 "내가 믿는 고로, 오직 성령이 각 성에서 내게 증언하여 결박과 환난이 나를 기다린다 하시나 내가 달려갈 길과 주 예수께 받은 사명 곧 하나님의 은혜의 복음을 증언하는 일을 마치려 함에는 나의 생명조차 조금도 귀한 것으로 여기지 아니하노라"(행 20:23-24)고 말할 수 있었던 것입니다.

형제여, "믿는 고로 또한 말하노라"한 바울의 고백은 제 심금을 울립니다. 형제의 마음에도 짠한 감동으로 다가옵니까? 하나님께서 우리를 "사망과 음부"의 권세로부터 구원하여 주셨습니다. 그렇다면 우리도 "구원의 잔을 들고 내게 주신 모든 은혜를 무엇으로 보답할까"하고 감격해하면서, "내가 믿는 고로 말하리라"고 선언할 수 있어야 하지 않겠습니까?

그리스도인들은 "주와 함께 죽었으면 또한 함께 살 것"을 믿는 사람들이요 "참으면 또한 함께 왕 노릇 할 것"을 믿는 자들입니다. 그렇다면 죽음 앞에서도, "내가 믿었으므로 말하였다 한 것 같이 우리가 같은 믿음의 마음을 가졌으니 우리도 믿었으므로 또한 말하노라"(13)고 고백할 수 있어야 하지 않겠습니까?

오늘의 시대는 "우리도 믿었으므로 또한 말하노라"(13)고 고백하는 사람이 그리운 시대입니다.

묻습니다. 형제도 이제 어떤 상황, 어떤 형편에서도 "나도 믿는 고로 또한 말하노라"고 고백하게 되었습니까? 이것이 "우리도 믿는 고로 말하노라"입니다.

> 뼈아픈 눈물을 흘릴 때와 쓰라린 맘으로 탄식할 때
> 주께서 그 때도 같이 하사 언제나 나를 생각하시네
> 언제나 주는 날 사랑하사 언제나 새 생명주시나니
> 영광의 그날에 이르도록 언제나 주만 바라봅니다. (407장)

로마서 8:16-26절 분석도표

주제 : 고난 중에 있는 형제에게

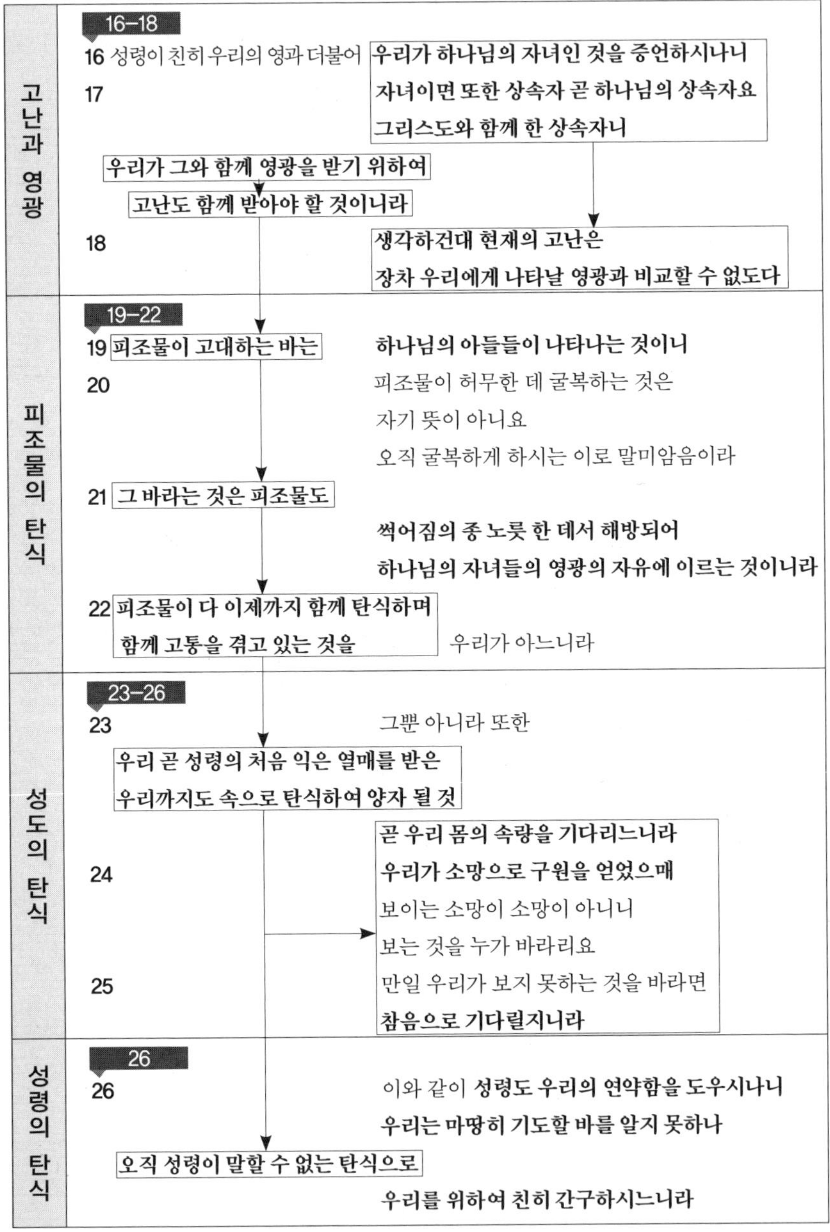

고난 중에 있는 형제에게

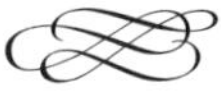

설교 작성 노트

많은 그리스도인들이 예수를 믿으면 고난이 없는 줄로 생각한다. 이는 잘못된 전도방법과 설교에 기인한 것이다. 바울은 "우리가 하나님의 나라에 들어가려면 많은 환난을 겪어야 할 것이라"(행 14:22)고 대비케 한다. 도표를 보면 첫째 단원에는 "영광과 고난"이 있고, 둘째 단원에는 "피조물의 탄식"이 있고, 셋째 단원에는 "성도들의 탄식"이 있고, 넷째 단원에는 "성령의 탄식"이 있다. 어찌하여 탄식하게 되었으며 탄식은 언제 끝나게 되는가? 이를 증언하려는 것이 내용목적이다.

그리고 "피조물도 고대하고, 성도들도 기다린다"고 말하면서 "참음으로 기다릴지니라"(25)한다. 여기에 적용목적이 있다.

강론

오늘 설교의 주제는 "고난(苦難)중에 있는 형제에게"하는 권면입니다. 다시 말하면 고난이 닥쳤을 때 어떻게 대처해야 하는가 하는 고난을 극복하는 성경적인 방법에 대해서 말씀드리려는 것입니다. 그런데 먼저 예수를 믿으면 어떤 축복이 주어지는 가부터 말씀드려야 하겠습니다. 본문의 순서가 그렇게 되어 있습니다. 바울은 고난(苦難)을 다룰 때에, "현재의 고난은 장차 우리에게 나타날 영광과 비교할 수 없도다"(18)하고 영광(榮光)과 함께 다루고 있습니다.

㉠ 그러면 어떤 축복을 받게 되는가? 16절에서는 "하나님의 자녀"가 된다고 말씀합니다. 17절에서는 "자녀이면 또한 상속자 곧 하나님의 상속자"(相續者)라고 말씀합니다. 갈라디아서 4:7절에서는 "하나님으로 말미암아 유업(遺業)을 받을 자니라"고 말씀합니다. "하나님의 자녀, 상속자, 유업을 받을 자"라는 묘사는 인간적인 예로 표현한 말인데, "아버지 것은 다 자녀들"(눅 15:31)이 상속받게 된다는 뜻입니다.

그러면 우리가 누구의 자녀가 되고 누구의 상속자가 되고 누구의 유업을 받을 자가 된다는 것입니까? "하나님의 자녀요, 하나님의 상속자"가 된다는 것입니다. 지옥에 떨어져야 마땅한 죄인들이 자격이나 공로가 있어서가 아니라 오직 예수 그리스도를 "믿음"으로 하나님의 자녀가 되고, 하나님의 상속자가 된다니 이 영광스러움을 어찌 다 표현할 수가 있겠습니까?

히브리서에서는, "모든 천사들은 섬기는 영으로서 구원 받을 상속자(相續者)들을 위하여 섬기라고 보내심이 아니냐"(히 1:14)합니다. 하나님의 자녀요, 상속자인 형제를 천사들이 섬긴다는 것입니다. 이처럼 하나님의 자녀가 되었고, 그래서 하나님의 상속자라는 말은 인간으로써 들을 수 있는 무한대한 말씀인 것입니다. 이 말씀을 감당할 자가 누구이겠습니까?

그러므로 실감이 나지 않을 것입니다. 이점을 주님은 "내 아버지께 복 받을 자들이여 나아와 창세로부터 너희를 위하여 예비된 나라를 상속(相續)받으라"(마 25:34)고 말씀하십니다. 또한 잡히시던 날 밤에 행한 대제사장적인 기도에서는, "아버지여 내게 주신 자도 나 있는 곳에 나와 함께 있어 아버지께서 창세전부터 나를 사랑하시므로 내게 주신 나의 영광을 그들로 보게 하시기를 원하옵나이다"(요 17:24)하셨습니다. 이처럼 하나님의 영광(榮光)에 참여하게 된다는 것이 본문에서 말씀하는 "하나님의 상속자요 그리스도와 함께 한 상속자"라는 뜻입니다.

ⓒ 그런데 바울은 "우리가 그와 함께 영광을 받기 위하여 고난도 함께 받아야 할 것이니라"(17하)고 "고난"(苦難)을 말씀합니다. 저는 이

대목을 이렇게 표현해 보겠습니다. "형제는 하나님의 자녀입니다. 자녀이면 상속자요 유업을 받을 자입니다. 영광에 참여하게 될 것입니다. 그런데 한 가지 더 받아야 할 것이 있습니다. 그것은 고난입니다. 영광을 받기 위해서는 먼저 고난을 받으셔야만 합니다."

"고난"도 함께 받아야 한다는 말을 듣게 될 때 뭐라고 반응할 것 같습니까? "고난을 받아야 한다니요, 고난은 싫습니다. 다만 영광만 주십시오." 바울은 대답합니다. "영광은 그렇게 주어지는 것이 아닙니다. 그리스도와 함께 영광을 받기 위해서는 그와 함께 고난도 받아야만 합니다. 어떻게 하시겠습니까? 둘을 다 받으시럽니까? 아니면 둘 다 포기하시겠습니까?" 이런 의미가 "그와 함께 영광을 받기 위하여 고난도 함께 받아야 할 것이니라"는 말씀 속에 함의 되어 있는 것입니다.

ⓒ 그래서 "생각하건대 현재의 고난은"(18상)하고 장차 받을 "영광"을 말씀하던 바울은 "현재(現在)의 고난"(苦難)으로 전환을 합니다. 바울은 영광스러운 "변화산상"에서 고난의 현장으로 내려온 셈입니다. 왜 이렇게 하고 있는가? 바울은 탁상공론과 같은 어떤 학설이나 주장하는 학자가 아닙니다. 성도들이 현재 당하고 있는 고난(苦難)에 함께 참여하고 있는 목회자입니다. 그래서 "누가 약하면 내가 약하지 아니하며 누가 실족하게 되면 내가 애타지 아니하더냐"(고후 11:29)합니다.

바울은 장차 받을 영광을 말씀하면서 성도들이 심중에, "하나님의 자녀, 상속자, 하나님의 후사, 영광 다 좋습니다. 그런데 현재 발등에 떨어진 이 고난은 어떻게 해야 하지요"라고 말할 것을 예상하고 있는 것입니다. 그러므로 성도들이 현재 직면하고 있는 고난에 대해서 위로와 격려를 주어야하고 그에 대한 답변(答辯)을 해야 할 필요를 느꼈던 것입니다.

사도는 "생각하건대"하고, 생각해보라고 우리의 "생각"에 호소합니다. 무엇을 생각해 보라는가? 위의 문맥으로는 "그와 함께 영광을 받기 위하여 고난도 함께 받아야 할 것이니라"(17)한 "그리스도의 고난"을 생각해보라는 것입니다. 하나님의 아들이 어찌하여 영광을 떠나 이 땅에 오셔서 십자가라는 극한 적인 고난을 당하셔야만 했는가를 생각하라는 것입니다.

그리고 아래 문맥으로는 "피조물이 다 이제까지 함께 탄식(歎息)하며 함께 고통(苦痛)을 겪고 있는 것을 우리가 아느니라"(22)한 이를 생각해보라는 말씀입니다. 바울은 19-22절에서 "피조물"을 4번(19, 20, 21, 22)이나 언급함으로 성도들이 당하는 고난과 피조물의 고통을 결부시키고 있습니다. 이런 뜻입니다. "피조물"들이 어찌하여 탄식하며 고통을 겪게 되었는가를 생각해 보라는 것입니다.

그러니까 자신의 고난만을 생각하지 말고 하나님의 아들이 어찌하여 십자가 고난을 당하셨으며 피조물들이 누구 때문에 탄식하며 고통을 겪게 되었는가를 생각해보라는 것입니다. 이에 대한 근원적인 답변은, "한 사람으로 말미암아 죄가 세상에 들어오고 죄로 말미암아 사망이 들어왔나니"(5:12)합니다. 죄로 말미암아 "사망이 왔다"는 사망(死亡)은 모든 고난의 극한점인 것입니다.

그리고 "내가 네게 먹지 말라 한 나무의 열매를 먹었은즉 땅은 너로 말미암아 저주를 받고 너는 네 평생에 수고하여야 그 소산을 먹으리라 땅이 네게 가시덤불과 엉겅퀴를 낼 것이라"(창 3:17-18), 그래서 피조물이 다 이제까지 함께 "탄식하며 함께 고통을 겪게" 되었다는 것입니다. 예를 들어 가장(家長)의 잘못으로 온 가족이 고난을 당하게 된 것과 같은 이치라는 것입니다.

그런데 19절을 보면 피조물들이 탄식하며 고통을 겪으면서 "고대하는 바가 있고", 21절에서는 "바라는 것"이 있다는 것입니다. 그것이 무엇인가? "썩어짐의 종노릇 한 데서 해방되어 하나님의 자녀들의 영광의 자유에 이르는 것이니라"(21)합니다. 그러면 "하나님의 자녀들의 영광의 자유"가 무엇인지 아십니까? 우리가 지금 자유(自由)를 얻었으나 이는 출애굽처럼 사탄의 권세에서 해방이 된 영적 자유입니다. "영광의 자유"란 "우리의 낮은 몸을 자기 영광의 몸의 형체와 같이 변하게 하시리라"(빌 3:21)한 그날에 주어지게 되는 것이 "영광의 자유"인 것입니다. "피조물이 다 이제까지 함께 탄식하며 함께 고통을 겪으면서"

그날을 "고대(苦待)하고(19), 바라고"(21)있다는 것입니다.

그런 후에 "그뿐 아니라 또한 우리 곧 성령의 처음 익은 열매를 받은 우리까지도 속으로 탄식하여"하고 성도의 탄식을 언급합니다. 성도들도 탄식하면서 "기다린다"고 말합니다. 무엇을 기다리는가? "우리 몸의 속량을 기다리느니라"(23)합니다. "이 썩을 것이 반드시 썩지 아니할 것을 입겠고 이 죽을 것이 죽지 아니함을 입게"(고전 15:53)되는 이것이 "몸의 속량이요 영광의 자유"에 이르는 날인 것입니다.

24절을 보겠습니다. "우리가 소망으로 구원을 얻었으매"합니다. "소망으로 구원을 얻었다"는 것이 무슨 뜻입니까? 우리가 지금 구원을 얻었으나 완성이 된 것이 아니라 "몸의 속량, 즉 영광의 자유"는 "소망"(所望)으로 남아 있다는 뜻입니다. 그러므로 "보이는 소망이 소망이 아니니 보는 것을 누가 바라리요"(24)하면서, "만일 우리가 보지 못하는 것을 바라면"하고 성도들도 "바라는 것"이 있다는 것입니다.

그러면 묻습니다. 형제가 바라는 것은 "보이는 것", 즉 땅에 것을 바라고 있습니까? 아니면 "보이지 않는 것", 즉 영원을 바라고 있습니까? "만일 우리가 보지 못하는 것을 바라면 참음으로 기다릴지니라"(25)합니다.

이제 구약성경에서 극한적인 고난을 당한 자를 들라면 "욥"을 꼽게 될 것입니다. 그러면 신약성경에서 극한적인 고난을 받은 사람을 들라면 바울일 것입니다. 그러면 고난에 대처하는 두 사람의 특성이 어떻게 다르게 나타나는가를 보십시오.

욥은 1-2장의 시험을 당하면서 "이 모든 일에 욥이 범죄하지 아니하고 하나님을 향하여 원망하지 아니하니라(욥 1:22), 이 모든 일에 욥이 입술로 범죄하지 아니하니라"(욥 2:10)고 잘 감내합니다. 그런데 3장에 이르러서는 "내가 난 날이 멸망하였더라면, 사내 아이를 배었다 하던 그 밤도 그러하였더라면"(욥 3:1-3)하고 "하였더라면"을 15번, "어찌하여 내가 태에서 죽어 나오지 아니하였던가 어찌하여 내 어머니가 해산할 때에 내가 숨지지 아니하였던가"(욥 3:11)하고 "어찌하여"를 4번이나 말하면서 자기의 생일을 저주합니다. 생일을 저주한다는 것은 결국 생명의 근원이 되시는 하나님을 원망하는 것이 됩니다.

그런데 바울은 "옥에 갇히기도 더 많이 하고 매도 수없이 맞고 여러 번 죽을 뻔하였으니 유대인들에게 사십에서 하나 감한 매를 다섯 번 맞았으며 세 번 태장으로 맞고 한 번 돌로 맞고 세 번 파선하고 일 주야를 깊은 바다에서 지냈으면서도"(고후 11:23-25) 일언반구 "하였더라면, 어찌하여"를 발하고 있지 않다는 점입니다. 어떤 차이인지 아십니까?

구약의 성도들은 하나님의 아들이 이 땅에 오셔서 십자가의 고난을 당하시기 이전의 사람들이요, 바울은 "의인을 위하여 죽는 자가 쉽지 않고 선인을 위하여 용감히 죽는 자가 혹 있거니와 우리가 아직 죄인 되었을 때에 그리스도께서 우리를 위하여 죽으심으로 하나님께서 우리에 대한 자기의 사랑을 확증하셨느니라"(롬 5:7-8)한 이후 사람이라는 차이입니다. 그래서 "우리가 그와 함께 영광을 받기 위하여 고난도 함께 받아야 할 것이니라"(17)고 말씀할 수가 있었던 것입니다.

고난 중에 있는 형제여, 사도는 현재의 고난이 곧 물러갈 것이다, 곧 해결될 것이다, 이렇게 말씀하고 있습니까? 저도 목회자의 심정으로 형제의 고난이 곧 물러가게 되기를 원합니다. 심지어 주님께서도 "이 잔이 내게서 지나가게 하옵소서"하셨습니다. 그러나 주님은 십자가를 담당하셨고 사도는 "참음으로 기다릴지니라"(25)고 말씀합니다. 빌립보서 4:6-7절을 보십시오. "아무 것도 염려하지 말고 다만 모든 일에 기도와 간구로, 너희 구할 것을 감사함으로 하나님께 아뢰라 그리하면 모든 지각에 뛰어난 하나님의 평강이 그리스도 예수 안에서 너희 마음과 생각을 지키시리라"하십니다.

고난이 닥치면 어찌하여 낙심하고 주저앉게 됩니까? "우리가 환난 중에도 즐거워하나니"(5:3) 한 바울처럼 어찌하여 범사에 감사하지를 못하는 것입니까? 답변은 오직 하나입니다. "우리가 잠시 받는 환난의 경한 것이 지극히 크고 영원한 영광의 중한 것을 우리에게 이루게 함이니 우리가 주목하는 것은 보이는 것이 아니요 보이지 않는 것이니 보이는 것은 잠깐이요 보이지 않는 것은 영원함이라"(고후 4:17-18)한,

장차 받게 될 영광의 중한 것을 모르거나 믿지 못하기 때문입니다.

계시록11장에는 두 증인이 복음을 증언하다가 죽임을 당하는 장면이 있는데, "그 성은 영적으로 하면 소돔이라고도 하고 애굽이라고도 하니 곧 그들의 주께서 십자가에 못 박히신 곳이라"(계 11:8)합니다. 우리가 살고 있는 이 세상은 하나님의 아들을 십자가에 못을 박은 소돔과 같은 세상입니다. 하나님의 백성들을 학대한 애굽과 같은 곳입니다. 하나님의 아들을 십자가에 못을 박아 죽인 이 땅에서 그의 자취를 따라가는 우리는 무사태평하기를 바랄 수가 있겠습니까?

그런데 형제여, 우리의 대제사장되시는 주님은 "우리의 연약함을 동정하지 못하실 이가 아니요 모든 일에 우리와 똑같이 시험을 받으신"분이라고 말씀합니다. 그러므로 형제의 사정과 심정을 그 누구보다도 잘 하시는 주님이십니다. "그러므로 우리는 긍휼하심을 받고 때를 따라 돕는 은혜를 얻기 위하여 은혜의 보좌 앞에 담대히 나아갈 것이니라"(히 4:15-16)합니다.

또 있습니다. 본문 26절은 우리의 연약함을 도우시는 "성령"이 계시다고 말씀합니다. 성령을 "보혜사"(保惠師)라 하는데 내 곁에서, "도우시는 분, 위로 자, 상담자"라는 뜻입니다. 주님은 "내가 너희를 고아와 같이 버려두지 아니하고 너희에게로 오리라"(요 14:18)하신 대로 주 성령으로 오셔서 세상 끝 날까지 함께 하십니다. 용기를 내십시오. 사도는 "사람이 감당할 시험 밖에는 너희가 당한 것이 없나니 오직 하나님은 미쁘사 너희가 감당하지 못할 시험 당함을 허락하지 아니하시고 시험 당할 즈음에 또한 피할 길을 내사 너희로 능히 감당하게 하시느니라"(고전 10:13)고 말씀합니다.

고난 중에 있는 형제여, "생각하건대"한 생각해보시기를 바랍니다. "피곤하여 낙심하지 않기 위하여 죄인들이 이같이 자기에게 거역한 일을 참으신 이를 생각하라"합니다. "생각이라는 저울" 한쪽에는 고난을, 다른 한쪽에는 장차 누릴 영광을 올려놓아보라고 말씀합니다.

그리고 고난을 바라보던 눈을 들어 "믿음의 주요 또 온전하게 하시는 이인 예수를 바라보자"합니다. "그는 그 앞에 있는 기쁨을 위하여 십자가를 참으사 부끄러움을 개의치 아니하시더니 하나님 보좌 우편에 앉으셨느니라"(히 12:2-3)합니다. 그리고 고난 중에 있는 형제여, "현재의 고난은 장차 우리에게 나타날 영광과 족히 비교할 수 없도다"고 담대히 선언하시게 되기를 바랍니다. 아멘.

가는 길 거칠고 험하여도 내 맘에 불평이 없어짐은

십자가 고난을 이겨내신 주님의 마음 본받음이라

주님의 마음 본받아 살면서

그 거룩하심 나도 이루리 (455장)

고린도후서 12:7-10절 분석도표

주제 : 내 은혜가 네게 족하다

<table>
<tr><td rowspan="6">한
사
람
을

아
노
니</td><td>

5-8

1 무익하나마 내가 부득불 자랑하노니   **주의 환상과 계시를 말하리라**

2 내가 그리스도 안에 있는 한 사람을 아노니 그는 십사 년 전에

          셋째 하늘에 이끌려 간 자라

(그가 몸 안에 있었는지 몸 밖에 있었는지 나는 모르거니와 하나님은 아시느니라)

3 내가 이런 사람을 아노니 (그가 몸 안에 있었는지 몸 밖에 있었는지

   나는 모르거니와 하나님은 아시느니라)

4 그가 낙원으로 이끌려 가서 말로 표현할 수 없는 말을 들었으니

          사람이 가히 이르지 못할 말이로다

5 내가 이런 사람을 위하여 자랑하겠으나

      나를 위하여는 약한 것들 외에 자랑하지 아니하리라

6 2 내가 참말을 함이라

      그러나 누가 나를 보는 바와 내게 듣는 바에

        지나치게 생각할까 두려워하여 그만두노라

</td></tr>
</table>

<table>
<tr><td rowspan="4">약
할
때

강
함
이
라</td><td>

7-10

7 여러 계시를 받은 것이 지극히 크므로 **너무 자만하지 않게 하시려고**

     내 육체에 가시 곧 **사탄의 사자를 주셨으니**

       이는 **나를 쳐서 너무 자만하지 않게 하려 하심이라**

8 이것이 내게서 떠나가게 하기 위하여   **내가 세 번 주께 간구하였더니**

9 나에게 이르시기를 **내 은혜가 네게 족하도다**

     이는 내 능력이 약한 데서 온전하여짐이라 하신지라

     그러므로 도리어 크게 기뻐함으로

     나의 여러 약한 것들에 대하여 자랑하리니

     이는 **그리스도의 능력이 내게 머물게 하려 함이라**

10 그러므로 내가 그리스도를 위하여

      약한 것들과 능욕과 궁핍과 박해와 곤고를 기뻐하노니

    이는 내가 약한 그 때에 강함이라

</td></tr>
</table>

내 은혜가 네게 족하다

설교 작성노트

바울의 육체에는 사탄의 사자라 한 "가시"가 있었다. 그래서 몹시 괴로웠을 것이다. 이 "육체에 가시 곧 사탄의 사자"를 물러가게 해달라고 하나님께 세 번 간구했노라고 말한다. 그래서 응답을 받았는가? 그렇다. 그래서 9절에 보면 "크게 기뻐했다"고 말씀한다. 그런데 바울이 받은 응답은 우리가 바라는 응답과는 다른, "내 은혜가 네게 족하다"는 더 좋은 응답이었다는 점이다. 여기에 본 설교를 통한 내용목적이 있다.

바울이 몸에 지니고 있었다는 "가시 곧 사탄의 사자"가 무엇인지는 말하고 있지 않기 때문에 알 수가 없다. 이를 이러쿵저러쿵 추측하는 일은 부질없는 일이다. 왜냐하면 "가시"는 바울에게만 있는 것이 아니라 모든 그리스도인들에게 다양(多樣)한 모양으로 나타나는 문제이기 때문이다. 중요한 점은 하나님은, "내 은혜가 네게 족하다"고 말씀하시는데 미련한 인간은 "족하지 않다, 나를 버리셨다"고까지 말한다는 점이다. 여기에 적용목적이 있다 하겠다.

강론

본문은, "주의 환상과 계시를 말하리라"(1)는 일곱 색깔 무지개와 같은 말씀으로 시작이 됩니다. "셋째 하늘에 이끌려가서(2), 말로 표현할 수 없는 말을 들었으니 사람이 가히 이르지 못할 말이로다"(4)합니다.

이럴 경우 사람들은 호기심이 발동하여 다음 말에 귀를 기울이게 마련입니다. 이를 알았기에, "그러나 누가 나를 보는 바와 내게 듣는 바에 지나치게 생각할까 두려워하여 그만두노라"(6)고 입을 다물고 맙니다. 왜 그런가? 본문을 통해서 말씀하고자 하는 중심점이 "환상과 계시"에 있는 것이 아니기 때문입니다.

그러므로 "그만두노라"는 말로 끝을 맺고 있는 것이 아니라, "내 육체에 가시 곧 사탄의 사자를 주셨으니"(7)하고 자신의 약한 점을 드러냅니다. 바울이 몸에 지니고 있었다는 "가시 곧 사탄의 사자"가 무엇인지는 말하고 있지 않기 때문에 알 수가 없습니다만 분명한 것은 바울을 몹시 괴롭혔다는 사실입니다.

왜 말을 하지 않는 것일까요? 이 "가시"는 바울에게만 국한된 것이 아니라 모든 성도들에게 각기 다른 모습으로 나타나고 있기 때문일 것입니다. 여러분들에게도 "가시 곧 사탄의 사자"는 있을 것입니다.

그러면 하나님께서 사랑하는 자녀들에게 "사탄의 사자"를 허용하시는 의도가 무엇인가라고 묻게 됩니다. 이를 알기 위해서는 고린도후서 1장으로 가보아야 하는데 바울은, "형제들아 우리가 아시아에서 당한 환난을 너희가 모르기를 원하지 아니하노니 힘에 겹도록 심한 고난을 당하여 살 소망까지 끊어지고 우리는 우리 자신이 사형 선고를 받은 줄 알았으니"라고 자신이 당한 환난을 상기시킵니다. 바울이 무슨 잘못을 했기에 이런 환난을 당하게 하신 것일까요? 아닙니다. 바울은 "이는 우리로 자기를 의지하지 말고 오직 죽은 자를 다시 살리시는 하나님만 의지하게 하심이라"(고후 1:8-9)고 고난의 의미를 깨달았다고 진술합니다.

본문에서도 "여러 계시를 받은 것이 지극히 크므로 너무 자만하지 않게 하시려고 내 육체에 가시 곧 사탄의 사자를 주셨다"(7)고 말씀합니다. "자만" 곧 교만은 넘어짐의 앞잡이입니다. 반면 "하나님만 의지하게 하심이라"는 말은 훈련의 필요성을 나타냅니다. 허물과 죄로 죽었던 심령이 거듭날 때는 "어린아이"와 같은 상태로 태어나게 됩니다. 그러므로 훈련과 연단을 통해서 "하나님만 의지"하는 군사로 성장하게 되는 것입니다.

그리고 명심해야 할 점은 우리에게 "훈련과 연단"이 필요한 것은 믿음의 진실성을 시험할 결정적인 그 날이 다가오고 있기 때문이라는 점입니다. 바울은 "각 사람의 공적이 나타날 터인데 그 날이 공적을 밝히리니 이는 불로 나타내고 그 불이 각 사람의 공적이 어떠한 것을 시험할 것임이라"(고전 3:13)고 말씀합니다. 이날이 개인종말인 임종의 날일 수도 있고 역사적인 종말인 최후심판이 될 수도 있습니다.

제품 하나를 출하하기 위해서는 반드시 검수를 거쳐야만 합니다. 하물며 천국 창고에 들어가는 영원한 생명이 진짜와 가짜의 구분함이 없이 아무에게나 주어질 것 같습니까? 아닙니다. "시련을 견디어 낸 자들에게"(약 1:12) 약속하신 생명의 면류관이 주어진다고 말씀합니다.

믿음의 조상 아브라함은 "시험을 받을 때에 믿음으로 이삭을 드림"(히 11:17)으로 자신의 믿음이 진실하다는 점을 입증했습니다. 그리고 이 믿음은 하루아침에 형성이 된 것이 아니라 75세에 부름을 받아 100세에 이삭을 주시고 번제에 쓸 나무를 지고 올라간 이삭의 나이를 15살로 가정을 해도 약 40년 기간의 훈련과 연단을 통해서 맺어진 결실이라는 점입니다.

그런데 바울은 이 가시가 "내게서 떠나가게 하기 위하여 내가 세 번 주께 간구하였다"(8)고 말씀합니다. "세 번"간구했다는 뜻은 단순한 말이 아니라 금식기도나 철야를 하면서 간절히 기도하기를 세 번했다는 그런 뜻일 것입니다. 우리도 그렇게 하고 있지 않습니까? 그래서 응답을 받았는가? 그렇습니다. 응답을 받았습니다. 우리가 믿는 하나님은, "내 백성의 고통을 분명히 보고, 그들의 부르짖음을 듣고, 그 근심을 아시는"(출 3:7)하나님이십니다.

그런데 응답을 받았으나 바울이 원하던 응답이 아니라, "내 은혜가 네게 족하도다"는 응답이었던 것입니다. "족한 은혜", 이는 바울이 원하던 "가시를 제거"해주시는 것과는 비교가 되지 않는 응답이었던 것입니다. 이에 대한 형제의 생각은 어떠합니까? 어찌하여 가시만을 보고 한탄을 한단 말인가?

바울에게는, 그리고 여러분에게는 사탄의 "가시"만 있는 것이 아니라 하나님의 "족한 은혜"가 주어졌다는 점을 기뻐하시기 바랍니다. 그러면 바울에게, 그리고 우리에게 주어진 "족한 은혜"가 무엇인지 말해줄 수가 있습니까?

그렇습니다. "자기 아들을 아끼지 아니하시고 우리 모든 사람을 위하여 내주신"(롬 8:32) 은혜는 얼마나 족한 은혜입니까? 우리를 고아처럼 버려두지 아니하시고 "이와 같이 성령도 우리의 연약함을 도우시나니"(롬 8:26)한 성령을 보내주신 것은 얼마나 족한 은혜입니까!!

그런데 하나님은 "족한 은혜"와 함께 "내 능력이 약한 데서 온전하여짐이라"(9)고 말씀하시는 것이 아닌가! 여기 "내 능력"이라 하시는데 우리를 사망에서 생명으로 옮겨주실 때에 베푸신 능력이 어떤 능력인지 형제는 알고 있습니까? 사도 바울은, "그의 힘의 위력으로 역사하심을 따라 믿는 우리에게 베푸신 능력의 지극히 크심"이라고 말씀합니다.

그래도 실감을 하지 못할 것을 알기에 허물과 죄로 죽었던 우리를 살려주신 "능력"과 그리스도를 "죽은 자들 가운데서 다시 살리신"(엡 1:19-20)능력이 같은 능력이었다고 말씀합니다. 우리가 받은 "족한 은혜와, 능력의 지극히 크심"을 사탄의 사자에 비할 수가 있단 말입니까? 이를 모르고 가시만 바라보면서 기뻐하지 못하고 우울한 나날을 보내고 있었다니, 우리의 철없음을 부끄럽게 합니다.

에덴낙원에 거하던 아담 하와를 공격한 "사탄"은 낙원이 아닌 죄 많은 세상을 살아가는 성도들을 더욱 공격합니다. 이것이 여러 문제, 여러 모양의 "가시"로 나타날 수가 있습니다. 이럴 경우 바울은 "아무 것도 염려하지 말고 다만 모든 일에 기도와 간구로, 너희 구할 것을 감사함으로 하나님께 아뢰라"(빌 4:6)고 말씀합니다. 왜 "감사함으로" 아뢰라 하는가? 시련 중에서도 "자기 아들을 아끼지 아니하시고 내어주신" "족한 은혜"를 생각하기 때문입니다.

"그리하면 모든 문제"가 해결이 되리라 하는가? 아닙니다. 사도의 해답은 우리의 기대와는 다르다는 점입니다. "지각에 뛰어난 하나님의 평강이 그리스도 예수 안에서 너희 마음과 생각을 지키시리라"(빌 4:6-7)고 말씀합니다. 무슨 뜻입니까? 문제가 해결이 되고 가시가 제거

된다는 뜻입니까? 아닙니다. 괴롭고 답답하던 "너희 마음과 생각을 지키시리라"합니다. 본문의 표현대로 말한다면 "내 은혜가 네게 족하도다"하신다는 말씀입니다.

하나님은 자녀들을 과보호(過保護)하심으로 유약한 자로 키우시는 분이 아니십니다. "족한 은혜"를 생각하게 하심으로 스스로 극복하게 하신다는 것입니다. 다시 말하면 문제라는 가시를 "은혜"로 이기게 하신다는 말씀입니다. "족한 은혜"를 받았기에 "감사함으로 하나님께 아뢰라"고 말씀하는 것입니다.

어찌하여 이런 훈련과 연단이 필요한가? 시험을 볼 결정적인 날이 다가오고 있기 때문입니다. 계시록에 보면 "결박하여 무저갱"에 가뒀던 사탄을 "반드시 잠깐 놓이리라"(계 20:2-3)하시는 장면이 있습니다. 왜 놓아주시는가? "대적자 사탄아, 미혹자 마귀야! 이제 내 백성을 미혹하려면 미혹해 보라"는 뜻이 아니겠습니까? 하나님은 "족한 은혜"를 입은 성도들이 넉넉히 이기는 용사들로 키우시려는 것입니다.

그러나 "사람이 감당할 시험 밖에는 너희가 당한 것이 없나니 오직 하나님은 미쁘사 너희가 감당하지 못할 시험 당함을 허락하지 아니하시고 시험 당할 즈음에 또한 피할 길을 내사 너희로 능히 감당하게 하시는"(고전 10:13)하나님이심도 믿으시기 바랍니다.

본문에는 "가시와, 은혜"가 대조적으로 나타나고 있는데 "가시"는 우리가 육신에 거할 동안 잠시만 머물 뿐입니다. 그리고 제거가 된다 해도 또다시 닥치게 됩니다. 그런데 우리에게 베푸신 "은혜"는 쇠하지 않고 시들지 않는 영원한 것입니다. 예를 들어 죽은 지 나흘 만에 살리심을 받은 나사로는 또다시 죽었으나 거듭난 생명은 영원한 것입니다. 이점을 바울은, "우리가 잠시 받는 환난의 경한 것이 지극히 크고 영원한 영광의 중한 것을 우리에게 이루게 함이니 우리가 주목하는 것은 보이는 것이 아니요 보이지 않는 것이니 보이는 것은 잠깐이요 보이지 않는 것은 영원함이라"(고후 4:17-18)고 말씀합니다.

세 번 기도를 드린 후에도 바울의 몸에는 여전히 "사탄의 사자"가 머물러 있었다는 점입니다. 그럼에도 불구하고 바울은, "그러므로 도리어 크게 기뻐함으로 나의 여러 약한 것들에 대하여 자랑하리니"하고 "크게 기뻐하고"있습니다. 그리고 자신의 약점을 숨기려는 우리와는 달리 "자랑하리니"합니다. "이는 그리스도의 능력이 내게 머물게 하려 함이라"합니다. 그리고 재차, "그러므로 내가 그리스도를 위하여 약한 것들과 능욕과 궁핍과 박해와 곤고를 기뻐하노니"합니다.

그런 후에 오늘 말씀의 정점(頂点)이라 할 수 있는 "이는 내가 약한 그 때에 강함이라"(9-10)고 선언하기에 이릅니다. 바울은 이렇게 말하고 있는 셈입니다. "가시와 능력이 떠나는 편보다는, 가시와 함께 그리스도의 능력으로 내게 머물게 하는 이편을 택했노라.” 얼마나 큰 깨달음인가!! “내가 약한 그때에 강함이라”, 얼마나 위대한 선언인가!! 이는 모든 그리스도인들의 고백이 되어야 마땅한 선언인 것입니다.

이런 맥락에서 12장을 통해서 말씀하려는 중심주제는 그리스도인이란 “약한 그 때에 강한 자”라는데 있습니다. 우리는 바울이 보았다는 “환상과 계시”에 매력을 느끼면서 주목하려하지만 바울은 이내 “내 육체에 사탄의 사자”를 주셨다고 자신의 연약함을 드러냄으로 이를 거부합니다. 그리고는 “내 은혜가 네게 족하도다”하신 “은혜”에 시선을 집중하게 합니다.

우리는 모두 다 “내 은혜가 네게 족하다”하신 족한 은혜를 받은 자들입니다. 어디 족한 정도입니까? 인간의 언어로는 표현할 수 없는 측량할 수 없는 은혜를 입은 자들이 아니겠습니까? 그러므로 성령께서 본문을 기록하여 오늘 우리에게 주신 의도는 내게 있는 “가시”가 떠나가지 않는다 하여도 하나님의 은혜가 “내게 족하다”는 점을 깨닫기를 원해서입니다.

그리하여 “약한 것들과 능욕과 궁핍과 박해와 곤고”(10)중에서도 우리에게 베푸신 은혜로 말미암아 기뻐하는 우리의 모습을 보시기를 원하시고, 넉넉히 이기는 자들이 되기를 기대하시기 때문입니다.

그리하여 결론은 모든 그리스도인들로 하여금, "이는 내가 약한 그 때에 강함이라"고 선언하여 아담 하와를 미혹했던 "사탄"으로 하여금 부끄러워 물러가게 하기 위해서인 것입니다. 이것이 "내 은혜가 네게 족하다"요, "내가 약한 그때에 강함이라"는 우리의 고백입니다.

너 시험을 당해 죄 짓지 말고 너 용기를 다해 곧 물리치라

너 시험을 이겨 새 힘을 얻고 주 예수를 믿어 늘 승리하라

우리 구주의 힘과 그의 위로를 빌라

주님 네 편에 서서 항상 도우시리 (342장)

민수기 6:22-27절 분석도표

주제 : 이렇게 축복하라 내가 복을 주리라

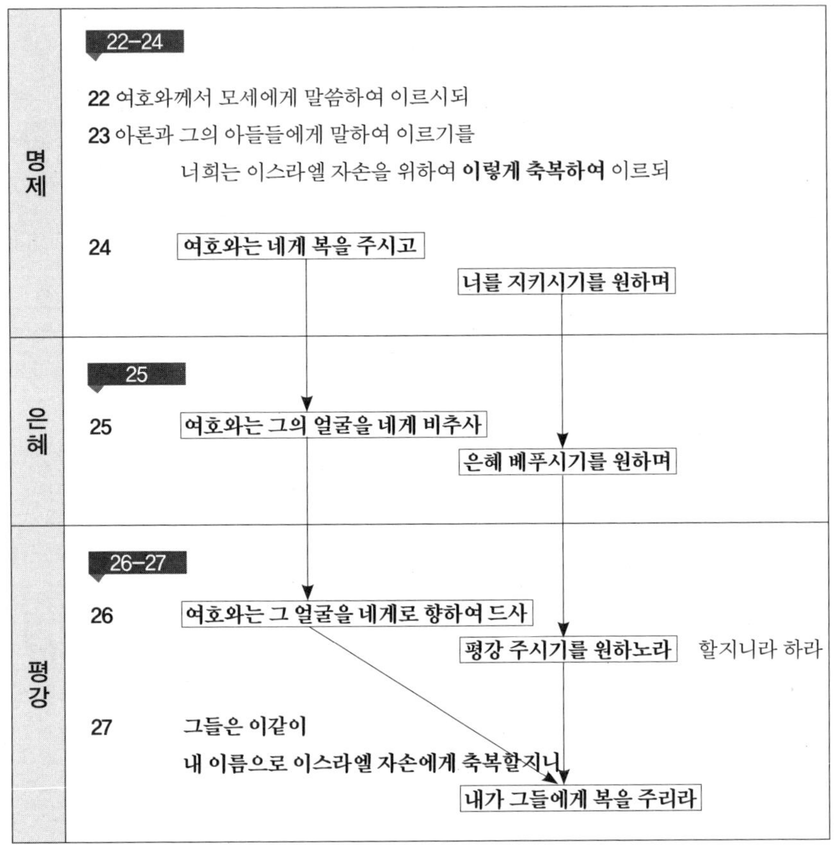

이렇게 축복하라 내가 복을 주리라
(신년설교)

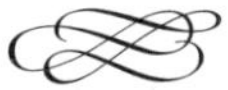

설교 작성노트

하나님은 우리에게 2017년 새해를 허락하셨다. 언젠가 마지막 해가 다가올 것이다. 그러므로 나이 많은 나 자신에게는 더욱 감회가 깊다. 우리 앞에 놓인 빈 그릇과 같은 새해를 무엇으로 채울 것인가?

사람들은 "새해 복 많이 받으세요"하고 "복"으로 채워지기를 갈망한다. 그런데 만복의 근원이 되시는 하나님은 "너희는 이렇게 축복하라, 내가 그들에게 복을 주리라"(23, 27)하신다. 그러면 하나님께서 주시려는 복은 어떤 복인가? 이를 증언하려는 것이 내용목적이다.

사람들이 "복 받으라"고 축복하면 복이 임하는가? 그런데 왕 같은 제사장인 형제가 축복을 하면 하나님은 "내가 그들에게 복을 주리라"(27)고 약속하신다. 여기에 적용목적이 있다 하겠다.

강론

하나님께서는 우리에게 2017년 새해를 허락하셨습니다. "새해"는 마치 빈 그릇처럼 우리 앞에 놓여 있습니다. 새해를 무엇으로 채울 것인가? 사람들은 "새해 복 많이 받으세요"하고 "복"으로 채워지기를 갈망합니다. 바빙크라는 신학자는 "인간은 하나님을 갈망하면서도 동시에 하나님으로부터 도망을 치려는 이해할 수 없는 존재다"라고 말했습니다. 사람들은 "복 받기를" 얼마나 갈망하고 있습니까? 그러면서도 만복(萬福)의 근원이 되시는 하나님을 멀리하고, 복의 실체로 오신 예수 그리스도를 영접하려 하지 않습니다.

그런 사람들이 "복 받으라"고 축복하면 복이 임할 것입니까? 그런데 오늘 본문은 "이같이 내 이름으로 축복(祝福)할지니 내가 그들에게 복을 주리라"(27)고 하나님께서 제사장들에게 하사(下賜)하신 축복 문입니다. 왕 같은 제사장인 형제가 축복을 하면 하나님은 "내가 그들에게 복을 주리라"(27)고 약속하십니다. 그러니까 신약성경에 주님께서 가르쳐주신 "주기도문"이 있듯이, 구약성경에는 하나님께서 가르쳐주신 "축복 문"이 있는 것입니다.

그러므로 이 축복은 한 두 번 하고 끝이는 것이 아닙니다. 그렇다고 그들 당대만 이렇게 축복하라 하심도 아닙니다. 마치 주님께서 가르쳐주신 "주기도"를 재림하실 때까지 드려야 하듯이, 하나님께서 가르쳐주신 축복도 실체로 성취하여 주시기까지 구약시대 내내 행해야 하는 축복인 것입니다. 그렇다면 축복문의 내용이 무엇인가?

축복문은, "여호와는 네게 복을 주시고 너를 지키시기를 원하며"(24)하고 시작이 됩니다. 하나님께서 "복을 주시겠다"고 약속하심은 여기가 처음도 아니고 새삼스러운 것도 아닙니다. 하나님께서는 아브라함에게, "내가 너로 큰 민족을 이루고 네게 복을 주어 네 이름을 창대하게 하리니 너는 복이 될지라, 땅의 모든 족속이 너로 말미암아 복을 얻을 것이라"(창 12:2-3)고 언약을 세워주셨습니다.

그러면 하나님께서 주시려는 복은 어떤 복인가? 미련한 인간은 "모든 육체는 풀과 같고 그 모든 영광은 풀의 꽃과 같으니"(벧전 1:24)한 쇠하고 시들어질 복을 구하나 하나님은 아브라함의 자손으로 그리스도를 보내셔서 영원한 복을 받게 하시려는 것입니다. 그러므로 본문의 축복 문을 구속사라는 맥락으로 보면 아브라함에게 약속하신 복(언약)을 제사장의 축복을 통해서 자손 대대로 계승(繼承)해 나가게 하시려는 것입니다. 그렇다면 이 복이 구체적으로 어떻게 성취될 복인가를 살펴보도록 하겠습니다.

㉠ 첫째로 주시려는 복은, "여호와는 그의 얼굴을 네게 비추사 은혜 베푸시기를 원하노라"(25)한 "은혜"(恩惠)입니다. 그러면 하나님의 얼

굴을 "네게 비추사"라는 의미가 무엇인가 하는 점입니다. 이점을 구속사의 맥락으로 보면 엄청난 의미가 내포되어 있는 축복임을 깨닫게 됩니다. 왜냐하면 구약시대란, "너희 죄가 그의 얼굴을 가리어서 너희에게서 듣지 않으시게 함이니라"(사 59:2)한 하나님의 "얼굴을 가리신" 시대였기 때문입니다.

이점을 단적으로 보여주신 모형이 하나님의 임재를 상징하는 지성소를 휘장으로 막으라 하신 성막 식양(式樣)입니다. 이런 맥락에서 "여호와는 그의 얼굴을 네게 비추사"는 하나님 앞에서 추방을 당한 자들의 비상한 간구요, 해결함을 받아야 할 최우선적인 문제였던 것입니다. 그러므로 시편에는 그 얼굴을 비춰주시기를 간구하는 시가 많이 있습니다.

> 하나님은 우리에게 은혜를 베푸사 복을 주시고
> 그의 얼굴 빛을 우리에게 비추사 (셀라)
> 주의 도를 땅 위에,
> 주의 구원을 모든 나라에게 알리소서(시 67:1-2).

> 하나님이여 우리를 돌이키시고
> 주의 얼굴빛을 비추사 우리가 구원을 얻게 하소서,
> 만군의 하나님이여 우리를 회복하여 주시고
> 주의 얼굴의 광채를 비추사 우리가 구원을 얻게 하소서(시 80:3, 7)

시편이 호소하는 1차적인 배경은 바벨론 포로에서 귀환하게 해달라는 간구입니다. 예루살렘이 멸망하고 백성들이 포로가 된 것은 하나님께서 그 얼굴 빛을 가리셨기 때문으로 여기고 있는 것입니다. 그러면 묻습니다. 바벨론 포로가 귀환함으로 가로막힌 휘장이 열려졌습니까? 이는 주님께서 "나를 보내사 포로된 자에게 자유를"(눅 4:18)주기 위함이라 하신 사탄의 포로가 귀환할 것에 대한 예표였던 것입니다. 그러므로 "여호와는 그의 얼굴을 네(우리)게 비추사"(25)한 축복은 바벨론 포로에서 귀환한 후에도 구약시대 성도들이 갈망한 가장 절실한 축복이었던 것입니다.

그러면 "이같이 내 이름으로 축복하면, 내가 그들에게 복을 주리라" 하신 하나님은 이 축복을 어떻게 성취하여주셨는지 아십니까? 주님께서 십자가상에서 "다 이루었다", 즉 우리 죄를 다 청산하셨다고 선언하시자 "이에 성소 휘장이 위로부터 아래까지 찢어져 둘이 되었다"(마 27:51)고 말씀합니다. 구름에 가렸던 햇빛이 비추듯이 하나님의 얼굴을 비추심이 가능해진 것입니다. 이것이 "은혜 베푸시기를 원하노라" 한 "은혜"인 것입니다.

또한 휘장이 찢어짐으로 하나님께 나아가는 문이 열리고, 길이 개통(開通)이 된 것입니다. 그래서 주님은 "내가 문이니 누구든지 나로 말미암아 들어가면 구원을 얻고(요 10:9), 내가 곧 길이요 진리요 생명이니 나로 말미암지 않고는 아버지께로 올 자가 없느니라"(요 14:6)고 말씀하신 것입니다. 그리고 히브리서에서는 "그 길은 우리를 위하여 휘장 가운데로 열어 놓으신 새로운 살 길이요 휘장은 곧 그의 육체니라"(히 10:20)고 해설해주고 있습니다. 자기 아들의 대속적인 죽음을 통해서 얼굴빛을 비춰주신 이것이, "은혜 베푸시기를 원하며"(25)한 전적인 하나님의 은혜였던 것입니다.

그런데 한 걸음 더 나아가야만 합니다. 왜냐하면 주님께서 단 번에 열어 놓으심으로 하나님의 얼굴을 "비추심"이 가능하게 된 것을, "네게 비추사"하고 각 사람에게 적용(適用)을 시키는 문제가 남았기 때문입니다. 주님께서 휘장을 찢어주셨다고 각 심령에 은혜의 빛이 자동적으로 비춰지는 것은 아닌 것입니다.

고린도후서 4:4절과 6절을 대조해보시기 바랍니다. 우리가 복음을 전하는 것은, "어두운 데에 빛이 비치라 말씀하셨던 그 하나님께서 예수 그리스도의 얼굴에 있는 하나님의 영광을 아는 빛을 우리 마음에 비추셨느니라"(고후 4:6)한 "빛을 비추는" 것입니다. 그런데 이 세상 신인 사탄은, "믿지 아니하는 자들의 마음을 혼미하게 하여 그리스도의 영광의 복음의 광채(光彩)가 비치지 못하게 한다"(고후 4:4)는 것입니다. 그러니까 복음전파는 빛을 비추려는 자와 이를 막으려는 영적 전투인 것입니다. 그러므로 "복"은 하나님이 주시지만 "축복", 즉 복음을 전해주는 일은 우리가 행해야 하는 것입니다.

ⓒ축복 문의 두 번째 축복은, "여호와는 그 얼굴을 네게로 향하여 드사 평강 주시기를 원하노라 할지니라"(26)하신 "평강"의 축복입니다. "그 얼굴을 네게로 향(向)하여 드사" 라는 뜻은 얼굴을 가리거나 외면(外面)하는 것과는 반대되는 늘 바라보고 계신다는 점을 나타냅니다.

하나님께서 우리에게 주시려는 복은, "그의 얼굴을 네게 비추시는 것"으로 끝이시는 것이 아닙니다. 때마다 일마다 "그 얼굴을 네게로 향하여 드사", 즉 형제를 바라보기를 원하시는 하나님이시라고 말씀합니다. 그리하여 "평강"의 복을 주시는 것입니다.

신명기 11:12절을 보십시오. "네 하나님 여호와께서 돌보아 주시는 땅이라 연초(年初)부터 연말(年末)까지 네 하나님 여호와의 눈이 항상 그 위에 있느니라"하십니다. 그렇습니다. "주의 눈은 의인을 향하신다"(벧전 3:12)고 말씀합니다.

주님의 피로 값을 주고 사신 성도들을 자비하신 얼굴로 늘 바라보고 계신다는 말씀입니다. 스데반 집사는 돌에 맞아 죽게 된 상황에서, "보라 하늘이 열리고 인자가 하나님 우편에 서신 것을 보노라"(행 7:56)고 외쳤습니다. 스데반은 돌로 치는 폭도들을 바라본 것이 아닙니다. 눈을 들어 하늘을 우러러보자 하나님 우편에 서서 자신을 바라보고 계시는 주님과 눈이 마주 친 것입니다. 이것이 "평강 주시기를 원하노라"한 "평강"의 복입니다.

다윗은 "실로 내가 내 영혼으로 고요하고 평온(平溫)하게 하기를 젖 뗀 아이가 그의 어머니 품에 있음 같게 하였나니"(시 131:2)하고 평강의 복을 사모하고, 주님은 "평안(平安)을 너희에게 끼치노니 곧 나의 평안을 너희에게 주노라 내가 너희에게 주는 것은 세상이 주는 것과 같지 아니하니라"(요 14:27)하십니다. 그래서 주를 믿고 의지하는 자는 어떤 처지와 형편에서도 "평강"의 복을 누릴 수가 있는 것입니다.

"그들은 이같이 내 이름으로 이스라엘 자손에게 축복할지니 내가 그들에게 복을 주리라"(27)하십니다. 하나님께서 하사하신 축복문은 "여호와는 네게 복을 주시고"로 시작하여 "내가 복을 주리라"로 되어 있습니다. 이렇게 축복하는 제사장이 복을 주는 것이 아닙니다. 하나님께서 "내가 복을 주리라"하십니다. 이 복은 하나님께서 아브라함에게, "네 씨로 말미암아 천하 만민이 복을 받으리니"(창 22:18)하신 복인 것입니다.

출애굽기 20:24절을 보십시오. "내게 토단을 쌓고 그 위에 네 양과 소로 네 번제와 화목제를 드리라"하시는데 이 "번제와 화목제"가 누구의 그림자인지 형제는 알고 있지 않습니까? "번제와 화목제"를 드리면 "내가 내 이름을 기념하게 하는 모든 곳에서 네게 임하여 복을 주리라"하십니다. 이 복이 본문에서 "여호와는 네게 복을 주시고"(24)한 복인 것입니다.

사람들은 복 받기를 갈망하고 있습니다. 그래서 대문에도 "복", 한복에도 "복", 염낭에도 "복", 그릇에도 "복", 수저에도 "복", 온통 "복, 복,

복"하고 갈망합니다. 그러나 참 복이 무엇인지를 모르고 있습니다. 그들에게 축복해주지 아니하면, 즉 복음을 전해주지 않으면 "내게 화가 있을 것이로다"(고전 9:16)합니다.

그리스도인들은 "여호와는 그의 얼굴을 네게 비추사 은혜 베푸시기를 원하며"(25)한 은혜의 복을 받은 사람들입니다. 그리고 "여호와는 그 얼굴을 네게로 향하여 드사 평강 주시기를 원하노라"(26)한 평강의 복을 받은 사람들입니다. 또한 믿음의 조상 아브라함에게 "너는 복의 근원이 될지라"(창 12:2, 개역)하신 복의 통로가 된 자들이 그리스도인인 것입니다.

이를 알았기에 바울은 교회에 보내는 모든 서신서 마다, "하나님 우리 아버지와 주 예수 그리스도로부터 〈은혜와 평강〉이 있기를 원하노라"(롬 1:7)고 "은혜와 평강"을 축복했던 것입니다. 바울이 각 서신에서 "은혜와 평강이 있을지어다"한 것은 단순한 인사가 아닙니다. 이제까지 살펴본 대로 구속사의 일관된 영광스러운 축복이었던 것입니다. "은혜"가 임하는 곳에 평강은 강수처럼 흐르게 되는 것입니다. "은혜와, 평강", 이는 한마디로 압축된 복음입니다. 그러므로 구약의 축복문이 우리에게 복음을 전하는 것으로 적용이 되는 것입니다.

바울은 "복음"을 "그리스도의 영광의 복음의 광채"(고후 4:4)라고 말씀합니다. 에베소 3:8절에서는 "측량할 수 없는 그리스도의 풍성"이라고 말씀합니다. 이런 복음을 전하는, 즉 축복하는 사명은 아무에게나 주어진 것이 아닙니다. 먼저 "우리를 자기와 화목하게 하신"후에 "화목하게 하는 직분을 주시고, 화목하게 하는 말씀을 부탁"(고후 5:18,19) 하셨습니다.

"너희는 택하신 족속이요 왕 같은 제사장들이요 거룩한 나라요 그의 소유가 된 백성"에게만 주어진 축복권인 것입니다. "너희를 어두운 데서 불러내어 그의 기이한 빛에 들어가게 하신 이의 아름다운 덕을 선포하게 하려 하심이라"(벧전 2:9), 즉 우리가 받은 복을 다른 사람들에게 나눠주라 하십니다. 이렇게 해서 형제에게 "이렇게 축복하라"하신 축복권이 주어진 것입니다. 형제가 복을 주는 것이 아닙니다. 형제가 이처럼 축복을 하면 하나님께서 "내가 복을 주리라"고 약속하셨습니다.

사도 바울은 그리스도인이란, "근심하는 자 같으나 항상 기뻐하고 가난한 자 같으나 많은 사람을 부요하게 하고 아무 것도 없는 자 같으나 모든 것을 가진 자라"(고후 6:10)고 말씀합니다. 베드로를 보십시오. "은과 금은 내게 없거니와 내게 있는 이것을 네게 주노니 나사렛 예수 그리스도의 이름으로 일어나 걸으라"(행 3:6)고 외쳤습니다. 그리스도인들은 "내게 있는 이것을 네게 주노니"한 나눠줄 것이 있는 사람들입니다.

학개서에 보면 "너희는 오늘 이전을 기억하여 보라"하십니다. 지난

날을 돌이켜보라는 말씀입니다. "곡식 종자가 아직도 창고에 있느냐 포도나무, 무화과나무, 석류나무, 감람나무에 열매가 맺지 못하였느니라"하십니다. 왜냐하면 지금까지 하나님의 뜻대로 살지를 못했기 때문입니다. 그런 그들을 향해서, "그러나 오늘부터는 내가 너희에게 복을 주리라"(학 2:18-19)하십니다.

우리도 지난해를 돌이켜보면 하나님을 영화롭게 하지 못하고 주님을 기쁘시게 하지 못한 일들로 마음이 무겁습니다. 무엇보다도 "임마누엘"하셔서 대속제물이 되어주심으로 복음을 주셨는데 죄인의 입을 묻어두었던 일이 부끄럽고 황송합니다. 이제 새로운 해를 맞이했습니다. 하나님은 우리를 향해, "그러나 오늘부터는 내가 너희에게 복을 주리라"하십니다. 우리도 "이렇게 축복하면, 내가 복을 주리라"하신 복음을 전하는 해로 살겠다는 새로운 결의와 새로운 다짐으로 새로운 출발을 하십시다.

참 즐거운 노래를 늘 높이 불러서 이 세상사는 동안 주 찬양하겠네

복주실 산에 올라 멀리 바라보니 나 건너갈 요단강 뚜렷이 보이네

참 아름다운 노래 늘 높이 부르세 하늘의 소망주신 주 찬양하여라

참 아름다운 노래 다 함께 부르세 하늘의 기쁨주신 주 찬양하여라 (482장)

히브리서 2:9-18절 분석도표

주제 : 주님의 탄생으로부터 재림까지

탄생 고난 승귀

9-13

9 오직 우리가 | 천사들보다 잠시 동안 못하게 하심을 입은 자 |

곧 죽음의 고난 받으심으로 말미암아

| 영광과 존귀로 관을 쓰신 예수를 보니 |

이를 행하심은 하나님의 은혜로 말미암아 모든 사람을 위하여

| 죽음을 맛보려 하심이라 |

10 그러므로 만물이 그를 위하고 또한 그로 말미암은 이가

| 많은 아들들을 이끌어 영광에 들어가게 하시는 일에
그들의 구원의 창시자를 고난을 통하여 온전하게 하심이 합당하도다 |

11 거룩하게 하시는 이와 거룩하게 함을 입은 자들이 다 한 근원에서 난지라

| 그러므로 형제라 부르시기를 부끄러워하지 아니하시고 |

12 이르시되 내가 주의 이름을 내 형제들에게 **선포하고**

내가 주를 교회 중에서 **찬송하리라** 하셨으며

13 또 다시 내가 그를 의지하리라 하시고 또 다시 볼지어다

나와 및 하나님께서 내게 주신 자녀라 하셨으니

죽음을 통한 승리

14-18

14 자녀들은 혈과 육에 속하였으매

| 그도 또한 같은 모양으로 혈과 육을 함께 지니심은
죽음을 통하여 죽음의 세력을 잡은 자 곧 마귀를 멸하시며 |

15 | 또 죽기를 무서워하므로 한평생 매여 종노릇 하는
모든 자들을 놓아 주려 하심이니 |

16 이는 확실히 천사들을 붙들어 주려 하심이 아니요

오직 아브라함의 자손을 붙들어 주려 하심이라

17 그러므로 | 그가 범사에 형제들과 같이 되심이 마땅하도다 |

이는 하나님의 일에 자비하고 신실한

| 대제사장이 되어 백성의 죄를 속량하려 하심이라 |

18 그가 시험을 받아 고난을 당하셨은즉 **시험 받는 자들을 능히 도우실 수 있느니라**

주님의 탄생으로부터 재림까지
(대강절 설교)

설교 작성노트

오늘날은 주님의 재림을 외치는 소리를 들을 수가 없다. 이는 재림을 믿지 않기 때문인가? 재림을 믿지 못하면 보이는 것만을 소망으로 삼게 되고, "참음과, 기다림"(롬 8:24-25)이 없게 된다. 주님의 탄생, 십자가, 부활, 승천, 재림은 끊어진 사건이 아니다. 끊어져서도 안 되고 그 무엇도 끊어 놓을 수 없는 연속적인 사건이다. 만일 이 연결고리가 끊어진다면 하나님의 나라도 우리의 구원도 없는 것이다.

그런데 현대교회는 이를 주제 별로 끊어진 사건처럼 다루다 보니 하나님의 구원계획은 실종하게 되고 철학적인 교훈이나 모범만이 남게 된다. 본문은 이 연속성을 잘 나타내고 있는데 이를 증언하려는 것이 내용목적이다.

그리고 이를 증언함으로 성도들에게 현재의 고난에 대한 인내와 재림에 대한 소망과 구원의 확신을 주려는 것이 적용목적이라 하겠다.

하나님의 아들 예수 그리스도의 "탄생, 고난, 부활, 승천, 재림"은 끊어지지 않는, 그 무엇도 끊어놓을 수 없는 연속적인 사건입니다. 하나님께서 이루어 오신 구원계획 중 이제 "재림"이라는 한 고리만 남았습니다. 또한 우리의 구원 서정인 "미리 아심, 미리 정하심, 부르심, 의롭다 하심, 영화롭게 하심"(롬 8:29-30)도 끊어지지 않는 고리입니다. 그 중에 "영화"라는 한 고리만 남았습니다.

주님의 "재림"으로 하나님의 구원계획과 우리의 "영화"도 완성이 되는 것입니다. 만일 주님의 재림이 없다면 하나님의 구원계획도, 우리의 구원도 무의미한 것이 되고 맙니다. 오늘 본문에는 주님의 탄생, 고난당하심, 부활, 승천이 다 등장합니다. 그리고 9:28절에는 "자기를 바라는 자들에게 두 번째 나타나시리라"는 재림이 있습니다.

그런데 본론에 들어가기 전에 우선적으로 중요한 점은 우리 죄를 위하여 죽으시고 부활 승천하신, "예수가 누구신가"하는 점에 확고해야만 한다는 점입니다.

㉠ 1:2절에서는 "하나님의 아들"이라고 말씀합니다.

㉡ 또한 "세계를 지으신" 창조주라고 말씀합니다.

㉢ 1:3절에서는 하나님의 "본체의 형상이시라"고 말씀합니다. 이제

부터 증언하고자 하는 예수님이 누구신가 하는 점에 확고해졌습니까?

① 그러면 이제 첫째 고리인 주님의 탄생을 살펴보게 되었습니다. 9절을 보겠습니다. 예수님의 탄생을, "오직 우리가 천사들보다 잠시 동안 못하게 하심을 입은 자"라고 표현하고 있습니다. 어찌하여 "천사들보다 잠시 동안 못하게 하심을 입은 자"라 하는가? 14절을 보십시오. "그도 또한 같은 모양으로 혈과 육을 함께 지니심은", 즉 우리와 같은 육신을 입고 오셨기 때문에 "천사보다 못하게 하심을 입은 자"라 하는 것입니다. 이것이 그리스도의 탄생입니다.

"하나님의 아들이시오, 세계를 지으신 창조주시오, 하나님의 본체의 형상"이신 분이 육신을 입고 우리를 찾아오셨다는 것입니다. 그래서 "임마누엘"이라 하는 것입니다. 그러면 질문을 드려보겠습니다. 우리의 구원이 주님의 탄생만으로 가능해진 것입니까? 아닙니다. 주님은 "한 알의 밀이 땅에 떨어져 죽지 아니하면 한 알 그대로 있고"(요 12:24)라고 말씀하십니다.

② 그러므로 두 번째 고리로 육신을 입고 오신 목적을, "모든 사람을 위하여 죽음을 맛보려 하심이라"(9하), 즉 죽으시기 위해서라고 말씀합니다. 이점을 17절에서는, "이는 하나님의 일에 자비하고 신실한 대제사장이 되어 백성의 죄를 속량하려 하심이라", 즉 우리 죄를 대속하

시기 위해서라고 말씀합니다. 이것이 그리스도의 고난, 즉 십자가 사건인 것입니다.

"하나님의 아들이시오, 세계를 지으신 창조주시오, 하나님의 본체의 형상"이신 분이 형제를 구원하시기 위해서 대신 죽으셨다는 말씀입니다. 그러면 질문을 드려보겠습니다. 우리의 구원이 주님의 죽으심만으로 가능해진 것입니까? 사도 바울은, "그리스도께서 다시 살아나신 일이 없으면 너희의 믿음도 헛되고 너희가 여전히 죄 가운데 있을 것이라"(고전 15:17)고 말씀합니다. 왜냐하면 죽으시고 다시 사심이 없다면 "사망"에게 잡아먹힌 것과 같기 때문입니다.

③ 그래서 세 번째 고리가 등장하게 되는데 14절에서는, "죽음을 통하여 죽음의 세력을 잡은 자 곧 마귀를 멸하시며"라고 말씀합니다. 어떤 방도로 "죽음의 세력을 잡은 마귀"를 멸하셨습니까? "사셨네 사셨네 예수 다시 사셨네"(찬송)하는 부활을 통해서 승리하신 것입니다.

주님께서 사망의 권세를 이기심으로, "죽기를 무서워하므로 한평생 매여 종노릇 하는 모든 자들을 놓아 주려 하심이라"(15)고 말씀합니다. 그러므로 우리 주님은, "우리가 범죄한 것 때문에 내줌이 되고 또한 우리를 의롭다 하시기 위하여 살아나셨느니라"(롬 4:25)고 말씀합니다.

그러면 부활하신 주님은 지금 어디 계십니까? "영광과 존귀로 관을 쓰신 예수"(9 중)라고 말씀합니다. 이는 승천하셔서 영광을 받으신 것을 나타냅니다.

그러면 질문을 드려보겠습니다. 우리의 구원이 주님의 부활 승천만으로 완성이 되는 것입니까? 사도 바울은, "그리스도 안에서 잠자는 자도 망하였으리라"(고전 15:18)하는데, "그리스도 안에서 잠자는 자", 즉 믿고 죽은 성도들은 언제 부활하게 됩니까? 주님께서 부활하실 때에 부활했습니까? 아닙니다.

④ 그러므로 네 번째 고리가 등장하게 되는데 9:28절을 보겠습니다. "구원에 이르게 하기 위하여 죄와 상관없이 자기를 바라는 자들에게 두 번째 나타나시리라", 즉 재림하신다고 말씀합니다.

이점을 고린도전서에서는, "나팔 소리가 나매", 즉 주님의 재림의 나팔 소리가 울려 퍼질 때 "죽은 자들이 썩지 아니할 것으로 다시 살아나고 우리도 변화되리라"(고전 15:52)고 말씀하고 데살로니가전서에서는, "주께서 호령과 천사장의 소리와 하나님의 나팔 소리로 친히 하늘로부터 강림하시리니 그리스도 안에서 죽은 자들이 먼저 일어나고 그 후에 우리 살아남은 자들도 그들과 함께 구름 속으로 끌어 올려 공중에서 주를 영접하게 하시리니 그리하여 우리가 항상 주와 함께 있으리라"(살전 4:16-17)고 말씀합니다. 이처럼 주님의 "탄생, 고난, 부활, 승천, 재림"은 끊어지지 않는, 그 무엇도 끊어놓을 수 없는 연속적인 하나님의 구원계획인 것입니다.

이런 맥락에서 신약성경이 구약성경 중에서 가장 많이 인용하여 힘 있게 증언하는 것이 어느 말씀인지 아십니까? 그것은 "여호와께서 내 주에게 말씀하시기를 내가 네 원수들로 네 발판이 되게 하기까지 너는 내 오른쪽에 앉아 있으라 하셨도다"한 시편 110:1절입니다. 어찌하여 시편 110편을 가장 많이 인용하고 있는가?

㉠ 첫째는, "여호와는 맹세하고 변하지 아니하시리라 이르시기를 너는 멜기세덱의 서열을 따라 영원한 제사장이라 하셨도다"(4)한 말씀이 응해졌기 때문입니다. 이점을 본문 17절에서는, "자비하고 신실한 대제사장이 되어 백성의 죄를 속량하려 하심이라"고 말씀합니다.

㉡ 둘째로, "여호와께서 내 주에게 말씀하시기를 내가 네 원수들로 네 발판이 되게 하기까지 너는 내 오른쪽에 앉아 있으라 하셨도다"(1)한 말씀이 응해졌기 때문입니다. 이점을 본문 9절에서는 "영광과 존귀로 관을 쓰신 예수"라고 말씀합니다. 우리 주님은 승천하셔서 영광을 받으시고 하나님 우편에 앉아 계시는 것입니다. 그래서 탄생을 천사들보다 "잠시 동안 못하게 하심을 입은 자"(9)라고 말씀했던 것입니다.

ⓒ 그런데 셋째로 성취하여주실 한 가지 예언이 소망(所望)으로 남아 있기 때문인데 그것은, "주의 오른쪽에 계신 주께서 그의 노하시는 날에 왕들을 쳐서 깨뜨리실 것이라"(5)한 심판주로 재림하실 예언입니다. 이점을 히브리서 9장에서는, "한번 죽는 것은 사람에게 정해진 것이요 그 후에는 심판이 있으리니"하면서 "자기를 바라는 자들에게 두 번째 나타나시리라"(27-28)고 말씀합니다.

우리의 구원은 주님의 재림으로 비로소 완성이 되는 것입니다. 하나님의 구원계획도 주님의 재림으로, "이루었도다 나는 알파와 오메가요 처음과 마지막이라"(계21:6)고 완성이 되는 것입니다. 그러므로 주님의 "탄생, 고난, 부활, 승천, 재림"은 끊어질 수 없는, 무엇도 끊을 수 없는 한편의 복음인 것입니다.

주님은, "보라 내가 속히 오리니 내가 줄 상이 내게 있어 각 사람에게 그가 행한 대로 갚아 주리라"하시면서 "나는 알파와 오메가요 처음과 마지막이요 시작과 마침이라"(계 22:12-13)하십니다. 주님께서 "죽으시고 다시 사시고 승천"하셨다 하여도 만일 재림(再臨)하시지 않는다면 주님은 처음은 되지만 마지막은 되지 못할 것이요, 시작은 하셨으나 "마침"은 되지 못하심과 같은 것입니다. 그런 일은 없습니다. "만군의 여호와의 열심이 이를 이루시리라"(사 9:7)하십니다.

우리는 지금 주님의 승천으로부터 "재림"하실 기간을 살아가고 있습니다. "우리의 시민권은 하늘에 있는지라 거기로부터 구원하는 자 곧 주 예수 그리스도를 기다리노니"(빌 3:20)합니다. 그러므로 이 땅에서는 외국인과 나그네와 같아서 많은 고난을 각오해야만 합니다. 그런데 오늘 본문은, "그가 시험을 받아 고난을 당하셨은즉 시험 받는 자들을 능히 도우실 수 있느니라"(히 2:18)고 용기를 줌으로 마치고 있습니다.

육신을 입고 오셔서 우리를 대신하여 죽으시고 부활하신 주님은 우리가 당하는 고난을 몸소 다 경험하신 "자비하고 신실한 대제사장"(17)이십니다. 그러므로 "시험 받는 자들을 능히 도우실 수 있느니라"합니다. "그러므로 우리는 긍휼하심을 받고 때를 따라 돕는 은혜를 얻기 위하여 은혜의 보좌 앞에 담대히 나아갈"(4:16)수가 있는 것입니다.

㉠ "지금 우리가 하는 말의 요점은 이러한 대제사장이 우리에게 있다"(8:1)는 것입니다. 자비하고 신실한 대제사장이 되어 백성(우리)의 죄를 속량하신 "대제사장"을 우리가 모셨다는 것은 얼마나 큰 축복입니까?

㉡ "그러므로 함께 하늘의 부르심을 받은 거룩한 형제들아 우리가 믿는 도리의 사도이시며 대제사장이신 예수를 깊이 생각하라"(3:1),

ⓒ "그러므로 우리에게 큰 대제사장이 계시니 승천하신 이 곧 하나님의 아들 예수시라 우리가 믿는 도리를 굳게 잡을지어다"(4:14)합니다.

우리가 믿는 하나님은 언약의 하나님, 언약하신 바를 이루시는 하나님이십니다. 주님의 "탄생, 죽으심, 부활, 승천"이 임기응변으로 되어 진 일이 아니라 언약하신 대로 이루어주신 언약의 성취인 것입니다. 이제 우리에게는 하나 남은 약속이 있는데 "내가 다시 와서 너희를 내게로 영접하여 나 있는 곳에 너희도 있게 하리라"(요 14:3)하신 재림의 약속입니다. 주님의 "탄생, 고난, 부활, 승천"을 이루어주신 하나님은 하나 남은 재림의 약속도 이루어주실 것을 확신하고도 남음이 있는 것입니다. 이것이 "주님의 탄생으로부터 재림까지"입니다.

주 오늘에 다시 오신다면 부끄러움 없을까

잘 하였다 주님 칭찬하며 우리 맞아 주실까

주 안에서 우리 몸과 맘이 깨끗하게 되어서

주 예수님 다시 오실 때에 모두 기쁨으로 맞으라 (176장)

<h1 style="text-align:center">누가복음 2:1–14절 분석도표</h1>
주제 : 하늘에는 영광 땅에는 평화

1-7

역사적 배경

1 그 때에 가이사 아구스도가 영을 내려 천하로　　**다 호적하라 하였으니**
2 이 호적은 구레뇨가 수리아 총독이 되었을 때에 처음 한 것이라
3 모든 사람이 호적하러 각각 고향으로 돌아가매

4　　**요셉도 다윗의 집 족속이므로 갈릴리 나사렛 동네에서**
유대를 향하여 베들레헴이라 하는 다윗의 동네로
5　　**그 약혼한 마리아와 함께 호적하러 올라가니**
마리아가 이미 잉태하였더라

6　　**거기 있을 그 때에 해산할 날이 차서**
7　　**첫아들을 낳아 강보로 싸서 구유에 뉘었으니**
이는 여관에 있을 곳이 없음이러라

8-14

큰 기쁨의 좋은 소식

8 그 지역에 목자들이 밤에 밖에서 자기 양 떼를 지키더니
9 주의 사자가 곁에 서고 주의 **영광**이 그들을 두루 **비추매** 크게 무서워하는지라

10 천사가 이르되　**무서워하지 말라 보라 내가 온 백성에게 미칠**
큰 기쁨의 좋은 소식을 너희에게 전하노라

11　　**오늘 다윗의 동네에 너희를 위하여 구주가 나셨으니**
곧 그리스도 주시니라

12　　너희가 가서 강보에 싸여 구유에 뉘어 있는
아기를 보리니 이것이 너희에게 표적이니라 하더니

13 홀연히 수많은　**천군이 그 천사들과 함께 하나님을 찬송하여 이르되**
14

지극히 높은 곳에서는 하나님께 영광이요
땅에서는 하나님이 기뻐하신 사람들 중에 평화로다 하니라

하늘에는 영광 땅에는 평화
(성탄 설교)

설교 작성노트

천사들은 목자들에게, "구주 곧 그리스도"가 탄생하셨다는 기쁜 소식을 전해 주면서, "지극히 높은 곳에서는 하나님께 영광이요 땅에서는 하나님이 기뻐하신 사람들 중에 평화로다"라고 찬양했다. 그러면 말씀이 육신이 되어 말구유에 탄생하셨다는 것이 어찌하여 하나님께는 "영광이요" 땅에서는 사람들에게 "평화"인가? 이를 증언하려는 것이 내용목적이다.

그리고 오늘날 주의 제자들인 우리는 하나님께는 영광을 돌리고 사람들에게는 평화를 선포하고 있는가? 여기에 적용목적이 있다 하겠다.

강론

오늘은 성탄절입니다. 천사들은 목자들에게 "온 백성에게 미칠 큰 기쁨의 좋은 소식을 너희에게 전하노라"하면서, "오늘 다윗의 동네에 너희를 위하여 구주가 나셨으니 곧 그리스도 주시니라"했습니다. 1장에서는 "주 앞에 앞서 가서 그 길을 준비할"(1:76) "길 예비자" 세례 요한이 태어났는데, 2장에서는 주인공인 "그리스도"가 탄생하신 것입니다.

그런데 오늘 살펴보고자 하는 중심점은 수많은 천군과 천사들이 찬양하기를, "지극히 높은 곳에서는 하나님께 영광이요 땅에서는 하나님이 기뻐하신 사람들 중에 평화로다"(14)한 말씀입니다. 이 찬양은 우리가 잘 알고 있는 내용입니다. 그런데 말씀이 육신을 입고 낮고 천한 이 땅에 오시되 말구유에 탄생하신 "임마누엘" 사건이 어찌하여 "하나님께는 영광이요, 사람들에게는 평화"가 되는가 하는 그 의미에 대해서는 잘 모르고 있는 것 같습니다. 이를 증언하려는 것이 설교의 핵심입니다.

본론에 들어가기에 앞서 하나님께서 메시아를 보내신 역사적인 배경을 살펴보도록 하겠습니다. 2장은 "그 때에 가이사 아구스도가 영을 내려 천하로 다 호적하라 하였으니"(1)하고 시작이 됩니다. 가이사 아구스도는 로마의 황제입니다. 그러면 다윗의 위에 앉으셔서 "영원무궁토록 왕 노릇하실 구주"(1:33)가 로마가 통치하고 있는 "역사적인 배경"에서 태어나셨다는 구속사적 의미가 무엇인가 하는 점입니다.

하나님은 선지자 다니엘을 통해서 그리스도가 탄생하실 역사적인 시점을, "정금의 나라, 은의 나라, 놋의 나라를 거쳐 철의 나라 때에", "하늘의 하나님이 한 나라를 세우시리니"(단 2:44)하고 예언하셨습니다. 성경에서 말씀하는 "예언"이란 앞으로 일어날 일을 미리 알아맞히는 그런 것이 아닙니다. 앞으로 이루시고자 하는 하나님의 "계획"을 미리 알려주시는 것이 예언인 것입니다.

그리스도를 보내실 시점을 바벨론 다음에 바사가 일어나고, 바사 다음에 헬라가 일어나고, 헬라 다음에 로마가 일어날, "이 여러 왕들의 시대에 하늘의 하나님이 한 나라를 세우시리니 이것은 영원히 망하지도 아니할 것이라"(단 2:44)고 말씀합니다. 주목할 점은 "한 나라"를 세우신다는 점인데 다니엘서에는 "나라"라는 말이 60회 이상 등장합니다. 이스라엘이 바벨론에 의하여 멸망을 당한 시점에 영원히 멸망하지 아니할 "한 나라를 세우신다"(2:44, 4:3, 34, 6:26, 7:14, 18, 22, 27)는 선언은 경이로운 비전인 것입니다. 이것이 성경을 통해서 계시하신 그리스도를 보내신 역사적인 배경입니다.

이제 중요한 점은 그러면 어떤 방도로 "영원한 나라"는 세워지게 되는가 하는 점입니다. 사람의 "손대지 아니한 돌이 나와서 신상의 쇠와 진흙의 발을 쳐서 부서뜨리매 그 때에 쇠와 진흙과 놋과 은과 금이 다 부서져 여름 타작마당의 겨 같이 되어 바람에 불려 간 곳이 없었고 우상을 친 돌은 태산을 이루어 온 세계에 가득하게"(단 2:34-35)하심으로 "한 나라"를 세우신다는 것입니다. 이는 그리스도께서 "죽으시고 다시 사심"을 통해서 사탄(신상)을 멸하실 것에 대한 예표입니다. 이것이 하나님의 계획 속에 있는 그리스도가 탄생할 시대적인 배경인데 역사적으로 그대로 성취가 되었던 것입니다.

나사렛에 살고 있던 마리아가 다윗의 동네인 베들레헴에 와서 해산하게 된 것도, "베들레헴 에브라다야 너는 유다 족속 중에 작을지라도 이스라엘을 다스릴 자가 네게서 내게로 나올 것이라"한 예언의 성취였던 것입니다. 그런데 그 분은 베들레헴 사람이 아니라 "그의 근본(根本)은 상고에, 영원에 있느니라"(미 5:2)합니다.

천사들은 "너희가 가서 강보에 싸여 구유에 뉘어 있는 아기를 보리니 이것이 너희에게 표적이니라"(2:12)고 말합니다. 많은 아기들이 태어나는데 그 중에 어느 아기가 아브라함에게 언약하신 "그리스도"시라는 점을 어떻게 알 수가 있단 말인가? 그 표적이 무엇입니까? "주께서 친히 징조를 너희에게 주실 것이라 보라 처녀가 잉태하여 아들을 낳을 것이요 그의 이름을 임마누엘이라"(사 7:14)하십니다.

이제는 본론에 들어가 예수님의 탄생이 어떻게 해서, "지극히 높은 곳에서는 하나님께 영광이요 땅에서는 하나님이 기뻐하신 사람들 중에 평화로다"가 되는지를 살펴보게 되었습니다. "하나님께 영광, 사람에게 평화"는 예수 그리스도의 "탄생"만으로 이루어지는 것이 아닙니다. 주님은 도리어 "내가 세상에 화평을 주러 온 줄로 생각하지 말라 화평이 아니요 검을 주러 왔노라"(마 10:34)하십니다. 그렇다고 주님께서 행하신 "산상수훈, 오병이어, 기사이적"으로 주어지는 것도 아닙니다.

35절을 보겠습니다. 성령의 감동으로 시므온은 마리아에게, "칼이 네 마음을 찌르듯 하리라"고 예언하고 있습니다. 그러므로 구주(救主)의 탄생을 구속사라는 맥락으로 보면 "큰 기쁨"만 있는 것은 아닙니다. 하나님의 아들을 십자가에 못을 박는 마음을 찌르듯 하는 망치소리도 함께 들어야한다는 점을 유념해야만 합니다.

49절을 같이 읽겠습니다. 주님은 "어찌하여 나를 찾으셨나이까 내가 내 아버지 집에 있어야 될 줄을 알지 못하셨나이까"고 말씀합니다. 이 때가 예수님이 12살 때인데 유월절을 지키기 위해서 예루살렘에 가셨습니다. 주님은 12살 때 자신이 하나님의 아들이라는 정체성과, 유월절 양으로 죽임을 당하셔야 한다는 사명을 알고 계셨다는 것이 됩니다.

성탄의 기쁜 소식을 첫 번으로 전해들은 사람들이 누구입니까? "그 지역에 목자들이 밤에 밖에서 자기 양 떼를 지키더니 주의 사자가 곁에 서고 주의 영광이 그들을 두루 비추매 크게 무서워하는지라"(8-9)한 목자들입니다.

천사가 성탄의 "큰 기쁨의 좋은 소식"을 왕궁이나, 성전에 있는 제사장이 아닌 밤에 밖에서 자기 양떼를 지키고 있던 "목자들"에게 제일 먼저 전해주었다는 것은 놀라운 일입니다. 그들은 비천한 신분의 사람들이었을 것입니다. 그런데 이점에서 우리의 상상을 풍성케 해주는 것은 "양떼를 지키더니"라는 묘사 때문입니다.

성경에서 "양"이라 하면 즉각적으로 하나님께 번제로 드려질 제물을 연상하게 됩니다. 그들은 다름이 아닌 상번제, 속죄제, 화목제의 제물로 드려질 양을 치던 목자들이었을 것이라는 상상은 가능한 것입니다. 그런 자들에게 제일 먼저 "세상 죄를 지고 가는 하나님의 어린 양"이 태어나심을 전해줌으로 "빨리 가서 마리아와 요셉과 구유에 누인 아기를 찾아서 보고…하나님께 영광을 돌리고 찬송하며 돌아갔다"(16-20)는 것은 의미심장한 일입니다.

또한 성경은 예수 그리스도를 "목자 장"(벧전 5:4)이라고 말씀합니다. 그렇다면 그의 제자들인 우리는 작은 목자들이요, "네가 나를 사랑하느냐, 내 양을 치라"(요 21:16)하신, 양 떼를 지키는 목자(牧者)들인 셈입니다. 목자장이 다시 오시는 재림의 나팔 소리도 묵묵히 제 위치를 지키면서 자기의 임무를 감당하는 "밤에 자기 양떼를 지키는" 목자들에게 전해지게 되리라는 믿음입니다.

천사들이 전해준 내용을 보면 첫째는, "보라 내가 온 백성에게 미칠 큰 기쁨의 좋은 소식"이라고 말합니다. 이는 복음이 미칠 범위가 유대인의 벽을 넘어 "온 백성", 즉 천하 만민임을 말합니다.

둘째는, "구주가 나셨으니 곧 그리스도 주시니라"고 말합니다. "구주, 그리스도, 주"라는 표현은 모두가 주님께서 담당하실 구속사역과 결부되는 내용들입니다. 어떻게 해서 "예수"가 구주(救主)가 되셨는가를 생각해보시기 바랍니다.

이제 말씀이 육신을 입고 낮고 천한 이 땅에 오시되 말구유에 탄생하신 "임마누엘" 사건이 어찌하여 "하나님께는 영광이요, 사람들에게는 평화"가 되는가 하는 점은 이미 드러난 셈입니다.

먼저 "하나님께 영광"이 된다는 점을 깨닫기 위해서는 요한복음 12장으로 가보아야만 합니다. 주님은 십자가를 앞에 놓으시고, "내가 이를 위하여 이때에 왔나이다"하시면서, "아버지여 아버지의 이름을 영광스럽게 하옵소서"(요 12:27-28)하고 그가 받으실 "고난과 하나님의 영광"을 결부시키는 것을 대하게 됩니다.

어찌하여 주님께서 대속제물이 되시는 것이 하나님께 영광이 되는지 아십니까? 이점을 로마서에서는, "곧 이때에 자기의 의로우심을 나태내사 자기도 의로우시며"(롬 3:26)합니다. "곧 이 때"란 자기 아들을 대속제물로 갈보리 십자가에 세우신 때를 가리킵니다. 십자가사건은 "자기의 의로우심", 즉 하나님의 공의(公義)를 충족시킨 사건이었다는 점을 깨달아야만합니다. 왜냐하면 이렇게 하시고 우리를 받아주셨기 때문에 첫째는 "자기도 의로우시며", 즉 하나님의 공의가 만족하시게 되었기 때문입니다.

구약시대란 죄를 보시고도 "하나님께서 길이 참으시면서 죄를 간과(看過)하신"(롬 3:25), 즉 죄에 대한 하나님의 의로우심을 나타내시지 못한 때였다는 것입니다. 그런데 이제 비로소 "자기의 의로우심"(공의)을 자기 아들에게 나타내시게 되었으니 그래서 주께서 십자가를 담당하심이 하나님께 "영광"을 돌림이 되는 것입니다. 하나님의 의로우심을 드러내는 것보다 더 중요하고 우선하는 일은 없습니다. 이에 대한 적절한 예가 구약성경에 있습니다. 여호수아는 범죄한 아간에게, "내 아들아 청하노라 이스라엘의 하나님 여호와께 영광을 돌리라"(수 7:19)고 말합니다. 범죄한 아간이 하나님께 영광을 돌리는 방도가 무엇이란 말인가? 죽는 것입니다. 아간의 죽음은 죄 값은 사망이라는 하나님의 공의를 들어낸 영광을 돌림이 되었던 것입니다. 그런데 아간은 자신의 죄로 말미암아 죽임을 당했으나 그리스도의 죽으심은 우리의 죄에 대한 하나님의 의로우심을 나타낸 "하나님께 영광"을 돌리신 최대의 사건이었던 것입니다.

그리하여 "자기도 의로우시며" 그리고 "또한 예수 믿는 자를 의롭다 하려 하심이라" 합니다. 즉 "잃어버린 백성"을 찾으셔서 함께 사는 하나님의 나라를 회복하는 것을 가능하게 하셨기 때문에 하나님께 영광이 되는 것입니다. 이것이 "지극히 높은 곳에서는 하나님께 영광이요"(2:14)의 뜻입니다.

그렇다면 "땅에서는 하나님이 기뻐하신 사람들 중에 평화로다"는 뜻도 분명해지는 것입니다. "죽기를 무서워하므로 일생에 매여 종노릇하는 모든 자들"(히 2:15)에게 "평화"(平和)란 없습니다. 그래서 이사야 선지자는 "그가 찔림은 우리의 허물 때문이요 그가 상함은 우리의 죄악 때문이라 그가 징계를 받으므로 우리는 평화를 누리고 그가 채찍에 맞으므로 우리는 나음을 받았도다"(사 53:5)고 예언했던 것입니다.

그리고 진정한 평화는, "좋은 소식을 전하며 평화를 공포하며 복된 좋은 소식을 가져오며 구원을 공포하며 시온을 향하여 이르기를 네 하나님이 통치하신다"(사 52:7)한 "통치"(統治)하실 메시아왕국이 도래할 때에 완성되는 것입니다. 지금은 평화가 아니라 전쟁 중입니다.

그러면 묻습니다. 형제가 "지극히 높은 곳에서는 하나님께 영광이요 땅에서는 하나님이 기뻐하신 사람들 중에 평화로다"한 "영광과 평화"를 위해서 헌신해야 할 일이 무엇인지 아십니까? "온 백성에게 미칠 큰 기쁨의 좋은 소식"인 복음을 듣든지 아니 듣든지, 때를 얻든지 못 얻든지 전하는 일입니다. 첫 성탄의 소식은 천사가 전했으나 이제는 제자들에게 "화목하게 하는 직분을 주시고, 화목하게 하는 말씀을 우리에게 부탁"(고후 5:18, 19)하셨습니다. 이것이 "하늘에는 영광 땅에는 평화"입니다.

평화 없는 세상 고통과 싸움뿐 사람들은 무서워 떠네
평화의 왕이 다시 오시기까지 죄와 전쟁은 끝이 없네
오 주 없이 살 수 없네 오직 주께만 구원 있네
주님 없는 세상 평화 없네 오 주 없이 살 수 없네

고린도전서 15:12-24절 분석도표

주제 : 첫 열매가 되신 예수 그리스도의 부활

부활이 없으면

12-19

12 **그리스도께서 죽은 자 가운데서 다시 살아나셨다** 전파되었거늘 너희 중에서 어떤 사람들은 **어찌하여 죽은 자 가운데서 부활이 없다 하느냐**

13 만일 죽은 자의 부활이 없으면
그리스도도 다시 살아나지 못하셨으리라

14 **그리스도께서 만일 다시 살아나지 못하셨으면**
우리가 전파하는 것도 헛것이요
또 너희 믿음도 헛것이며

15 또 우리가 하나님의 거짓 증인으로 발견되리니
우리가 하나님이 그리스도를
다시 살리셨다고 증언하였음이라
만일 죽은 자가 다시 살아나는 일이 없으면
하나님이 그리스도를 다시 살리지 아니하셨으리라

16 만일 죽은 자가 다시 살아나는 일이 없으면
그리스도도 다시 살아나신 일이 없었을 터이요

17 **그리스도께서 다시 살아나신 일이 없으면**
너희의 믿음도 헛되고
너희가 여전히 죄 가운데 있을 것이요
그리스도 안에서 잠자는 자도 망하였으리니

18 또한

19 만일 그리스도 안에서 우리가 바라는 것이
다만 이 세상의 삶뿐이면
모든 사람 가운데 우리가 더욱 불쌍한 자이리라

주님 부활 내 부활

20-26

20 그러나 이제 그리스도께서 죽은 자 가운데서 다시 살아나사
잠자는 자들의 첫 열매가 되셨도다

21 사망이 한 사람으로 말미암았으니 죽은 자의 부활도 한 사람으로 말미암는도다

22 아담 안에서 모든 사람이 죽은 것 같이 **그리스도 안에서 모든 사람이 삶을 얻으리라**

23 그러나 각각 **자기 차례대로 되리니** 먼저는 첫 열매인 그리스도요
다음에는 그가 강림하실 때에 그리스도에게 속한 자요

24 그 후에는 마지막이니 그가 모든 통치와 모든 권세와 능력을 멸하시고
나라를 아버지 하나님께 바칠 때라

25 그가 모든 원수를 그 발아래에 둘 때까지 반드시 왕 노릇 하시리니

26 **맨 나중에 멸망 받을 원수는 사망이니라**

첫 열매가 되신 예수 그리스도의 부활
(부활절 설교)

설교 작성노트

주님의 "성탄"을 밀알 하나가 땅에 떨어져 심는 것에 비한다면 "십자가 사건"은 그 씨가 죽는 것이요, "부활"은 열매를 맺는 것이라 할 것이다. 이처럼 "탄생과 고난과 부활"은 떼어놓을 수 없는 일련의 구속사건인 것이다. 그러므로 사도는 "그리스도께서 다시 살아나신 일이 없으면 너희의 믿음도 헛되고 너희가 여전히 죄 가운데 있을 것이라"(17)고 말씀한다. 이런 맥락에서 그리스도의 "부활"은 결실이요, 승리요, 영광인 것이다. 이를 증언하려는 것이 내용목적이다.

그런데 사도는 부활 장을 이렇게 마치고 있다. "그러므로 내 사랑하는 형제들아 견실하며 흔들리지 말고 항상 주의 일에 더욱 힘쓰는 자들이 되라 이는 너희 수고가 주 안에서 헛되지 않은 줄 앎이라"(58), 여기에 적용목적이 있다.

고린도전서 15장을 "부활 장"이라고 말합니다. 부활에 관하여 성경 전체를 통해서도 고린도전서 15장만큼 논리 정연하게 논증하고 있는 곳은 달리는 없습니다. 고린도전서는 1장에서, "십자가의 도가 멸망하는 자들에게는 미련한 것이요 구원을 받는 우리에게는 하나님의 능력이라"(1:18)고, "십자가의 도", 즉 그리스도의 죽으심으로 시작하여, 마지막 부분에 이르러 "그러나 이제 그리스도께서 죽은 자 가운데서 다시 살아나사 잠자는 자들의 첫 열매가 되셨도다"(20)고, "부활"로 마치고 있는 절묘한 구조입니다.

바울이 죽은 자의 부활을 논하게 된 이유는, "너희 중에서 어떤 사람들은 어찌하여 죽은 자 가운데서 부활이 없다하느냐"(12)고, 부활을 확신하지 못한 자들이 있었기 때문입니다. 부활을 믿지 못하는 어떤 이들이란 지식이 있노라 하는 이지적(理智的)인 사람들이었을 것입니다. 이것이 이상한 일이 아닙니다. 주님 당시의 사두개파는 부활을 믿지 않았습니다. 그리고 오늘날도 몸의 부활도, 내세도, 천국과 지옥도 믿지 않는 사람들은 교회 내에도 있습니다. 무식하기 때문이 아니라 철학적이고 지혜 있다는 이성주의자, 합리주의적인 학자들 중에 많은 것입니다.

그래서 부활 장은, "형제들아 내가 너희에게 전한 복음을 너희에게 알게 하노니 이는 너희가 받은 것이요 또 그 가운데 선 것이라 너희가 만일 나의 전한 그 말을 굳게 지키고 헛되이 믿지 아니하였으면 그로 말미암아 구원을 얻으리라"(2)는 말로 시작하고 있는 것입니다. "헛되이 믿는다"는 뜻이 무엇인가? "예수 그리스도"를 믿는다고 하면서도 만일 주님의 대속적인 죽으심과 부활을 부정한다면 이는 복음을 부정하는 "헛되이 믿는" 것입니다. 그렇다면 현대교회는 부활신앙에 굳게 서 있으며, 부활을 믿는 소망의 삶을 살아간다고 말할 수가 있는가? 그러므로 부활장인 15장은 현대교회에 더욱 적실성이 있다 하겠습니다.

13절을 보겠습니다. "만일 죽은 자의 부활이 없으면 그리스도도 다시 살아나지 못하셨으리라"(13)합니다. 16절에서는 "만일 죽은 자가 다시 살아나는 일이 없으면 하나님이 그리스도를 다시 살리지 아니하셨으리라"합니다. 무슨 뜻이냐 하면 주님의 부활은 그를 믿는 자의 부활에 대한 보증이 되고, 그로부터 본격적인 추수가 시작되었다는 점을 나타내는 것입니다. 그렇습니다. 만일 부활이 없다면, 그리고 내세가 없다면 어떻게 되는가? 바울의 논리 정연한 논증을 보십시오.

㉠ "우리가 전파하는 것도 헛것이요",

㉡ "또 너희 믿음도 헛것이며"(14),

ⓒ "또 우리가 하나님의 거짓 증인으로 발견되리니 우리가 하나님이 그리스도를 다시 살리셨다고 증언하였음이라"(15),

ⓔ "그리스도께서 다시 살아나신 일이 없으면 너희의 믿음도 헛되고",

ⓜ "너희가 여전히 죄 가운데 있을 것이요"(17),

ⓗ "또한 그리스도 안에서 잠자는 자도 망하였으리니"(18), 즉 믿고 죽은 사람도 헛것이 되고,

ⓢ 결론적으로 "만일 그리스도 안에서 우리가 바라는 것이 다만 이 세상의 삶뿐이면 모든 사람 가운데 우리가 더욱 불쌍한 자이리라"(14-19)합니다. 즉 예수 믿는 자들은 불쌍한 사람이 될 것이요, 복음을 증언하다가 죽임을 당한 바울과 같은 순교자들은 더욱 불쌍한 사람이 될 것이라는 말입니다.

주님은 잡히시던 날 밤 11사도에게 행하신 다락방 강화에서, "너희는 마음에 근심하지 말라 하나님을 믿으니 또 나를 믿으라 내 아버지 집에 거할 곳이 많도다 그렇지 않으면 너희에게 일렀으리라"(요 14:1-2)하십니다. 사람의 죽음이 끝이고 내세가 없다면 그것을 "너희에게 일렀으리라", 즉 말해줬을 것이라는 뜻입니다.

그러므로 예수 그리스도의 "죽으심과 부활"이라는 십자가사건은 임기응변으로 된 일이 아닙니다. 이사야 선지자를 통해서 예언하기

를, "여호와께서 그에게 상함을 받게 하시기를 원하사 질고를 당하게 하셨은즉"합니다. 어찌하여 자기 아들이 십자가라는 질고를 당하기를 원하셨는가? "그의 영혼을 속건제물로 드리기에 이르면 그가 씨를 보게 되며"한 많은 씨가 퍼지게 하기 위해서라고 말씀합니다. 그리고 이것이 "그의 손으로 여호와께서 기뻐하시는 뜻을 성취하리로다"(사 53:10)한 하나님의 기뻐하시는 뜻이었던 것입니다.

이 같은 "하나님의 뜻"을 구속사라는 맥락으로 추적해보면 아담에게, "생육하고 번성하여 땅에 충만하라"(창 1:28)하시고, 노아에게 "생육하고 번성하여 땅에 충만하라"(창 9:1)하시고, 아브라함에게, "하늘을 우러러 뭇별을 셀 수 있나 보라 또 그에게 이르시되 네 자손이 이와 같으리라"(창 15:5)하신 "생육하고 번성"함을 자기 아들의 죽음을 통하여 성취하신 것이 되는 것입니다.

그러므로 바울은 논증하기를 "첫 사람 아담은 생령이 되었다 함과 같이 마지막 아담은 살려 주는 영이 되었나니"(45)합니다. 그러면 주님께서 어떻게 해서 "살려 주는 영"이 되셨는지 아십니까? "한 알의 밀이 땅에 떨어져 죽지 아니하면 한 알 그대로 있고 죽으면 많은 열매를 맺느니라"(요 12:24)하신 "죽으시고 다시 사심"을 통해서 "살주는 영"이 되신 것입니다.

이런 맥락에서 "성탄"은 "한 알의 밀이 땅에 떨어진"(요 12:24) 임마누엘 사건이요, "십자가 사건"은 "한 알의 밀이 죽은" 사건이요, "부활"

을 "첫 열매"(20)로 보고 있다는 점입니다.

오늘 본문에서 특히 주목하게 되는 점은, "그리스도께서 죽은 자 가운데서 다시 살아나셨다"(12)고만 증언하고 있는 것이 아니라, "이제 그리스도께서 죽은 자 가운데서 다시 살아나사 잠자는 자들의 첫 열매가 되셨도다"(20)고 주님의 부활을 "첫 열매"라고 증언하고 있다는 점입니다.

이 "첫 열매"가 무엇과 결부되어 있는가를 보십시오. "잠자는 자들", 즉 신구약을 통 털어 하나님을 경외하다가 죽은 사람들의 "첫 열매"가 되셨다는 것과 결부가 되어 있습니다. 그러니까 주님이 사망의 권세를 이기시고 부활하신 것은 자신만을 위한 부활이 아니라 잠자는 자들에게 부활의 문을 활짝 열어놓으신 사건이라는 놀라운 뜻인 것입니다.

"첫 열매"라는 표현은 이곳 외에는 달리는 찾아 볼 수 없는 경이로운 선언입니다. 바울은 "그것을 읽으면 내가 그리스도의 비밀을 깨달은 것을 너희가 알 수 있으리라"(엡 3:4)고 말씀하는데 그러면 바울은 성경 어디에 근거해서 주님의 부활을 "첫 열매가 되셨다"는 깨달음을 얻게 되었는가하는 점입니다.

레위기 23:10절에 보면, "너희는 내가 너희에게 주는 땅에 들어가서 너희의 곡물을 거둘 때에 너희의 곡물의 〈첫 이삭〉 한 단을 제사장에게로 가져갈 것이요”(10)하는 “첫 이삭”이 등장합니다. “첫 이삭”을 드리는 것을 출애굽기에서는 첫 열매라는 뜻으로 “초실절”(출 34:22, 初實節)이라고 말씀합니다. 여기에는 교훈적인 의미만이 아니라 구속사적인 놀라운 의미가 있는데 이점이 이어지는 말씀에 분명하게 드러납니다.

㉠ 첫째로 첫 이삭을, “안식일 이튿날에 흔들 것이며”(11하)라고 지정해주십니다. 추수 때에 “첫 이삭”을 제사장에게 가져가면 바로 흔들어 드리라 하시는 것이 아니라, “안식일 이튿날에 흔들라”하시는 것이 무의미한 말씀이란 말인가? 아닙니다. 우리 주님은 유월절 어린 양으로 죽음을 당하셨다가, “안식일이 다 지나고 안식 후 첫날이 되려는 새벽”(마 28:1), 즉 “안식일 이튿날”에 부활하심으로 이 예표가 실체로 응하여진 것입니다.

㉡ “첫 이삭”이 주님의 부활에 대한 예표임이 이어지는 말씀에 더욱 분명하게 나타나는데, “안식일 이튿날 곧 너희가 요제로 곡식 단을 가져온 날부터 세어서 일곱 안식일의 수효를 채우고 일곱 안식일 이튿날까지 합하여 오십 일을 계수하라”(15-16)하십니다. 이를 도식으로 나타내면 7×7+1=50일이 됩니다.

ⓒ 그리고 50일이 되는 날 "새 소제를 여호와께 드리라"(16하)고 명하십니다. 10이 5번이라 하여 오순절(五旬節)이라 하는데 성령께서는 주님이 부활하셔서 첫 열매가 되신 날부터 세어서 정확하게 50일되는 날에 강림하셨고, "새 소제를 여호와께 드리라"(16하)하신 대로 신약(新約)교회가 탄생함으로 이 예표가 성취가 되었던 것입니다.

ⓡ 더욱 놀라운 말씀을 보십시오. "새 소제"를 드리는 때는 "떡 두 개를 가져다가 흔들지니"(17상)하십니다. 구약시대는 12지파를 상징하는, "떡 열두 개"(24:5)를 진설했는데 어찌하여 "떡 두 개"를 드리라 하시는가? "떡 두 개"는, "그는 우리의 화평이신지라 둘로 하나를 만드사(엡 2:14-15), 우리 둘(유대인과 이방인)이 한 성령 안에서 아버지께 나아감을 얻게 하려 하심이라"(엡 2:18)한, 유대인과 이방인에 대한 모형이었던 것입니다. "떡 두 개"를 하나님께 드리라 하신 예표가 이처럼 놀랍도록 역사적으로 성취가 되었던 것입니다.

ⓜ 그리고 "여호와 앞에 기쁘게 받으심이 되도록 흔들되 안식일 이튿날에 흔들 것이며"(11)한 "흔들라"하심은 극도의 환희(歡喜)를 나타내는 동작인 것입니다. 애굽 바로의 노예였던 자들이 약속의 땅에 들어와서 땅을 분배받게 되어 수확한 〈첫 이삭〉을 하나님 앞에 흔들어 드릴 때의 기쁨과 감격이 어떠했겠습니까?

그러나 그 무엇에도 비할 수 없는 기쁨과 감격은, "그들(제자들)이 너무 기쁘므로 아직도 믿지 못하고 놀랍게 여겼다"(눅 24:41)한 주님의 부활이었던 것입니다. "사셨네 사셨네 예수 다시 사셨네", 이처럼 기뻐서 목이 터져라 외치는 것이 "흔들 것이라"한 요제의 의미입니다. 바울은 레위기의 예표를 통해서 "그리스도의 비밀, 복음의 비밀"(엡 6:19)을 깨닫고는 주님의 부활을, "첫 열매가 되셨다"고, 담대히 증언했던 것입니다.

이처럼 그리스도의 부활을 "첫 열매"라 함은 주님의 부활이, "그리스도 안에서 잠자는 자"(18), 즉 예수 믿고 죽은 사람들도 "둘째 열매, 셋째 열매…" 등으로 부활한다는 보증이라는 의미가 있는 것입니다. 뿐만 아니라, "이 사람들은 다 믿음을 따라 죽었으며 약속을 받지 못하였으되 그것들을 멀리서 보고 환영"(히 11:13)했다는 구약시대 성도들의 부활의 문도 열어놓으신 것이 되니 "첫 열매"라는 증언은 얼마나 놀라운 깨달음입니까!!

사도는, "보라 내가 너희에게 비밀을 말하노니 우리가 다 잠 잘 것이 아니요 마지막 나팔에 순식간에 홀연히 다 변화되리니 나팔 소리가 나매 죽은 자들이 썩지 아니할 것으로 다시 살아나고 우리도 변화되리라"(51-52)고 말씀합니다. 무슨 뜻인가?

만일 주님께서 우리 살아생전에 재림을 하신다면 우리는 어떻게 되는 것입니까? 죽었다가 다시 살아나는 것이 아닙니다. 재림의 나팔소리가 울려 퍼질 때에, "순식간에 홀연히 다 변화되리니"합니다. 즉 "우리의 낮은 몸이 주님의 영광의 몸의 형체와 같이 변화하게 된다"(빌 3:21)는 것입니다. 이는 주님이 "첫 열매"가 되셨기 때문에 가능해진 것입니다. 또한 "나팔 소리가 나매 죽은 자들이 썩지 아니할 것으로 다시 살아나고"(15:52), 즉 예수 믿고 죽은 성도들도 부활한다는 것입니다. 이것도 "그리스도께서 죽은 자 가운데서 다시 살아나사 잠자는 자들의 첫 열매가 되셨기"(20) 때문에 가능해지는 것입니다.

이점에서 확고해야 할 점은 우리의 구원이 아담 하와가 범죄하기 이전의 모습으로 환원(還元)이 되는 것이 아니라는 점입니다. 쉽게 말해 잃었던 본전만 찾는 것과 같은 것이 구원계획이 아니라는 말씀입니다. 49절을 보십시오. "우리가 흙에 속한 자의 형상을 입은 것 같이", 지금 우리 몸은 흙으로 지으신 아담과 같은 형상입니다. 그런데 "또한 하늘에 속한 이의 형상을 입으리라"(49)합니다. "하늘에 속한 이의 형상"이란 예수 그리스도의 형상입니다.

이것이 어떻게 가능해지는가? "그리스도 예수를 죽은 자 가운데서 살리신 이가 너희 안에 거하시는 그의 영으로 말미암아 너희 죽을 몸도 살리시리라"(롬 8:11)합니다. 씨가 있는 계란에서 병아리가 나오듯이 여러분 안에는 "예수 그리스도의 영"이 거하시기 때문입니다.

채송화 씨를 아시겠지요. 그 작은 씨 안에는 노란 꽃, 분홍 꽃, 빨간 꽃이 비단같이 포장되어 있는 것입니다. 그리스도인은 "썩지 아니할 씨"(벧전 1:23)로 거듭난 자들입니다. 여러분 속에 있는 그리스도의 영이 꽃을 피우고 열매를 맺힐 날이 다가오고 있는 것입니다. 이는 가슴 설레게 하는 소망인 것입니다.

주님의 성탄은 한 알의 밀이 땅에 떨어짐과 같고, 십자가는 "유월절 어린양으로의 죽으심"이요, 부활은 "첫 열매"인 것입니다. 그리고 주님의 재림은 추수하러 오시는 것입니다. 하나님의 자녀가 된 여러분의 몸을 한번 내려다보시기 바랍니다. 바울은 "이 썩을 것이 반드시 썩지 아니할 것을 입겠고 이 죽을 것이 죽지 아니함을 입으리로다"(15:53)합니다. 그렇다면, "주를 향하여 이 소망을 가진 자마다" 우리의 몸을 어떻게 관리해야 마땅합니까? "그의 깨끗하심과 같이 자기를 깨끗하게 하느니라"(요일 3:1-3)고 말씀합니다. 이것이 "첫 열매가 되신 예수 그리스도의 부활"입니다.

> 주 예수 세상에 다시 오실 그 날엔 뭇 성도 변화하여
> 주님의 빛나는 그 영광을 다 함께 보며 주 찬양하리
> 주님의 마음 본받아 살면서 그 거룩하심 나도 이루리 (455장)

레위기 23:9-16절 분석도표

주제 : 추수감사절의 구속사적인 의미

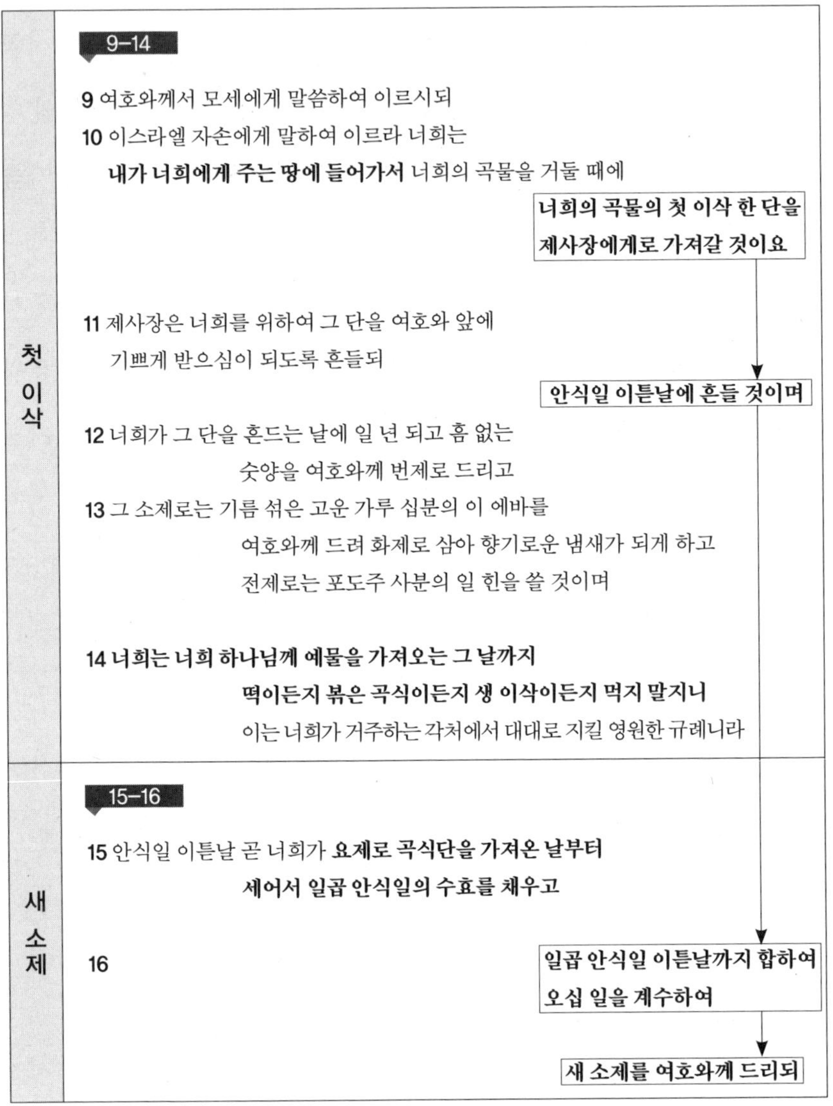

추수감사절의 구속사적인 의미
(추수감사절 설교)

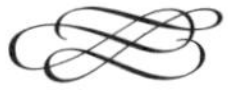

설교작성노트

추수감사절의 유래와 일반적인 의미는 잘 알고 있으나 성경적인 근거와, 구속사적인 의미에 대해서는 모르는 편이다. 이를 증언하려는 것이 내용목적이다. 그리고 복음서에는 "유대인의 명절(요 5:1), 유대인의 명절인 유월절"(요 6:4)이라는 표현이 있는데 "여호와의 명절"이 유대인의 명절로 변질이 되었기 때문이다. 오늘의 "추수감사절, 성탄절"도 교회의 절기로 변질이 된 것이 아닌가? 반성하게 된다. "추수감사"의 성경적인 의미를 깨닫고 감사와 감격이 더욱 풍성하고 넘치는 감사절이 되기를 바라는 것이 적용목적이다.

강론

추수감사절의 일반적인 유래에 대해서는 잘 알고 있습니다. 그런데 성경적인 근거, 다시 말하면 구속사적인 의미에 대해서는 잘 모르는 편입니다. 신앙의 자유를 찾아 만난을 무릅쓰고 새로운 땅에 이주한 청교도들이 첫 열매를 하나님께 흔들어 드린 것은 기쁘고 감사해서만이 아니었습니다. 그렇게 한데는 성경적인 근거, 즉 하나님의 명령을 인식했기 때문이었습니다. 이처럼 성경적인 근거를 깨닫고 감사절을 지킬 때 감사와 감격은 더욱 풍성하게 될 것입니다.

왜냐하면 우리는 청교도에 근거하여 추수감사절을 지키는 것이 아니라, 하나님의 말씀에 근거하여 하나님께 감사를 드려야 하기 때문입니다. 그리고 추수감사는 농촌 교회만 지키는 것이 아닙니다. 그러면 추수의 경험이 없는 도시 성도들에게는 어떤 의미가 있는가 하고 묻게 됩니다.

1621년 플리머스에서 행해진 첫 번 추수감사는 즐겁기만 한 축제는 아니었습니다. 오직 신앙의 자유를 찾아 신대륙을 향해 떠났던 102명 중 추위와 질병과 굶주림으로 인해 절반가량이 세상을 떠났습니다. 그런 중에 씨를 뿌려 거둔 첫 수확은 우리가 생각하듯 풍요로운 것이 아니었습니다.

그러나 자유의 땅에서 "첫 열매"를 수확하게 되자 그들은 너무나 감격해서 이 첫 열매를 하늘을 향해서 "흔들며" 하나님께 감사를 했습니다. 이렇게 한 것은 청교도들이 오늘 본문인, "첫 이삭 한 단을 제사장에게로 가져갈 것이요, 그 단을 여호와 앞에 기쁘게 받으심이 되도록 흔들라"는 성경말씀을 생각했기 때문입니다.

성경 말씀에는 교훈적인 의미와 신학적인 의미가 있습니다. 예를 들어 하나님께서 아브라함에게, "네 아들 네 사랑하는 독자 이삭을 데리고 모리아 땅으로 가서 내가 네게 일러 준 한 산 거기서 그를 번제로 드리라"(창 22:2)하신 교훈적인 의미는 "순종"입니다. 그런데 여기에는 보다 더 중요한 신학적인 의미가 있다는 것입니다. 그것은 아브라함이 독자 이삭을 번제로 드리는 예표를 통해서 "자기 아들을 대속제물"로 내어주실 것을 계시하시려는 것입니다.

그러므로 "새 언약의 일꾼"들은, "율법 조문(문자)으로 하지 아니하고 오직 영으로 함이니 율법 조문은 죽이는 것이요 영은 살리는 것이니라"(고후 3:6), 즉 교훈은 중요하지만 교훈으로는 생명을 주지 못한다는 것입니다.

그러면 하나님께서 "첫 이삭을 흔들라"는 구속사적인 의미가 무엇일까요? 사도 바울은 "그것을 읽으면 내가 그리스도의 비밀을 깨달은 것을 너희가 알 수 있으리라"(엡 3:4)고 말씀하는데 바울은 본문의 "첫 이삭"이 주님의 부활을 상징한다는 점을 깨달았던 것입니다. 그래서 "이제 그리스도께서 죽은 자 가운데서 다시 살아나사 잠자는 자들의 첫 열매가 되셨도다"(고전 15:20)고 담대히 증언했던 것입니다.

바울이 깨달은 것은 "첫 이삭"의 의미만이 아니었습니다. 23:5절에는, "여호와의 유월절이요"한 유월절이 있는데 유월절의 어린 양도 "우리의 유월절 양 곧 그리스도께서 희생되셨느니라"(고전 5:7)고 그리스도의 예표라는 점도 깨달았던 것입니다.

그렇다면 "첫 이삭"의 구속사적인 의미는 분명해집니다. 그리스도께서 유월절 어린 양으로 죽임을 당하셨다가 죽은 자 가운데서 부활하심으로 "첫 열매"가 되셨다는 의미문맥이 되는 것입니다.

이점이 11절에 의해서 입증이 되는데 그 첫 열매를, "안식일 이튿날에 흔들 것이며"라고 말씀합니다. 우리 주님은, "안식일이 다 지나고 안식 후 첫날이 되려는 새벽에"(마 28:1), 즉 안식일 이튿날에 부활하심으로 이 예표가 성취되었던 것입니다. "흔들어 드리라"한 요제는, "사셨네 사셨네 예수 다시 사셨네"(찬송)하는 기쁨의 절정을 나타냅니다.

이점이 이어지는 말씀에 더욱 분명하게 나타납니다. 23:15-16절을 보십시오. 첫 열매를 드린 날부터, "오십 일을 계수하여 새 소제를 여호와께 드리라"하십니다. 첫째로 "50일을 계수하라"하심이 무슨 뜻인가?

주님이 부활하시어 첫 열매가 되심으로부터 50일째 되는 날이 오순절이요, 오순절에 성령께서 강림하심으로 "오순절"의 예표가 성취되었던 것입니다. 둘째로 오순절이 이르면 "새 소제를 드리라"(16)하시는데 신약교회가 탄생함으로 "새 소제"가 실체로 성취가 된 것입니다.

그러므로 우리의 "추수감사"는 먼저는 주님께서 유월절 어린 양으로 죽임을 당하셨다가 부활하시어 "첫 열매"가 되심으로 부모, 남편, 아내, 자녀들과 나 자신까지 구원의 열매로 천국창고에 들어지게 되었다는 영적 추수에 대한 감사라 할 것입니다. 이 기쁨을 다윗은, "주께서 내 마음에 두신 기쁨은 그들의 곡식과 새 포도주가 풍성할 때보다 더하니이다"(시 4:7)고 찬양합니다.

뿐만 아니라, "그러므로 염려하여 이르기를 무엇을 먹을까 무엇을 마실까 무엇을 입을까 하지 말라 이는 다 이방인들이 구하는 것이라 너희 하늘 아버지께서 이 모든 것이 너희에게 있어야 할 줄을 아시느니라"(마 6:31-32)하신 대로 금년 한 해도 가족들을 건강으로 지켜주시고 먹을 것과 입을 것을 주신 우리 하나님 아버지께서 감사를 드려야 할 것입니다.

또한 부모와 자녀 간에, 남편과 아내 간에, 그리고 이웃 간에 감사하는 마음을 표하는 Thanks Giving day가 되어야 할 것입니다.

감사절을 지키는 우리 중에는 문제와 아픔과 고통을 안고 있는 분이 계신 것도 사실입니다. 그런 중에도 "자기 아들을 아끼지 않고 내어주신", 큰 것이 사실이라면 보다 작은 문제도 합력하여 선을 이루어주실 것을 믿기에 고난 중에서도 감사할 수가 있는 것입니다. 그렇습니다. D. L. 무디는 설교 도중 성도들에게 컵을 가리키면서, "어떻게 해야 컵에서 공기를 모두 빼낼 수 있을까요?"라고 물었다 합니다. 많은 의견들이 있은 후, 무디는 미소를 지으며 주전자를 들어 컵에 물을 가득 부으면서, "자, 보세요. 공기는 조금도 남아 있지 않습니다."라고 말했다 합니다.

천하보다 귀한 구원을 얻었다는 기쁨과 감사가 마음에 충만하게 되면 근심, 걱정, 불평, 불만 같은 것들은 다 사라지게 될 것입니다. 더욱이나 우리가 하나님께 "새 소제"로 드려지게 된 것이 어떻게 해서 가능해졌는가 하는 구속사적인 의미를 깨닫게 된 이제 큰 기쁨과 감사와 감격으로 요제를 드릴 수가 있는 것입니다.

끝으로 주님은 "너희 눈을 들어 밭을 보라 희어져 추수하게 되었도다"(요 4:35)하십니다. 우리 죄를 위하여 죽으시고 다시 사심으로 "첫 열매"가 되신 주님의 관심은 영적인 추수(秋收)에 집중되어 있으십니다. 천하보다 귀한 열매인 영혼구원보다 더 귀하고 복스러운 추수는 없기 때문입니다. 주님이 죽은 자 가운데서 부활하셔서 "첫 열매"가 되어주심으로 본격적인 추수는 개막(開幕)이 된 것입니다. 이런 맥락에서 "추수감사절"을 맞이하여 시편 126:5-6절을 빼놓을 수가 없는 것입니다.

눈물을 흘리며 씨를 뿌리는 자는 기쁨으로 거두리로다
울며 씨를 뿌리러 나가는 자는
반드시 기쁨으로 그 곡식 단을 가지고 돌아오리로다.

"기쁨으로 거두리로다, 기쁨으로 그 곡식 단을 가지고 돌아오리로다"하는 것은 분명 추수(秋收)의 기쁨을 나타냅니다. 바울은 "그리스도 예수의 일꾼이 되어 하나님의 복음의 제사장 직분을 하게 하사", 즉 복음 전도자의 사명을 감당하게 하시어 "이방인을 제물로 드리는 것이, 받으실 만하게 하려 하심이라"(롬 15:16)고 말씀합니다. 그렇다면 묻습니다. 형제는 추수감사절을 맞아 복음의 제사장으로 하나님 앞에 "제물로" 흔들어 드릴 전도의 열매가 있느냐고 묻고 있는 것입니다.

만일 없다면 이는 "눈물을 흘리며 씨를 뿌리는 자, 울며 씨를 뿌리러 나가지" 않았기 때문이라고 밖에 달리는 변명의 여지가 없는 것입니다. 주님은 말씀하십니다. "뿌리는 자와 거두는 자가 함께 즐거워하게 하려 함이라"(요 4:36). 주님께서 씨를 뿌리는 사명을 감당하셨다면 우리의 사명은 거두는 것입니다. 그리하여 함께 즐거워하는 일입니다.

이처럼 "먼저 그의 나라와 그의 의를 구하는 자"에게 우리의 필요인 "이 모든 것을 너희에게 더하시리라"(마 6:33)하십니다. 내년 추수감사 예배 때에는 영적인 추수와 물질적인 축복이 넘치고도 넘치게 하자고 다시 한 번 다짐하십시다.

추수할 것 많은 때에 일꾼 매우 적으니

열심 있는 일꾼들을 주여 보내주소서

무르익은 저 곡식은 낫을 기다리는데

때가 지나가기 전에 어서 추수합시다 (589장)

창세기 28:10-17절 분석도표

주제 : 이는 하나님의 집이요 이는 하늘의 문이로다

사닥다리

10-12

10 야곱이 브엘세바에서 떠나 하란으로 향하여 가더니

11 한 곳에 이르러는 해가 진지라 거기서 유숙하려고
　그 곳의 한 돌을 가져다가 베개로 삼고 거기 누워 자더니

12　　　　꿈에 **본즉**　**사닥다리가 땅 위에 서 있는데**
그 꼭대기가 하늘에 닿았고

　　　　또 **본즉**　**하나님의 사자들이 그 위에서**
오르락내리락 하고

메시아 언약

13-15

13　　　　또 **본즉**
　여호와께서 그 위에 서서 이르시되

나는 여호와니 너의 조부 아브라함의 하나님이요
이삭의 하나님이라
네가 누워 있는 땅을 내가 너와 네 자손에게 주리니

14 네 자손이 땅의 티끌 같이 되어
　네가 서쪽과 동쪽과 북쪽과 남쪽으로 퍼져나갈지며

땅의 모든 족속이 너와 네 자손으로 말미암아
복을 받으리라

15 내가 너와 함께 있어 네가 어디로 가든지 너를 지키며
　너를 이끌어 이 땅으로 돌아오게 할지라
　내가 네게 허락한 것을 다 이루기까지 너를 떠나지 아니하리라 하신지라

하늘의 문

16-17

16 야곱이 잠이 깨어 이르되

여호와께서 과연 여기 계시거늘 내가 알지 못하였도다

17 이에 두려워하여 이르되　**두렵도다 이 곳이여**
이것은 다름 아닌 하나님의 집이요
이는 하늘의 문이로다 하고

이는 하나님의 집이요
이는 하늘의 문이로다

(심방설교)

설교 작성 노트

사람들은 "에덴동산"이 지구상 어디인가에 관심을 갖는다. 그런데 정작 하나님은 "네가 어디 있느냐"고 아담을 찾고 계신다. 에덴동산은 다름 아닌 하나님의 백성을 두시려고 지으신 전원주택과 같은 것이었다. 중요한 것은 주택이 아니라 사람이요, 그가 지금 어디 있느냐가 중요하기 때문이다.

이런 맥락에서 구약의 백성을 두시려고 약속하신 가나안이 에덴동산이요, 자기 아들의 피로 구속하신 백성들을 두시려고 세우신 교회가 에덴동산이요, 믿음의 가정들이 "하나님의 집"인 에덴동산이라는 각성이 필요하다. 이를 증언하려는 것이 내용목적이다.

구원은 회복의 역사다. 하나님과의 관계, 부모와 자녀관계, 부부관계가 하나님의 목적대로 회복해야 한다. 여기에 적용목적이 있다 하겠다.

야곱의 일생은 참으로 파란만장한 일생이었습니다. 어찌하여 이런 고난을 당하게 되었는가?

첫째는, 하나님께서 택하셨기 때문입니다. 택하실 때에는 사명, 즉 감당해야 할 역할이 있기 때문인데 사명을 감당하기 위해서는 고난이 따르게 되는 것입니다. 선민 이스라엘이 어찌하여 애굽에서 바로의 노예로 고난을 당해야만 했는가? 영적 출애굽을 계시하시려는 사명이 있었기 때문입니다.

다윗이나 사도 바울이 어찌하여 그런 고난을 당했는가를 생각해 보십시오. "택한 나의 그릇"(행 9:15)이기 때문입니다. 야곱이 고난을 당하게 된 첫째 이유도 하나님께서 택하셨기 때문입니다.

둘째는, 야곱은 태어날 때부터 장자, 즉 그리스도의 족보에 오르게 되기를 열망했기 때문에 고난을 당하게 된 것입니다. 얼마나 사모했으면, "형 에서의 발꿈치를 잡았다"(25:26)고 말하겠습니까? 배가 고파서 팥죽을 요구하는 형에게 이때가 기회다 하고, "장자의 명분을 오늘 내게 팔라"(25:31)한 것은 무엇을 의미하는가? 장자가 되기를 오매불망 열망하고 있었다는 증거입니다. 기어코 형으로부터 장자의 직분을 빼앗고 아버지로부터 장자의 축복을 가로챈(27:23) 야곱은 에서가 죽이려 하자 하란으로 피난의 길, 즉 순례의 길을 떠나야만 했던 것입니다.

"야곱이 브엘세바에서 떠나 하란으로 향하여 가더니 한 곳에 이르러는 해가 진지라 거기서 유숙하려고 그 곳의 한 돌을 가져다가 베개로 삼고 거기 누워 자더니"(10-11)합니다.

이 광경을 영상으로 그려보시기 바랍니다. 얼마나 외롭고 처량했을 것인가? 이때 야곱은 무슨 생각을 했을 것입니까? 그런데 하나님은 무심하시지 않으셨습니다. 이점을 호세아 선지자는, "하나님은 벧엘에서 그를 만나셨고 거기에서 우리에게 말씀하셨다"(호 12:4)고 야곱을 만나주셨다고 말씀합니다.

그런데 만나주신 것만이 아니라, "본즉, 또 본즉, 또 본즉"(12-13)하고 보았다는 말이 강조되어 있는데 이는 하나님께서 선수적으로 열어서 "보여주심"으로만이 볼 수가 있었던 것입니다. 성경은 다름 아닌 하나님이 어떤 분이신지 열어서 보여주신 자기계시인 것입니다. 그리고 인생이란 무엇을 보는가에 따라 행복과 불행이 갈라지게 됩니다.

태양을 등지게 되면 자신의 그림자만 보게 됩니다. 하나님은 외롭고 처량한 야곱에게 무엇을 보여주셨고 야곱은 무엇을 보았단 말인가?

㉠, "사닥다리가 땅 위에 서 있는데 그 꼭대기가 하늘에 닿은" 것을 보여주신 것입니다. "사닥다리"는 위와 아래, 즉 끊어진 두 사이를 이어주는 기구입니다. 사닥다리가 야곱이 누어있는 땅과 하나님이 계신 하늘을 이어주고 있었습니다.

㉡, 사닥다리만 본 것이 아니라, "또 본즉 하나님의 사자들이 그 위에서 오르락내리락 하는"(12)것을 보았다고 말씀합니다. "오르락 내리락"했다는 것은 교제와 교통이 이루어지고 있음을 나타냅니다. 이것이 "보여주신 계시"입니다.

그런 후에 "땅의 모든 족속이 너와 네 자손으로 말미암아 복을 받으리라"고 "말씀"으로 계시하셨습니다. 이는 야곱을 아브라함과 이삭에게 세워주신 메시아언약의 계승자로 세워주시는 축복이었던 것입니다.

그렇다면 의미는 분명해집니다. 사닥다리 계시는, "오직 너희 죄악이 너희와 너희 하나님 사이를 갈라놓았고"(사 59:2)한, 하나님과 사람 사이가 끊어진 사이를 이어주실 그리스도를 상징하는 것입니다.

주님은, "진실로 진실로 너희에게 이르노니 하늘이 열리고 하나님의 사자들이 인자 위에 오르락 내리락 하는 것을 보리라"(요 1:51)하십니다. 또한 "내가 곧 길이요 진리요 생명이니 나로 말미암지 않고는 아버지께로 올 자가 없느니라"(요 14:6)고 자신이 사닥다리 역할을 위해서 오셨음을 나타내셨습니다.

그런 후에

㉠ "내가 너와 함께 있겠다".

㉡ "네가 어디로 가든지 너를 지켜주겠다".

㉢ "너를 이끌어 이 땅으로 돌아오게 하겠다".

㉣ "내가 네게 허락한 것을 다 이루기까지 너를 떠나지 아니하리라"고 말씀하십니다. 어찌하여 이처럼 보장해주시는가? 야곱에게 자격이 있어서가 아닙니다. 하나님의 택하신 자요, 메시아언약의 계승자이기 때문인 것입니다.

"보고, 들은" 야곱의 첫 마디가, "여호와께서 과연 여기 계시거늘 내가 알지 못하였도다"(16)한 고백입니다. "여호와께서 과연 여기 계시거늘"한 "여기"가 어디입니까? "한 곳에 이르러는 해가 진지라 거기서 유숙하려고"한 "한 곳", 즉 빈들입니다. 다시 묻습니다. "한 곳 거기"가 어디입니까? 정답은 "야곱"이 있는 곳입니다. 하나님의 택하신 자가 있는 곳, "네 자손으로 말미암아 복을 받으리라"하신 언약의 자손이 있는 곳입니다. 그래서 "여호와께서 과연 여기 계시거늘"라고 고백한 것입니다. 주님은 "두세 사람이 내 이름으로 모인 곳에는 나도 그들 중에 있느니라"(마 18:20)고 약속하십니다.

야곱의 두 번째 고백은 "두렵도다 이곳이여 이것은 다름 아닌 하나님의 집이요 이는 하늘의 문이로다"(16-17)한 고백입니다. 그리하여 "그 곳 이름을 벧엘이라"(19), 즉 하나님의 집이라 했다는 것입니다. 이는 참으로 놀라운 통찰력인 것입니다.

아무런 건물도 없는 빈들인데 어떻게 "하나님의 집"이라 하는가? 허허 벌판인데 어떻게 "하늘의 문"이라 하는가?

㉠ 하나님이 함께 하시기 때문에 "하나님의 집"인 것입니다.

㉡ "사닥다리 계시"가 있기 때문에 "하늘의 문"인 것입니다. 한마디로 메시아언약이 있기 때문인 것입니다.

이 말씀이 우리에게 어떻게 적용이 됩니까? 성경은 말씀합니다. "너희는 너희가 하나님의 성전인 것과 하나님의 성령이 너희 안에 계시는 것을 알지 못하느냐"(고전 3:16)고 말씀합니다. 한걸음 더 나아가, "너희 몸은 너희가 하나님께로부터 받은바 너희 가운데 계신 성령의 전인 줄을 알지 못하느냐"(고전 6:19)고 말씀하십니다. 야곱은 "내가 알지 못하였도다"고 실토하고 있는데 바울은 고린도전서 6장에서 "알지 못하느냐"고 묻기를 6번(2, 3, 9, 15, 16, 19)이나 반복하고 있습니다.

왜냐하면 자신의 "몸"이 하나님의 성령을 모신 하나님의 전이라는 고백은 야곱의 고백보다 더욱 더 놀라운 고백이기 때문입니다. 이는 야곱에게 "땅의 모든 족속이 너와 네 자손으로 말미암아 복을 받으리라"하신 "그리스도"께서 우리와 하나님 사이를 이어주는 "사닥다리"가 되어주셨기 때문에 가능해진 축복인 것입니다.

그렇다면 이제는 성도들의 공동체인 교회가 "하나님의 집이요 하늘의 문"인 것입니다. 또한 "두 세 사람이 모인" 우리의 가정이 "하나님의 집"이요, 하나님과 교제와 교통이 이루어지는, "하늘의 문"이라는 점을 명심해야만 합니다.

㉠ "내가 너와 함께 있겠다".

㉡ "네가 어디로 가든지 너를 지켜주겠다".

㉢ "너를 이끌어 이 땅으로 돌아오게 하겠다".

㉣ "내가 네게 허락한 것을 다 이루기까지 너를 떠나지 아니하리라"고 말씀하십니다.

우리가 가는 곳, 보내시는 곳, 머무는 곳마다 그곳이 빈들이든 사막이든지, "여호와께서 과연 여기 계시거늘 내가 알지 못하였도다, 두렵도다 이곳이여 이것은 다름 아닌 하나님의 집이요 이는 하늘의 문이로다"라고 고백하는 사람들이 그리스도인인 것입니다. 야곱처럼 택함을 받은 이 가정, 가족들 속에 성령이 내주하시는 바로 이 가정이 "이는 하나님의 집이요, 오르락 내리락"하는 교제와 교통이 이루어지는 "하늘의 문"인 것입니다.

사철에 봄바람 불어 잇고 하나님 아버지 모셨으니

믿음의 반석도 든든하다 우리 집 즐거운 동산이라

고마워라 임마누엘 예수만 섬기는 우리 집

고마워라 임마누엘 복되고 즐거운 하루하루 (559장)

디모데전서 2:1-15절 분석도표

주제 : "여자는 조용하라"의 구속사적인 고찰

<table>
<tr>
<td rowspan="1">명제</td>
<td>

1-7

1 그러므로 내가 첫째로 권하노니 <u>모든 사람을 위하여 간구와 기도와 도고와 감사를 하되</u>

2 임금들과 높은 지위에 있는 모든 사람을 위하여 하라

<u>이는 우리가 모든 경건과 단정함으로 고요하고 평안한 생활을 하려 함이라</u>

3 이것이 우리 구주 하나님 앞에 **선하고 받으실 만한 것이니**

4 하나님은 모든 사람이 구원을 받으며 진리를 아는 데에 이르기를 원하시느니라

5 **하나님은 한 분이시요** 또 하나님과 사람 사이에

중보자도 한 분이시니 곧 사람이신 그리스도 예수라

6 그가 <u>모든 사람을 위하여 자기를 대속물로 주셨으니</u> 기약이 이르러 주신 증거니라

7 이를 위하여 내가 전파하는 자와 사도로 세움을 입은 것은 참말이요 거짓말이 아니니

믿음과 진리 안에서 내가 이방인의 스승이 되었노라

</td>
</tr>
<tr>
<td>남자에게</td>
<td>

8

8 그러므로 각처에서 <u>남자들이</u>

<u>분노와 다툼이 없이</u> 거룩한 손을 들어 기도하기를 원하노라

</td>
</tr>
<tr>
<td>여자에게</td>
<td>

8-15

9 또 이와 같이 <u>여자들도</u> <u>단정하게 옷을 입으며 소박함과 정절로써</u>

자기를 단장하고 땋은 머리와 금이나 진주나 값진 옷으로 하지 말고

10 오직 선행으로 하기를 원하노라

이것이 하나님을 경외한다 하는 자들에게 마땅한 것이니라

11 여자는 일체 순종함으로 조용히 배우라

12 여자가 가르치는 것과 남자를 주관하는 것을 허락하지 아니하노니 <u>오직 조용할지니라</u>

13 이는 아담이 먼저 지음을 받고 하와가 그 후며

14 아담이 속은 것이 아니고 여자가 속아 죄에 **빠졌음이라**

15 <u>그러나 여자들이 만일 정숙함으로써 믿음과 사랑과 거룩함에 거하면 그의 해산함으로 구원을 얻으리라</u>

</td>
</tr>
</table>

"여자는 조용하라"의 구속사적인 고찰

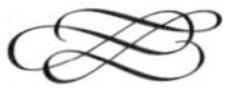

설교 작성 노트

국내외 목회자들에게 "하나님 속에 감추어졌던 비밀의 경륜"을 증언하는 세미나를 인도할 때마다 여자 사역자들이 절반정도 차지하는 것을 대하게 된다. 그런데 "여자는 잠잠하라"는 문제는 여전히 목에 멍에처럼 족쇄가 되어 있다. 제가 깨달은 바를 진술하므로 조금이나마 도움이 되었으면 하는 의도에서 이를 작성하게 되었다.

그러면 사도 바울은 어떤 문맥, 어떤 의도에서 "여자는 잠잠하라"고 명하고 있는가? 이에 대한 구속사적인 의미를 개진하려는 것이 본 설교의 내용목적이다. 이런 맥락에서 이 글은 설교라기보다 하나의 논고(論考)라 하겠다. 그리고 사도는 "여자는 잠잠하라"하는데 오늘날 남녀를 불문하고 "듣기는 속히 하고 말하기는 더디 하며"(약 1:19)에 적용목적이 있다 하겠다.

강론

어느 여자 목사님으로부터 제게 전화로, "사활이 걸려 있는 문제"라 하면서 도움을 청해온 적이 있습니다. 그 분은 박사학위 과정을 이수하고 있는 분인데 내용인즉 미국에서 온 교수가 "성경을 믿느냐"하면서 그렇다면 "여자는 잠잠해야 한다"고 말했다는 것입니다. 이 문제로 그 교수와 토론하기 위해 지금 나가고 있는 중인데 무엇이라고 말해야 하느냐는 것이었습니다.

이는 아직까지도 논쟁 중에 있는 문제요, "여목"(女牧)에 관한한 아직 닫혀져 있는 교단에 소속되어 있는 저로써는 한두 마디로 대답할 수 있는 사안이 아니었습니다. 전화를 받으면서 문득 갈라디아서 5:6, 6:15절 말씀이 생각이 났습니다. 그래서 오늘의 실정은, "남종이냐 여종이냐가 문제가 아니라, 누가 복음을 바로 증언하느냐"가 중요한 것이 아니겠느냐고 대답하라한 말이 기억이 납니다.

자, 그러면 여자는 설교해서는 안 되는 것인가? "여자"는 목사가 될 수가 없는 것인가? 형제의 판단은 무엇입니까? 논쟁의 근거 절이 되는 말씀들 중 본문이 대표적이라 하겠습니다. 본문은 도표에 표시된 대로 세 단원으로 나눌 수가 있는데 오늘 설교의 중심점은 셋째 단원에 있습니다.

그런데 여자는 "오직 조용할지니라"는 경계가 동떨어진 말씀이 아니라 첫째와, 둘째 단원의 문맥에서 주어졌기에 먼저 이를 탐구해야만 바르게 접근할 수가 있는 것입니다. 이런 의미에서 첫째 단원은 명제(命題)와 같은 말씀으로 본문을 해석하는 "키워드"가 된다 하겠습니다. 사도는 "모든 사람을 위하여 간구와 기도와 도고와 감사를 하되 임금들과 높은 지위에 있는 모든 사람을 위하여 하라"(1-2)고 권면합니다.

사도가 언급하는 "임금들과 높은 지위에 있는 모든 사람"들이란 예수님을 믿지 않을 뿐만이 아니라 박해자들일 수가 있습니다. 그런데 어찌하여 "간구와 기도와 도고"와 심지어 "감사"를 하라 하는가? "이는 우리가 모든 경건과 단정함으로 고요하고 평안한 생활을 하려 함이라"(2)고 그 당위성을 말씀합니다.

그리고 부언하기를, "이것이 우리 구주 하나님 앞에 선하고 받으실 만한 것이니 하나님은 모든 사람이 구원을 받으며 진리를 아는 데에 이르기를 원하시느니라"(3-4)고 진술합니다. 그러니까 소극적으로는 우리 그리스도인들이 "고요하고 평안한" 신앙생활을 하기 위해서 간구하고, 적극적으로는 그들도 "구원을 받으며 진리를 아는 데에 이르기를" 간구하라는 뜻이 됩니다. 이어지는 문맥으로 볼 때 이런 간구는 남자들만이 아니라 여자들에게도 적용이 되는 권면인 것입니다.

이처럼 먼저 명제와 같은 말씀을 한 후에 "그러므로 각처에서 남자들이 분노와 다툼이 없이 거룩한 손을 들어 기도하기를 원하노라"(8)고 먼저 "남자"에 대해 언급을 하고, 이어서 "또 이와 같이 여자들도"(9)하고 여자에 대해 권면을 하는 문맥입니다.

"그러므로"(8)라는 접속사로 이어지는 문맥적으로 볼 때 남자와 여자에 대한 권면은 명제라고 말씀드린, "우리가 모든 경건과 단정함으로 고요하고 평안한 생활을 하려 함이라"(2)한 말씀에 의해서 지배되고 해석이 되어야 한다는 점입니다.

2장 자체도 "그러므로 내가 첫째로 권하노니"(2:1)하고 시작이 되는데 이는 교리(敎理)를 세우는 문맥이 아니라 "권하노니"한 윤리라는 점을 놓치지 말아야만 합니다. 이런 맥락에서 교회의 "평안"을 위해서 남자가 삼가야 할 특성으로 "분노와 다툼"을 들고 있는가 하면, 여자가 삼가야 할 특성으로는 "단정하게 옷을 입으며 소박함과 정절로써 자기를 단장하고 땋은 머리와 금이나 진주나 값진 옷으로 하지 말고 오직 선행으로 하기를 원하노라 이것이 하나님을 경외한다 하는 자들에게 마땅한 것이니라"(9-10)고 구체적으로 길게 언급을 합니다.

그러면 "고요하고 평안"한 신앙생활을 하기 위해서 삼가고 조심해야 할 점이 무엇인가 하는 점은 분명해지는데 "남자"는 "분노와 다툼"

이요, 여자는 "단정, 소박, 정절"등이라 할 것입니다.

그런 후에, "여자는 일체 순종함으로 조용히 배우라 여자가 가르치는 것과 남자를 주관하는 것을 허락하지 아니하노니 오직 조용할 지니라"(11-12)고 경계를 하는 문맥인 것입니다. 그러면 사도는 어찌하여 "여자"에 대해서 이토록 엄하게 경계를 하는가 하는 점입니다. 바울 서신 전반에 나타난 의도로 볼 때 당시 교회의 "고요하고 평안한 생활"(2)을 저해하는 요인이 남자보다는 여자 편에 더욱 두드러졌기 때문으로 여겨집니다.

초대교회 당시는 "여권"(女權)이 무시되는 사회상이었는데 주님께서 "중간에 막힌 담을 자기 육체로 허시고(엡 2:14), 자유를 주셨으니 그러므로 굳건하게 서서 다시는 종의 멍에를 메지 말라"(갈 5:1)는 말과, 방언 등 각종 은사가 주어지게 되자 매였던 고삐가 풀린 듯이 무절제로 나타났던 것도 사실입니다.

이런 의도를 고린도전서에서 볼 수가 있는데 고린도교회는 신령한 자로 자처하였으나 매우 혼란한 교회였습니다. 그래서 "하나님은 무질서의 하나님이 아니시요 오직 화평의 하나님이시니라"고 말씀하면서, "여자는 교회에서 잠잠하라 그들에게는 말하는 것을 허락함이 없나니 율법에 이른 것 같이 오직 복종할 것이요 만일 무엇을 배우려거든 집에서 자기 남편에게 물을지니 여자가 교회에서 말하는 것은 부끄러운 것이라"(고전 14:33-35)고 말씀하고 있습니다. 이 경계도 본문과 동일하게 교회의 질서와 "평안"을 위해 권면하는 맥락에서 주어진 경계인 것입니다.

"허락(許諾)하지 아니 한다"는 언급이 본문 2:12절과 고린도전서 14:34절에도 나타나는데 허락하지 않는 것은 기록(구약성경)된 하나님의 말씀인가? 아니면 권면하는 사도 바울인가? 이를 문맥적으로 본다면 "허락하지 않는다"는 것은 불변의 교리라기보다는 "경건과 단정함으로 고요하고 평안"한 신앙생활을 위해서 허락하지 않는다는 경계로 볼 수가 있습니다.

이제 본문 13-14절을 보겠는데 문제는 이어지는 말씀입니다. "이는 아담이 먼저 지음을 받고 하와가 그 후며 아담이 속은 것이 아니고 여자가 속아 죄에 빠졌음이라"(13-14)고 "여자는 조용하라"는 경계의 근거를 창조원리에 두고 있다는 점입니다. 이렇게 되면 이는 각 시대마다 변할 수 있는 문화적인 문제가 아닌 것이 되기 때문입니다.

그런데 사도는 여기서 끝을 맺고 있는 것이 아니라, "그러나 여자들이 만일 정숙함으로써 믿음과 사랑과 거룩함에 거하면 그의 해산함으로 구원을 얻으리라"(15)고 부언을 합니다. 이 구절은 자고로 난해한 구절로 여겨지고 있는데 여기에 숨겨진 그림과 같은 해답이 있다 하겠습니다.

㉠ 첫째로, "그러나"하고, 앞에서 여자에 대해 언급한 것을 뒤집어 버리고 있다는 점입니다. 무엇을 뒤집어 버리는가?

㉡ "여자는…오직 조용할 지니라"한 경계입니다.

사도가 교회의 "평안"을 위한 경계의 근거로 "이는 아담이 먼저 지음을 받고 하와가 그 후며"하고 창조원리와, "아담이 속은 것이 아니고 여자가 속아 죄에 빠졌음이라"(13-14)고 타락의 경위를 들어 권면하는 의도가 무엇이겠습니까?

이는 교리(敎理)를 세우기 위해서가 아니라 "타락한 경위"를 진술함은 여자가 남자보다는 연약한 그릇이라는 점을 드러내기 위해서요, "창조원리"를 내세움은 권면하는 경계(警戒)의 권위를 세우기 위한 것으로 여겨진다는 점입니다.

그러면 절대 불변의 교리가 무엇인가 하는 요점이 대두됩니다. 택하시고 구속하시고 성령으로 인침을 받아 그리스도인이 된 여자들은 "아담 안에 있는 것이 아니라, 그리스도 안에"(고전 15:22) 있다는 사실입니다. 오늘까지도 창조와 타락의 원리에 매여 있는 것이 아니라 예수 그리스도의 "구속(救贖)의 원리" 하에 있다는 점입니다.

바울이 "그런즉 누구든지 그리스도 안에 있으면 새로운 피조물이라 이전 것은 지나갔으니 보라 새 것이 되었도다"(고후 5:17)고 선언한 "누구든지" 안에는 여자들도 포함이 된다는 점은 재론의 여지가 없는 것입니다. 또한 "그리스도 예수 안에 있는 생명의 성령의 법이 죄와 사망의 법에서 너를 해방"(롬 8:2)을 한 것은 남자만이 아니라 여자라고 차별함이 없기 때문입니다.

이런 의미가 "하나님은 한 분이시요 또 하나님과 사람 사이에 중보자도 한 분이시니 곧 사람이신 그리스도 예수라 그가 모든 사람을 위하여 자기를 대속물로 주셨으니 기약이 이르러 주신 증거니라"(5-6)한, "모든 사람을 위하여 대속물로 주셨다"는 데서 분명하게 드러납니다.

또한 이런 의미가 "그러나 여자들이 만일 정숙함으로써 믿음과 사랑과 거룩함에 거하면 그의 해산함으로 구원을 얻으리라"(15)는 말씀에 함의(含意)되어 있다 하겠습니다.

주님은 "오직 성령이 너희에게 임하시면… 땅 끝까지 이르러 내 증인이 되리라"하십니다. "증인"으로써의 불가결(不可缺)한 요점은 "남녀"의 구별에 있는 것이 아니라 "성령"의 내주하심인 것입니다. 증인의 사명을 감당하기 위한 성령은 남자에게만 임한 것이 아니라 "그 때에 내가 내 영을 내 남종과 여종들에게 부어 주리니 그들이 예언할 것이요"(행 2:18)하고 "여종"도 포함을 시키고 있다는 점입니다.

바울 사도는 "여자는 조용하라"고만 말씀한 것이 아닙니다. "너희는 유대인이나 헬라인이나 종이나 자유인이나 남자나 여자나 다 그리스도 예수 안에서 하나이니라"(갈 3:28)고 말씀한다는 점도 기억해야 할 것입니다. 고린도전서 11:5절에서는, "무릇 여자로서 머리에 쓴 것을 벗고 〈기도나 예언〉을 하는 자는 그 머리를 욕되게 하는 것이니 이는 머리를 민 것과 다름이 없음이라"고 "예언"하는 것을 인정을 하고 있습니다.

만일 여자는 교회에서 "오직 조용할 지니라"는 말씀이 불변의 도그마라면 부활하신 주님께서도 여자들을 만나 이르시기를 "평안하냐"하시면서 "무서워하지 말라 가서 내 형제들에게 갈릴리로 가라 하라 거기서 나를 보리라"(마 28:9-10, 눅 24:10, 요 20:15)고 여자를 최초의 부활의 증인이 되게 하시지 아니하셨을 것이 아닌가?

사도가 "그러나 여자들이…"하고 앞에서 언급한 것을 뒤집는 표현을 쓰고 있는 것은 오늘날처럼 곡해할 것을 염려했기 때문이 아니겠습니까? 고린도전서에서도, "또 남자가 여자를 위하여 지음을 받지 아니하고 여자가 남자를 위하여 지음을 받은 것이라"고 창조원리에 근거해서 권면하다가, "그러나 주 안에는 남자 없이 여자만 있지 않고 여자 없이 남자만 있지 아니 하니라 이는 여자가 남자에게서 난 것 같이 남자도 여자로 말미암아 났음이라 그리고 모든 것은 하나님에게서 났느니라"(고전 11:9, 11-12)고 "그러나"하고 균형을 잡아주는 것을 대하게 됩니다.

끝으로 적용에 대해서도 한 말씀 언급해야만 하겠습니다. 사도는 어찌하여, "여자들이 만일 정숙함으로써 믿음과 사랑과 거룩함에 거하면"하고 경계를 하는 것일까요? 집사와 관련해서도, "여자들도 이와 같이 정숙하고 모함하지 아니하며 절제하며 모든 일에 충성된 자라야 할지니라"(3:11)고 "정숙"을 꼽고 있습니다. 이처럼 절제하지를 못해 교회를 어지럽게 할 가능성이 남자보다 여자 편에 더 많기 때문이 아니겠습니까?

지혜서에서는 "내 마음이 계속 찾아보았으나 아직도 찾지 못한 것이 이것이라 천 사람 가운데서 한 사람을 내가 찾았으나 이 모든 사람들 중에서 여자는 한 사람도 찾지 못하였느니라"고 진술하고 있다는 점도 유념해야 할 말씀입니다. 그러면 "남자는 나으뇨", 지혜자는 여기서 끝이는 것이 아니라 "내가 깨달은 것은 오직 이것이라 곧 하나님은 사람을 정직하게 지으셨으나 사람이 많은 꾀들을 낸 것이니라"(전 7:28-29)고 모두가 거짓되다고 말씀합니다.

사도 당시는 "여자"가 남자보다 교회의 평안을 저해하는 요인이었을지 몰라도 오늘날은 남자들의 "분노와 다툼" 때문에 교회의 평안이 깨지고 있는 실정이니 "남자는 오직 조용할지니라"해야 할 것이 아니겠습니까? 그러므로 우리 모두가 명심해야 할 점은 "만일 정숙함으로

써 믿음과 사랑과 거룩함에 거하면 그의 해산함으로 구원을 얻으리
라"(15)한 말씀이라 할 것입니다.

   값비싼 향유를 주께 드린

   막달라 마리아 본받아서

   향기론 산 제물 주님께 바치리

   사랑의 주 내 주님께

   연약한 자에게 힘을 주고

   어두운 세상에 빛을 비춰

   성실과 인내로 내 형제 이끌리

   사랑의 주 내 주님께 (211장)

사도행전 20:17-27절 분석도표

주제 : 주 예수께 받은 우리교회 사명

<table>
<tr><td rowspan="2">거
리
낌
이

없
이</td><td colspan="2">17-21</td></tr>
<tr><td colspan="2">

17 바울이 밀레도에서 사람을 에베소로 보내어 교회 장로들을 청하니

18 오매 그들에게 말하되

　아시아에 들어온 첫날부터 지금까지 내가 항상 여러분 가운데서

　어떻게 행하였는지를 여러분도 아는 바니

19 곧 모든 겸손과 눈물이며 유대인의 간계로 말미암아 당한 시험을 참고 주를 섬긴 것과

</td></tr>
<tr><td></td><td>

20

</td><td>

유익한 것은 무엇이든지 공중 앞에서나 각 집에서나
거리낌이 없이 여러분에게 전하여 가르치고

</td></tr>
<tr><td></td><td>

21 유대인과 헬라인들에게

</td><td>

하나님께 대한 회개와
우리 주 예수 그리스도께 대한 믿음을 증언한 것이라

</td></tr>
</table>

<table>
<tr><td rowspan="2">은
혜
의

복
음</td><td colspan="2">22-24</td></tr>
<tr><td colspan="2">

22 보라 이제 나는 성령에 매여 예루살렘으로 가는데

　거기서 무슨 일을 당할는지 알지 못하노라

</td></tr>
<tr><td></td><td>

23

</td><td>

오직 성령이 각 성에서 내게 증언하여
결박과 환난이 나를 기다린다 하시나

</td></tr>
<tr><td></td><td>

24

</td><td>

내가 달려갈 길과 주 예수께 받은 사명
곧 하나님의 은혜의 복음을 증언하는 일을 마치려 함에는
나의 생명조차 조금도 귀한 것으로 여기지 아니하노라

</td></tr>
</table>

<table>
<tr><td rowspan="2">다

전
했
다</td><td colspan="2">25-27</td></tr>
<tr><td>

25 보라 내가 여러분 중에 왕래하며

　이제는 여러분이 다 내 얼굴을 다시 보지 못할 줄 아노라

</td><td>

하나님의 나라를 전파하였으나

</td></tr>
<tr><td>

26 그러므로 오늘 여러분에게 증언하거니와

27

</td><td>

모든 사람의 피에 대하여 내가 깨끗하니
이는 내가 꺼리지 않고 하나님의 뜻을 다
여러분에게 전하였음이라

</td></tr>
</table>

주 예수께 받은 우리교회 사명

설교 작성노트

본문은 예루살렘으로 올라가는 바울이 밀레도에서 에베소 장로들에게 행한 고별설교다. "내 얼굴을 다시 보지 못할 줄 아노라"한 비장한 심정으로 행한 고별설교의 핵심적인 내용이 무엇인가? "하나님의 은혜의 복음"을 "거리낌이 없이 여러분에게 전하여 가르치고(20), 꺼리지 않고 하나님의 뜻을 다 여러분에게 전하였다"(27)는데 있다. 이를 증언하려는 것이 내용목적이다.

바울은 "내가 달려갈 길과 주 예수께 받은 사명 곧 하나님의 은혜의 복음을 증언하는 일을 마치려 함에는 나의 생명조차 조금도 귀한 것으로 여기지 아니하노라"(24)고 말한다. 우리도 "은혜의 복음을 꺼리지 않고" 증언하는 일에 생명을 걸어야 할 것이다. 여기에 적용목적이 있다 하겠다.

봉독한 본문은 바울이 예루살렘으로 올라가는 중 밀레도에서 에베소교회 장로들에게 행한 고별설교입니다. "내 얼굴을 다시 보지 못할 줄 아노라"한 비장한 심정으로 행한 마지막 설교입니다. 본문 중에서 설교의 초점을, "내가 달려갈 길과 주 예수께 받은 사명 곧 하나님의 은혜의 복음을 증언하는 일을 마치려 함에는 나의 생명조차 조금도 귀한 것으로 여기지 아니하노라"한 24절에 맞춰서 말씀을 드리겠습니다.

24절 안에는, ㉠ "은혜의 복음"이 있고, ㉡ "받은 사명"이 있고, ㉢ 증언하는 일"이 있고, ㉣ "달려갈 길"이 있고 ㉤ "마치려함"이 있고, ㉥ "생명조차 조금도 귀한 것으로 여기지 아니하노라"는 말씀이 있습니다. 이 6가지 요점은 바울만이 아니라 그리스도의 증인들이라면 누구를 막론하고 명심해야 할 요점들이기 때문입니다. 이 6가지 요점 중에서도 특히 "사명"(使命)에 강조점을 두고자합니다. 왜냐하면 오늘은 "주 예수께 받은 우리교회의 사명"을 망각하지 않고 새롭게 다짐하고자 기념주일로 지키는 날이기 때문입니다.

이제 살펴보게 되겠습니다만 사도행전에는 "예루살렘교회, 안디옥교회, 로마교회"가 등장하는데 각 교회에 맡겨진 사명이 다릅니다. 그리고 사도행전에 등장하는 베드로와 바울의 사명이 각기 다른 것을 보게 됩니다. "우리교회"를 세우실 때의 비전은 "성령으로 봉사하며 그리스도 예수로 자랑하는 교회"(빌 3:3)입니다. 그리고 설교자인 저 자신의 사명은, "예수 그리스도와 그가 십자가에 못 박히신 것 외에는 아무 것도 알지 아니하기로 작정하였음이라"(고전 2:2)한 말씀입니다.

그래서 제가 쓴 책의 서문에는 "나는 이 책을 예수 그리스도와 복음을 증언하기 위해서 썼습니다. 이것은 제가 주님을 처음 만났을 때의 약속입니다"한 말이 있습니다. 어느덧 달려갈 길을 마칠 지점에 이른 저 자신은 변절하지 않고 초지일관 "예수 그리스도와 그가 십자가에 못 박히신 것"을 꺼리지 않고 증언했는가? 이 사명을 감당하기 위해서 생명조차 아까와 하지 아니 했는가? 한마디로 바울의 고별설교 앞에 부끄럽지 아니한가? 등 많은 것을 돌이켜 보게 합니다.

바울의 고별설교를 한마디로 요약을 한다면, "주 예수께 받은 사명 곧 하나님의 은혜의 복음을 증언하는 일"을 꺼림이 없이 수행했다는 것입니다. 이것이 바울에게 맡겨진 사명이었던 것입니다. 바울은 고별설교에서, "유익한 것은 무엇이든지 공중 앞에서나 각 집에서나 거리낌이 없이 여러분에게 전했다"(20)고 말합니다. 27절에서도 "이는 내가 꺼리지 않고 하나님의 뜻을 다 여러분에게 전하였음이라"고 강조하고 있습니다. 어찌하여 이처럼 "거리낌이 없이" 전했다는 말을 강조하고 있는가? 이는 "십자가의 도가 멸망하는 자들에게는 미련한 것이요"(고전 1:18)한 미련하게 여기는 십자가복음을 증언했기 때문입니다.

그러면 "거리낌이 없이, 꺼리지 않고"(27)라는 언급이 무엇과 결부되어 있는가를 주목해 보시기 바랍니다. "모든 사람의 피에 대하여 내가 깨끗하다"(26)는 말과 결부되어 있습니다. 자신이 전해준 십자가복음을 거부한다면 "네 죄에 대한 책임은 네 자신이 질 수밖에 없다, 나에게는 책임이 없다"는 뜻입니다.

바울은 이 말을 "내 얼굴을 다시 보지 못할 줄 아노라"(25)한 고별설교에서 진술하고 있다는 점입니다. 이는 평생토록 십자가복음을 "꺼리지 않고" 전한 사람만이 할 수 있는 말인 것입니다. 뒤집어 말하면 "거리낌이 없이" 복음을 전하지 않았다면 그리스도의 증인의 사명을 바르게 감당하지 않은 것이요, 책임을 면할 수가 없다는 뜻이 됩니다. 그러므로 십자가복음은 "듣든지 아니 듣든지" 미련하게 여길지라도 "꺼리지 않고" 전해주어야 하는 것입니다. 왜냐하면 심판 날에 "모든 입을 막고"(롬 3:19), 즉 변명하지 못하게 하기 위해서인 것입니다.

이제 사도행전 13장을 보겠습니다. 성령께서 "안디옥 교회"에게 "내가 불러 시키는 일을 위하여 바나바와 사울을 따로 세우라"(13:2)고 명하십니다. 이것이 최초로 선교사를 파송하는 장면입니다. 그리고 이것이 안디옥교회의 사명이었던 것입니다.

그러면 어찌하여 예루살렘 교회에 명하시지 않고 이방인으로 이루어진 작은 안디옥교회에 명하셨는가 하고 묻게 됩니다. 그 이유를 갈라디아서를 통해서 깨닫게 되는데, "야고보에게서 온 어떤 이들이 이르기 전에 게바가 이방인과 함께 먹다가 그들이 오매 그가 할례자들을 두려워하여 떠나 물러가매"(갈 2:12)합니다. 이처럼 예루살렘교회는 이방인에 대해 닫혀 있었고, 마음이 굳어져 있어서 이방선교에 적합하지가 않았기 때문입니다.

반면 예루살렘교회에 맡겨진 사명은, "온 유대와 갈릴리와 사마리아 교회가 평안하여 든든히 서 가고"(9:31)한 지경까지였습니다. 사도행전 12:17절을 보면 옥에 갇혔던, "베드로가 그들에게 손짓하여 조용하게 하고 주께서 자기를 이끌어 옥에서 나오게 하던 일을 말하고 또 야고보와 형제들에게 이 말을 전하라 하고 떠나 다른 곳으로 가니라" 하고 베드로는 퇴장을 합니다. 그리고 13:2절에서 성령께서 안디옥교회에 "내가 불러 시키는 일을 위하여 바나바와 사울을 따로 세우라"고 바울을 등장시키시는 것을 보게 됩니다.

이처럼 선교의 중심도 예루살렘교회에서 안디옥교회로 옮겨지고 증인의 바통도 베드로에게서 바울로 옮겨졌던 것입니다. 그리하여 1-3차의 선교 위업이 안디옥교회를 거점으로 하여 이방인의 사도인 바울이 주도적으로 쓰임을 받아 이루어졌습니다. 그런데 안디옥교회를 중심으로 한 복음전파도, "이와 같이 주의 말씀이 힘이 있어 흥왕하여 세력을 얻으니라"(19:20)한 마게도냐, 아가야, 아시아 지역에 한정이 되었습니다.

이제 본문 20:22-23절을 상고하게 되었습니다. 오늘 본문은 바울이 밀레도에서 에베소교회 장로들에게 행한 고별설교입니다. 그런데 "보라 이제 나는 성령에 매여 예루살렘으로 가는데 거기서 무슨 일을 당하는지 알지 못하노라 오직 성령이 각 성에서 내게 증언하여 결박과 환난이 나를 기다린다 하시나"합니다. 결박과 환난이 나를 기다린다 하나 "성령에 매여 예루살렘"으로 올라갈 수밖에 없다는 것입니다.

어떤 장면이 생각이 나십니까? 그렇습니다. 주님께서 십자가를 감당하시기 위해 심령에 매임을 받아, "예루살렘을 향하여 올라가기로 굳게 결심하시고"(눅 9:51) 올라가시는 장면입니다. 그리고 "인자가 많은 고난을 받고 장로들과 대제사장들과 서기관들에게 버린바 되어 죽임을 당하고 제 삼일에 살아나야 하리라, 아무든지 나를 따라오려거든 자기를 부인하고 날마다 제 십자가를 지고 나를 따를 것이니라"(눅 9:22-23)고 말씀하십니다. 여기 자기의 십자가를 지고 주님의 자취를 따라 예루살렘으로 올라간 한 사람의 마지막 발자취가 있는데 그 이름은 바울입니다.

베드로가 주님을 붙들고 "주여 그리 마옵소서 이 일이 결코 주께 미치지 아니하리이다"하고 항변하자 "사탄아 내 뒤로 물러가라 너는 나를 넘어지게 하는 자로다 네가 하나님의 일을 생각하지 아니하고 도리어 사람의 일을 생각하는도다"(마 16:22-23)고 책망하셨습니다.

바울도 제자들이 "예루살렘으로 올라가지 말라"고 권하자, "여러분이 어찌하여 울어 내 마음을 상하게 하느냐 나는 주 예수의 이름을 위하여 결박당할 뿐 아니라 예루살렘에서 죽을 것도 각오하였노라"(21:13)고 뿌리치고 주께서 앞서 가신 그 자취를 따라 갔던 것입니다.

그러면 성령께서 바울을 예루살렘으로 인도하시는 의도가 무엇인가? 그 대답이 23:11절에 나오는데, "그 날 밤에 주께서 바울 곁에 서서 이르시되 담대하라 네가 예루살렘에서 나의 일을 증언한 것 같이 로마에서도 증언하여야 하리라", 로마로 보내시기 위해서였던 것입니다. 주 성령의 의도는 당시 세계중심인 로마를 거점으로 하여 복음전파를 온 세계로 확장하시려는 것입니다. 이것이 로마교회에게 맡겨진 사명이었던 것입니다.

바울은 각오한 대로 예루살렘에 올라가서 체포를 당하게 되고 가이

사랴 옥에서 2년 간 갇혀 있다가 재판을 받기 위해서 로마로 호송되어 온 이태를 자기 셋집에 머물면서, "하나님의 나라를 전파하며 주 예수 그리스도에 관한 모든 것을 담대하게 거침없이 가르치는 것"(28:30-31)으로 사도행전은 마치고 있습니다.

이제 마지막으로 "우리교회"를 설립하게 하시고 오늘까지 인도하여 주신 하나님 앞에 감사를 드립니다. 교회를 개척하고 첫 예배를 드릴 때 앞에다가 "주여 50명만 주옵소서"한 현수막을 걸어놓았습니다. 왜냐하면 복음을 통해서 은혜를 입은, "무리가 한마음과 한 뜻이 되어 모든 물건을 서로 통용하고 자기 재물을 조금이라도 자기 것이라 하는 이가 하나도 없더라"(4:32)한 초대교회와 같은 사랑의 공동체를 꿈꾸었기 때문입니다. 그런데 수가 많으면 불가능할 것으로 여겨졌던 것입니다.

그러니까 나무나 풀이나 짚으로 세우지 않고 "금이나 은이나 보석"(고전 3:12)으로 세우려 했던 것입니다. 사실 우리는 "이 보배를 질그릇에 가진 자들"인 것입니다. 그래서 그런지 우리교회는 안디옥교회와 같은 작은 교회요, 저는 "모든 성도 중에 지극히 작은 자보다 더 작은"(엡 3:8) 종입니다. 그런 우리교회와 저를 들어서 주 성령께서는 그 누구도, 제 자신도 예상하지 못했던 성경 66권을 구속사의 관점에서 강해하여 각국어로 번역하여 전파하는 문서선교를 감당하게 하셨습니다. 그리고 "중국, 일본, 러시아, 몽골, 말레시아"등 선교에 쓰임을 받게 하셨습니다. "내가 나 된 것은 하나님의 은혜로 된 것이라"(고전 15:10)는 바울의 고백은 억만 번에 억만 번이라도 고백할 것밖에 없는 저의 고백이기도 합니다.

저보다 훌륭한 후임자를 주신 하나님께 진심으로 감사를 드립니다. 이제 우리교회가 안디옥을 뛰어넘어 동남아 여러 지역에 예배당을 건축해서 봉헌하는 일을 감당하게 하셨습니다. 앞으로 로마교회와 같이 세계선교에 쓰임을 받게 되기를 바랍니다. 하나님께서 저와 만나게 하시고 고락을 같이 하면서 동역하게 하신 우리교회 성도들에게 "영혼이 잘됨 같이 범사에 잘되고 강건"한 복을 주시기를 간구합니다. 무엇보다도 바울의 기대처럼, "우리 주 예수의 날에는 너희가 우리의 자랑이 되고 우리가 너희의 자랑이 되기를"(고후 1:14)바랍니다. 이것이 "주 예수께 받은 우리교회의 사명"입니다.

천하고 무능한 나에게도 귀중한 직분을 맡기셨다

그 은혜 고맙고 고마워라 이 생명 바쳐서 충성하리

나 하는 일들이 하도 적어 큰 열매 눈앞에 안 뵈어도

주님께 죽도록 충성하면 생명의 면류관 얻으리라 (597장)